TEACHER TALK

영어수업이 만만해지는 교실영어 표현사전
TEACHER TALK 티처톡

초판 1쇄 발행 2013년 1월 10일
초판 2쇄 발행 2014년 3월 10일

저자 정승민
감수 Katrina Nicol
발행인 박춘구
발행처 (주)에듀박스
출판등록 2002년 11월 15일 16-2870
주소 서울시 금천구 가산동 371-17번지 BYC 하이시티 빌딩 B동 15층
주문 (02)6943-9174
편집장 홍혜정
책임편집 전은애
디자인 유수정, 신지연

ISBN 978-89-6037-687-8 13740
값 15,000원

이 책에 실린 글과 사진, 디자인 및 편집 형태를 무단으로 전재하거나
복제, 배포하는 것은 저작권법에 저촉됩니다.

영어수업이 만만해지는 교실영어 표현사전

TEACHER TALK

티쳐톡

수업시간에 선생님이 하는 말을 일컫는 교육용어

정승민 지음, Katrina Nicol 감수

저자의 말

첫 발령 후 아이들과의 만남을 앞두고 있던 때, 제 마음을 가득 채웠던 기대와 설렘, 그리고 두려움을 기억합니다. 첫날 교탁 앞에 우뚝 선 저를 뚫어져라 쳐다보던 눈망울들도 아직까지 생생합니다. '즐거운 수업이 오고 싶은 학교를 만든다'라는 믿음으로 늘 최선을 다했지만, 여러 교과 중에서도 유독 영어수업에는 많은 어려움이 따랐습니다. 더 효과적으로 지도하고 싶은 마음은 굴뚝 같았으나, 도무지 어떻게하면 좋을지 막막했던 적이 한두 번이 아니었지요. 그러나 10년이 넘는 기간 동안 영어교과 전담과 원어민 협력 교사로 꾸준히 영어를 지도해 보니 이제는 저만의 노하우가 생기기 시작했습니다. 그리고 점차 "영어 가르치는 거 힘들지 않으세요?", "영어 어떻게 가르쳐야 돼요?" 라는 질문을 자주 받게 되니, 시행착오를 거치며 차곡차곡 쌓아 온 제 경험들이 영어수업을 힘들어하는 분들에게 작은 도움이나마 될 수도 있겠다는 생각이 들었습니다.

영어를 습득하고 의사소통의 기회를 더욱 많이 제공하기 위해 영어로 가르치는 영어수업, 즉 TEE (Teaching English in English)의 중요성이 더욱 부각되면서, 원어민 보조교사와 한국인 선생님이 함께하는 코티칭이 시행되어 오고 있음을 모두 아실 겁니다. 하지만, 다년간의 시행 결과, 비용적 부담과 교육적 효과에 대한 의구심만 커지게 되었지요. 그리하여 원어민 보조교사 인력은 점차 줄여나가고, 보다 실제적이고 효과적인 영어교육을 연구하자는 현실적인 목소리들이 나오고 있습니다. 이제, 현장의 우리 선생님들이 교육 전문가로서 더 이상 TEE를 외면할 수 없는 시기가 온 것입니다.

영어를 처음 가르치게 되어 영어교과가 낯선 새내기 선생님, 아이들을 가르쳐 본 경험이 없거나 부족한 원어민 보조교사와 코티칭을 해야 하는 선생님, 수업 경험은 많으나 여전히 TEE가 막막하고 부담스러운 선생님, 보다 완성도 있는 영어수업을 지도하고 싶은 선생님, 영어를 가르치는 학교 밖의 모든 선생님들이 두려움 없이 영어수업을 이끄는 데 작은 밑거름이 되고자 저의 노하우들을 정리해 보았습니다. 또한 수업 진행뿐 아니라 교실 운영에 꼭 필요한 실용적인 표현을 뽑고 수업 현장에서 빈번하게 마주하게 되는 상황을 대화 형식으로 제시했습니다. 학생들이 예상치 않은 반응을 보일 때 의연하게 대처할 수 있도록, 되도록 두 가지 예를 제시해 현실감을 더했습니다. 또한, 현장에서 겪었던 여러 가지 에피소드와 유용한 팁도 함께 제시하여 단순히 교실영어를 익히는 것에 그치지 않고 수업 운영 전반에 도움이 되고자 노력하였습니다.

이 책을 통해 선생님과 학생 모두가 영어수업을 이전보다 즐거워하게 되기를 기대합니다.

정승민

영어수업이 만만해지는 교실영어 표현사전
TEACHER TALK 만의 특징

**To help ALL THE TEACHERS to be
THE BEST TEACHERS they can be**

1. 베테랑 영어교사가 직접 쓴, 수업 환경에 꼭 맞는 현장감 있는 표현만을 모았다

영어 공교육 강화에 따라 교사들이 느끼는 TEE에 대한 부담감은 점점 높아지고 있습니다. 그리하여 시중에는 이런 흐름을 반영해 많은 교실영어 표현사전들이 나와 있습니다. 하지만 개중 많은 표현들이 실제 교실에서 사용하지 않는 표현이거나 미국 초등학교 교사 지도서의 내용을 짜깁기한 수준입니다. 현재 우리 학생들의 영어 수준 및 영어교실 환경을 반영한 표현사전은 찾아보기 어려운 실정입니다. 이러한 실정을 개선해야겠다는 필요성을 바탕으로, 본 책은 현직 영어교사가 10여년간의 경험과 시행착오를 바탕으로 진정으로 국내 영어 교사에게 유용한 표현만을 선별해 담았습니다. 표현의 분류 또한 해당 교과과정에 맞게 정리하였기 때문에 필요 시 빠르게 확인하고 참고할 수 있습니다.

2. TESOL 이론을 바탕으로 쓰고, TEE 트레이닝 전문가의 꼼꼼한 감수를 거쳤다

기본적인 Teacher Talk뿐만 아니라, 파닉스, 리딩, 문법, 리스닝 등 교사가 실제로 수업을 진행하면서 반드시 짚고 넘어가야 하는 개념들을 TESOL 이론에 근거하여 제시했습니다. 또한 연세대학교와 서울대학교 등에서 TEE 트레이닝 전문가로 활약하고 있는 원어민 교수의 전문적인 감수를 통해, 보다 체계적이고 효과적인 티칭법이 담기도록 내용과 구성의 완성도를 높였습니다.

3 **원활한 수업 진행을 돕는 각종 TIP과 예상 문제점에 대한 해결책을 제시했다**

Classroom Situation 코너에서는 실제 영어교실에서 이루어질 법한 다양한 대화를 통해 수업 방향을 미리 예측해 볼 수 있게 하였으며, For Students 코너에서는 학생들에게 지도할 수 있는 표현을 정리해 두어 수업 진행에 도움이 되고자 하였습니다. 또한 Useful Activity와 Useful Tip 코너에서는 국내 영어교육 실정에 맞는 다양하고도 유용한 정보를 모아 제시하고 있으며, Episode 코너에서는 저자의 실제 경험에서 우러나온 교실 속 문제점들에 대한 진단과 해결책을 소개하고 있습니다.

4 **수업을 더욱 알차고 자연스럽게 진행할 수 있도록 추가로 준비했다**

수업시간에 바로 활용할 수 있는 Activity용 Worksheet들을 권말 부록으로 제공하니 수업 전에 복사하여 편리하게 사용하세요. 더불어, 자신 있는 영어수업 연습을 위해, 전문 원어민 성우가 정확한 발음으로 녹음한 MP3 파일을 무료로 제공합니다. www.clueandkey.com에서 다운 받을 수 있습니다.

> 즉, **TEACHER TALK**은
> 초중고 학교뿐 아니라, 영어 학원, 영어 유치원, 홈스쿨링까지 다양한 현장에서 활용 가능한 "영어수업 준비의 바이블"입니다.

미리 경험한 현직 영어교사 12인, 4가지 주제로 TEACHER TALK을 말하다

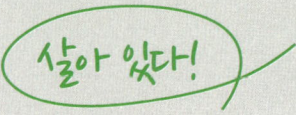

- 살아 있는 영어수업을 위한 다양한 아이디어를 쉽게 얻을 수 있어서 좋았어요. 영어표현도 선생님이 실제 아이들에게 하는 어투로 되어 있어서 수업 시 읽기도 쉽고 적용도 빨리 할 수 있었습니다.

  정은아 (역촌초등학교 _영어지도 경력 5년)

- 현직 교사의 입장에서 쓴 수업 에피소드를 읽으면서 많은 공감을 했습니다. 저도 많은 도움을 받았지만 수업 경험이 적어 영어수업 준비가 막막한 후배 교사들에게 특히 추천해 주고 싶은 책입니다.

  박숙영 (옹강초등학교 _영어지도 경력 10년)

- 교사에게 필요한 영어표현뿐만 아니라 학생들이 꼭 배워야 할 표현까지 있어서 실제 수업을 준비할 때 무척 유용할 것 같습니다. 문장도 학생들과 대화하기 편하도록 단문과 쉬운 단어로 되어 있어서 금방 찾아보고 바로 말할 수 있을 것 같아요.

  윤정미 (백운초등학교 _영어지도 경력 6년)

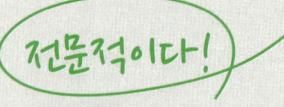

- 단순한 의사소통용 표현들뿐 아니라, 수업 진행에 필요한 학습 전달력을 가진 교실영어를 정확하고 올바르게 제시하고 있어서 현직 영어교사에게는 꼭 필요한 실용적인 책이라 생각합니다. TESOL 교육을 받고 실제 수업 운영에 적용하고자 하는 분들에게 추천합니다.

  김혜정 (석관초등학교 _영어지도 경력 6년)

- 영어수업을 준비할 때마다 TEE를 위한 Teacher Talk 때문에 고민을 많이 했는데, 이제는 크게 고민할 필요가 없을 것 같아요. 교실에서 일어날 수 있는 상황은 물론, 파닉스부터 문법, 리딩 지도까지 상당히 심화된 교육지도 표현까지 다 있으니까요. 이 책만 있으면 일년 내내 든든할 것 같습니다.

  오정민 (역촌초등학교 _영어지도 경력 8년)

요긴하다!

- 수업 준비를 할 때면 원어민 교사와 협의하랴, Activity 준비하랴 시간이 정말 많이 걸리곤 했어요. 그런데 앞으로 이 책만 있으면, 원어민 교사와의 의사소통에 도움이 되는 것은 물론, 효율적인 수업 준비가 가능해질 것 같아요. 특히 바로 복사해서 사용할 수 있는 Worksheet들이 있어서 무척 마음에 들어요.   강혜숙 (응암초등학교 _영어지도 경력 1년)

- 수업 중에 일어날 수 있는 대부분의 상황을 다루고 있어, 영어 지도 경력이 짧은 저 같은 교사가 필요할 때마다 요긴하게 표현을 찾아 쓰기에 좋게 되어 있어요. 순서도 잘 정리되어 있어서 막막했던 제게 꼭 필요한 책이라고 느꼈습니다.   한상원 (은평초등학교 _영어지도 경력 1년)

- 챕터별, 유닛별로 잘 정리되어 있어서 갑자기 말문이 막혔을 때나 머릿속에 맴도는 단어가 입으로 나오지 않을 때, 빠르게 찾아 쓸 수 있어요. 수업 준비가 부족하다고 느껴질 때도 관련 팁과 Activity를 바로 써먹을 수 있을 것 같아 너무 기대됩니다.   이선혜 (신자초등학교 _영어지도 경력 3년)

모두 있다!

- 수업 진행과 단계적 활동을 짜임새 있게 제공한 것은 물론, 부가자료까지 제공해 주고 있어서 수업에 대한 아이디어를 쉽게 얻을 수 있어서 든든합니다.   박진영 (염창초등학교 _영어지도 경력 7년)

- 해당 주제에 대한 관련 어휘와 표현, 실제 수업에 사용할 수 있는 사이트까지 알려주니까 수업 준비가 훨씬 수월해지고, 수업에 대한 자신감이 막 생겨요.   김난희 (강서초등학교 _영어지도 경력 13년)

- 다양한 팁과 Activity까지 소개하고 있어 영어수업 경험이 전무했던 교사라 하더라도 영어수업에 큰 두려움 없이 도전해 볼 수 있는 밑거름이 될 수 있을 것 같습니다.   송예문 (구산초등학교 _영어지도 경력 4년)

- 영어교과 전체를 위한 팁을 쉽고도 재미있게 설명하고 있네요. 실제적인 표현과 융통성 있는 교육과정 운영을 위한 아이디어들이 특히 좋았습니다.   김지현 (인왕초등학교 _영어지도 경력 5년)

영어교육의 베테랑 2인, TEACHER TALK을 추천하다

- **김명희** (숙명여자대학원 영어영문학과 교수)

  영어로 가르치는 영어수업(TEE : Teaching English in English)에 대한 요구가 점점 많아지고 있는 요즘, 이 책은 효과적인 TEE를 이끌어나가는 데 큰 도움이 되리라 여겨집니다. 깔끔한 구성 덕에 사용하기 편리할 뿐 아니라, 수업 진행에 필수적인 다양한 정보를 함께 제시하여 매우 유용해 보입니다. 특히 현직 교사가 경험을 바탕으로 집필한 책이어서 더욱 귀중합니다. 이 책을 예비 교사나 경력이 적은 초보 교사들에게 특히 추천하고 싶습니다. TEE가 필수인 이 시대에, 이 책의 출간으로 많은 선생님들이 더 편안한 마음으로 영어수업을 준비할 수 있을 것이라고 생각합니다.

- **김진숙** (하와이주립대학교 언어학 박사)

  이 책은 자연스럽고 효과적인 영어수업 진행을 바라는 모든 교사들에게 유용한 지침서가 될 것입니다. 실제 영어교실에서 빈번하게 일어나는 상황에 맞춘 실용적인 정보가 알차게 수록되어 있기 때문입니다. 영어교육의 목적이 일상생활에서의 기초적인 의사소통 능력을 증진시키는 것이라는 점에서, 이 책은 꼭 필요한 표현들만을 모아 일목요연하게 정리하여 교사들이 더욱 능숙하게 학생들과 상호 의사소통을 하도록 도와줍니다. 더불어 중간중간 저자의 노하우를 전하는 코너들도 꼭 참고해 보기 바랍니다. 이 책에 담긴 모든 내용을 잘 활용한다면 원어민 교사 못지않게 자연스럽고 꽉 찬 수업을 이끌 수 있을 것입니다.

영어수업이 만만해지는 교실영어 표현사전
TEACHER TALK 의 구성

Classroom Situation

- 🧑‍🏫 Hello, everyone!
- 🧑‍🎓 Hello!
- 🧑‍🏫 I'm really happy to meet you all. Before introducing myself, let me ask you one thing. Do you know how to introduce yourselves in a polite way?

상황1
- 🧑‍🎓 Yes, I know. I can say "Let me introduce myself to you."
- 🧑‍🏫 Exactly! Then, let me introduce myself to you. My name is Jung Eun-min. I'll be teaching you English this year.

상황2
- 🧑‍🎓 I don't know.
- 🧑‍🏫 You can say, "Let me introduce myself to you." If someone introduces themselves to you, you can say "Nice to meet you"

🧑‍🏫 안녕하세요, 여러분!
🧑‍🎓 안녕하세요!
🧑‍🏫 여러분을 만나서 정말 기뻐요. 선생님이 소개를 하기 전에 한 가지만 물어볼게요. 자기소개를 정중하게 하는 방법을 알고 있나요?
상황1 🧑‍🎓 네, 알아요. Let me introduce myself to you.라고 하면 돼요.
🧑‍🏫 맞아요! 그럼, 선생님 소개를 할게요. 선생님 이름은 정은민이고요. 올해 여러분에게 영어를 가르칠 거예요.
상황2 🧑‍🎓 잘 모르겠는데요.
🧑‍🏫 Let me introduce myself to you.라고 말하면 돼요. 만약 누군가가 여러분에게 자기소개를 한다면, 여러분은 Nice to meet you.라고 대답하면 되고요.

Classroom Situation

실제 교실 상황을 그대로 담은, 선생님과 학생 간의 대화 코너입니다. 가급적 대화의 흐름을 두 가지로 분리해, 좀더 유연하게 대처하는 데 도움이 되도록 하였습니다.

✏️ 새 학년 인사하기

- 만나서 반가워요, 여러분.
  Nice to meet you, class.
  = I'm glad to meet you, class

- 여러분 모두를 만나 기뻐요.
  I'm happy to meet you all.
  = I'm pleased to meet you all.
  = It's a pleasure to meet you all.

- 선생님 수업에 온 것을 환영해요.
  Welcome to my class.

- 여러분이 벌써 6학년이네요.
  You're already six-year students.
  = Now, you're in the 6th grade.

- 올해가 여러분에게는 초등학교에서의 마지막 해네요.
  This is your last year at elementary school.

- 새 학년이 시작되었어요. 다들 신나나요?
  It's the beginning of a new school year. Are you all excited?

- 멋진 한 해가 될 거예요.
  You will have a great year.

- 우리 함께 멋진 수업시간을 만들어 봐요.
  Let's have a great time together.

- 여러분들이 이 수업을 들으면서 멋진 시간을 보냈으면 좋겠네요.
  I hope you have a great time in this class.

Teacher Talk

이 책의 핵심! 선생님이 실제 수업 중에 활용하는 표현들을 모은 코너입니다. 평소 선생님의 어투를 그대로 표현하여, 생생한 교실 현장감을 살렸습니다. 수업 전 한 번만 살펴봐도 수업 흐름을 예상할 수 있도록 중요도를 고려해 표현을 배치했으며, 동일한 의미의 다양한 표현을 함께 제시해 다양한 표현을 시도해 볼 수 있도록 하였습니다.

For Students — 학생들이 선생님과 인사할 때 쓸 수 있는 표현

T How are you today? 오늘 어때요?
S I'm doing fine. / It's okay. / It's going well. 좋아요.

T Do you have any news? 뭐 특별한 일 있어요?
S Same old, same old. / Same as usual. / Nothing special. 특별한 일은 없어요.

T How do you feel today? 오늘 기분 어때요?
S Not bad. / So so. 그냥 그래요.

For Students
경우에 따라, 학생들에게 지도하면 좋을 표현을 모아 소개하였습니다. 수업 중 아이들의 반응을 예측하는 데도 도움이 되는 코너입니다.

Episode — 만날 때마다 Nice to meet you?

Nice to meet you.와 Nice to see you.는 서로 다른 상황에서 쓰이는 표현이라는 거, 알고 있었나요? Nice to meet you.는 처음 만나는 사람에게 쓰는 표현이고, Nice to see you.는 구면인 사람을 만났을 때 쓸 수 있는 표현이에요. 이와 관련한 재미있는 에피소드가 있습니다. 제가 맡았던 반 아이들이 처음 원어민 선생님과 수업을 했을 때 일이랍니다. 어느 날, 원어민 선생님이 제게 왜 아이들이 자신을 기억하지 못하는지 묻더군요. 순간 아차 싶더라고요. 당시 아이들은 see와 meet의 차이점을 모르고 Nice to ~~meet~~ you.를 "(만나서) 반갑습니다."라는 의미의 인사말로만 생각했던 거지요. 그래서 원어민 선생님을 만날 때마다 늘 같은 인사를 했던 거였고요. 저는 아이들에게 곧바로 두 표현의 미묘한 차이를 설명해 주었고, 이후로는 같은 실수를 하는 아이들이 줄었답니다. 사소한 것이지만 중요한 표현이니 학기 초에 꼭 짚어 주는 것이 좋겠습니다.

Episode
현직 초등학교 교사인 저자가 수업 중 겪었던 공감 지수 100%의 에피소드를 담았습니다. 초보 교사 혹은 영어수업 진행이 처음인 교사들에게 특히 유용한 코너로, 시행착오를 지혜롭게 극복하는 방법도 알 수 있습니다.

Useful Tip — Goal과 Objective의 차이점

Goal과 Objective는 둘 다 우리말로 '목표'라고 해석되기 때문에 명확하게 구분을 짓고 사용하는 선생님들이 많지 않아요. 하지만 이 두 단어는 확실히 구분해서 사용해야 합니다. 아래 표와 예시를 통해 차이점을 살펴보세요.

Goal	Objective
장기적	단기적
포괄적, 추상적	구체적
측정이 용이하지 않음	측정이 용이함

Goal의 예: Ability to think critically, and to write well.
Objective의 예: Students will be able to write a short paragraph critically and analyt~~

자, 차이점이 느껴지나요? Goal과 Objective의 개념을 명확하게 구분해서 수업에 시간 학생~~
시행 주도록 합시다.

Useful Tip
TESOL 이론과 저자의 현장 경험을 바탕으로 한 효과적인 수업 운영의 노하우를 제공하는 코너입니다. 소소한 정보에서부터 교육에 유용한 사이트까지 소개하고 있어, 이 코너를 잘 활용하면 시행착오는 줄고 수업의 효율은 극대화될 것입니다.

Useful Activity — 칭찬 게임

1. 먼저 모든 학생들은 자리에서 일어서서 게임 시작 준비를 합니다.
2. 교사는 학생 한 명을 호명합니다.
3. 호명된 학생은 다른 친구의 이름을 넣어서 「~ is ….」라고 재빨리 그 친구를 칭찬해야 합니다.
4. 칭찬을 받은 친구가 또 다른 친구를 칭찬하는 방식으로 계속 진행합니다.
5. 만약 호명된 학생이 다른 친구를 칭찬하는 데 시간이 오래 걸린다거나 문법적인 오류가 있으면 자리에 앉아야 합니다.

Expressions
- 이 게임을 하려면 모두 자리에서 일어서야 해요. For this game, everyone needs to stand up.
- 이 게임은 빨리 생각을 해내고 잘 들어야 해요. In this game, you have to think fast and listen well.
- 선생님이 누군가의 이름을 부르면 그 친구는 재빨리 다른 사람을 칭찬해야 해요. I will say someone's name and that student will have to quickly praise someone …

Useful Activity
영어수업 준비 중 가장 시간이 많이 드는 Activity에 대한 고민을 줄여주는 코너입니다. 해당 수업과 연관된 활동을 소개해, 수업 준비 시간을 단축시켜 줍니다. 또한 진행 순서와 운영 시 선생님이 해야 하는 영어표현까지 꼼꼼하게 제시하고 있어 원활한 수업 진행에 도움이 될 것입니다.

Vocab — 교과목 관련

국어	Korean	음악	music	정치	politics
영어	English	미술	art	지리	geography
수학	math (= mathematics)	사회	social studies	철학	philosophy
과학	science	생물	biology	체육	physical education (= P.E.)
경제	economics	화학	chemistry	컴퓨터	computer
기술 가정	technology and home economics	지구과학	earth science	독일어	German
도덕	moral education	국사	Korean history	일본어	Japanese
문학	literature	세계사	world history	중국어	Chinese
물리	physics	윤리	ethics	프랑스어	French
		전산	computer science	한문	Chinese characters

Vocab
해당 수업 내용과 관련된 어휘를 모아 담은 코너입니다. 유용한 어휘를 효율적인 순서로 정리하여, 수업 중 활용하기에 좋습니다.

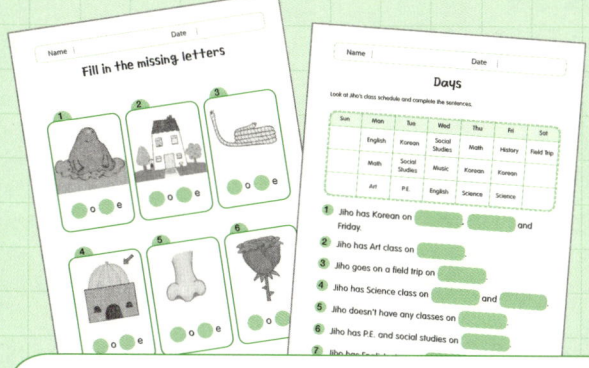

Worksheets for Activities Activity용 Worksheet들을 모아 책 뒤쪽에 실어 두었습니다. 필요 시 바로 복사해서 사용하세요.

간단 차례

Part 1 **교실 및 수업 운영** ----------------------------- 21
- Chapter 1 첫 수업 22
- Chapter 2 수업 절차 35
- Chapter 3 생활, 학습 태도 관리 61
- Chapter 4 교실 환경 74

Part 2 **교사와 학생의 상호작용** ----------------------------- 87
- Chapter 1 피드백 및 오류 수정 88
- Chapter 2 칭찬 및 꾸중 98
- Chapter 3 격려하기 113
- Chapter 4 이해 점검 및 확인 요청 120
- Chapter 5 원활한 의사소통 128

Part 3 **수업 활동 지도** ----------------------------- 143
- Chapter 1 개별 활동 및 그룹 활동 144
- Chapter 2 초급자를 위한 활동 153
- Chapter 3 게임 활동 170
- Chapter 4 예능 활동 193
- Chapter 5 시험 197

Part 4 **기능별 지도** ----------------------------- 209
- Chapter 1 듣기 지도 210
- Chapter 2 말하기 지도 222
- Chapter 3 읽기 지도 237
- Chapter 4 쓰기 지도 251
- Chapter 5 문법 지도 269

Worksheets for Activities ----------------------------- 277

상세 차례

궁금한 표현을 쉽게 찾아 사용하는

Part 1 교실 및 수업 운영

Chapter 1 첫 수업

Unit 1 인사 및 자기소개 ······················ 22

새 학년 인사하기
  Episode | 만날 때마다 Nice to meet you!
새 학기 인사하기
자기소개 하기
  Useful Tip | 파워포인트로 자기소개 하기
자기소개 시키기
자기소개 활동 안내하기
  For Students | 학생들이 자기소개 시간에 쓸 수 있는 표현

Unit 2 교재 및 일정 소개 ······················ 28

교재 관련 사항 안내하기
  Vocab | 교과목 관련
교과 과정과 세부 계획 안내하기
  Vocab | 학교 행사 및 기념일 관련

Unit 3 영어 이름 정하기 ······················ 32

영어 이름 묻기
영어 이름 정하기
  Useful Tip | 영어 이름표 만들기

Chapter 2 수업 절차

Unit 1 수업 시작하기 ······················ 35

학생 맞이하기
  Useful Tip | 다양한 안부표현 이끌어 내기
  For Students | 학생들이 선생님과 인사할 때 쓸 수 있는 표현
간단한 대화하기
출석 및 지각 확인하기
  For Students | 학생들이 출석 확인 시간에 쓸 수 있는 표현
진도 확인하기
복습하기
숙제검사
  Episode | 숙제 함께 하기
  For Students | 학생들이 숙제 검사 시간에 쓸 수 있는 표현

Unit 2 수업 전개 과정 ······················ 45

수업 시작 및 워밍업
학습 내용 및 목표 안내하기
  Useful Tip | Goal과 Objective의 차이점
  Useful Tip | 좋은 Objective의 조건
유인물 나눠주기
  For Students | 학생들이 유인물을 받을 때 쓸 수 있는 표현
  Vocab | 유인물 관련

판서하기
  For Students | 학생들이 필기할 때 쓸 수 있는 표현
시범 보이기 및 순서 정하기
  For Students | 학생들이 발표 순서를 정할 때 쓸 수 있는 표현
시간 및 진행 상황 관리하기
  For Students | 학생들이 수업 활동 중에 쓸 수 있는 표현
  Vocab | 학교 시간 관련

Unit 3 수업 정리하기 ······················ 56

마무리하기
  For Students | 학생들이 숙제와 관련해 쓸 수 있는 표현
  Useful Tip | Class Password
다음 차시 예고하기
수업 마치기

Chapter 3 생활, 학습 태도 관리

Unit 1 규칙 및 학습 태도 관리 ······················ 61

규칙 정하기
  Useful Tip | 자주 사용되는 규칙들
  Useful Activity | 학생들과 함께 규칙 정하기
교재 준비시키기 및 확인하기
주목시키기
  Useful Tip | 주의 집중 신호들
조용히 시키기
지켜야 할 일들 안내하기
  Useful Tip | 규칙 준수를 이끌어 낼 수 있는 제스처와 표현
  Episode | Simple is the best.

Unit 2 학교생활 태도 ······················ 71

줄서기 및 이동하기
기타 생활 태도 안내하기

Chapter 4 교실 환경

Unit 1 교실 환경 조성하기 ······················ 74

자리 정하기 및 책상 배열
  Useful Tip | 교실 대형 바꾸기
온도 조절 및 환기
조명 조절하기
소음 차단하기
  Vocab | 온도 관련
  Useful Tip | 게시판 꾸미기

Unit 2 청소하기 ······················ 81

자리 정돈 및 교실 정리

    Useful Tip | clean / clean out / clean off 비교
    Vocab | 교실 물품 관련
  청소 지도
    Useful Tip | Messy와 Dirty 비교하기
    Vocab | 교실 청소 관련

Part 2   교사와 학생의 상호 작용
Chapter 1 피드백 및 오류 수정
Unit 1 피드백 ---------------- 88
  정답일 경우
  오답일 경우
  정답에 근접한 경우
  글쓰기에 대한 피드백
    Vocab | 글쓰기 관련 단어
  기타 피드백

Unit 2 오류 수정하기 ---------------- 94
  틀린 곳 알려주기
  학생들에게 Self-Feedback 유도하기
    Useful Tip | Implicit Feedback과 Explicit Feedback

Chapter 2 칭찬 및 꾸중
Unit 1 칭찬 ---------------- 98
  기본적인 칭찬 표현
  바람직한 태도 및 선행에 대한 칭찬
    Useful Tip | Star of the Month
  실력 향상과 좋은 성적에 대한 칭찬
  훌륭한 발표에 대한 칭찬
    Useful Activity | 칭찬 게임

Unit 2 꾸중 ---------------- 104
  꾸짖기
  경고하기
  벌주기
  지각했을 때 훈계하기
  다툼이 있을 때 훈계하기
  혼나는 이유 이해시키기
  용서하기
    For Students | 학생들이 꾸중을 들었을 때 쓸 수 있는 표현
    Useful Tip | 꾸지람 이후 감정 해소하기

Chapter 3 격려하기
Unit 1 고민 상담 및 기운 북돋아주기 ---------------- 113
  자신감 불어넣기
  위로하기
  고민 들어주기
    Useful Tip | 기운을 주는 긍정의 말

Unit 2 참여 격려하기 ---------------- 117
  발표 격려하기
  참여시키기

Chapter 4 이해 점검 및 확인 요청
Unit 1 이해 점검 ---------------- 120
  이해 여부 확인하기
  모르는 부분 확인하기
    For Students | 학생들이 수업 중 이해점검을 위해 쓸 수 있는 표현

Unit 2 확인 요청 ---------------- 124
  명확하게 말하도록 지도하기
  다시 설명하도록 지도하기
    Useful Tip | Confirmation Checks 예시

Chapter 5 원활한 의사소통
Unit 1 질의응답 ---------------- 128
  질문하기
  학생이 질문하도록 하기
  의견 묻기

Unit 2 요청 및 지시하기 ---------------- 131
  도움 요청하기
  도움 요청 지도하기
    Useful Tip | 공손한 표현 설명하기
    For Students | 학생들이 도움이나 허락을 구할 때 쓸 수 있는 표현
  요청 수락 및 거절하기
  강한 요청 및 지시하기
    Useful Activity | 지시문 게임

Unit 3 감정 표현하기 ---------------- 138
  고맙거나 기분이 좋을 때
  기분이 좋지 않을 때
  미안함을 느낄 때
  놀랐을 때
    For Students | 학생들이 감정을 표현할 때 쓸 수 있는 표현

Part 3   수업 활동 지도
Chapter 1 개별 활동 및 그룹 활동
Unit 1 개별 활동 및 짝 활동 ---------------- 144
  개별 활동
  짝 활동

For Students │ 학생들이 짝 활동 시 쓸 수 있는 표현
　　　Useful Activity │ 연결 문장으로 짝 찾기 활동하기
　Unit 2 그룹 활동 ··· 148
　그룹 구성하기
　　　For Students │ 학생들이 그룹 구성 활동을 할 때 쓸 수 있는 표현
　그룹별 자리 배치하기
　그룹 활동 안내하기
　　　Vocab │ 그룹 이름 관련
　　　Episode │ 그룹 활동으로 발표력 향상시키기

Chapter 2 초급자를 위한 활동
　Unit 1 알파벳·파닉스 지도 ····················· 153
　알파벳 지도하기
　　　Episode │ 파닉스 수업의 효과
　알파벳 쓰기 및 노래 지도하기
　　　Useful Activity │ 알파벳 빙고
　모음 지도하기
　　　Vocab │ 파닉스 수업에 유용한 단모음 단어
　자음 지도하기
　　　Useful Tip │ 알파벳·숫자 학습 사이트
　Unit 2 동화 지도 ···································· 161
　책 소개 및 그림 살펴보기
　　　Useful Tip │ Picture Walk
　스토리텔링 및 독후 활동
　　　Useful Tip │ 온라인 스토리 사이트
　　　For Students │ 학생들이 동화 수업시간에 사용할 수 있는 표현
　Unit 3 TPR ·· 165
　TPR 활동 소개하기
　TPR 활동 해보기
　　　Useful Activity │ Simon Says
　　　Vocab │ TPR 관련

Chapter 3 게임 활동
　Unit 1 게임하기 ······································ 170
　게임 수업 제안하기
　규칙 설명 및 시범 보이기
　게임 진행하기
　게임 역할 및 점수 안내하기
　게임 결과 확인하기
　　　Vocab │ 게임 역할 관련
　Unit 2 다양한 게임 ································· 176
　카드 게임
　　　Vocab │ 카드 게임 관련
　그림 및 단어 게임
　　　Useful Tip │ ESL 게임에 유용한 사이트

　보드 게임
　　　Vocab │ 보드 게임 관련
　빙고 게임
　그림 보고 단어 맞히기 게임
　　　Useful Activity │ Charade
　　　Episode │ 게임에 대한 오해

Chapter 4 예능 활동
　Unit 1 노래와 챈트 ································· 183
　노래 안내 및 들려주기
　가사 확인 및 노래 부르기
　Unit 2 미술 활동 ···································· 187
　만들기 활동
　　　Vocab │ 단계별 지시 관련
　　　Useful Activity │ Fortune Teller
　그리기 및 색칠 활동
　3원색 설명하기
　　　Vocab │ 미술 도구와 색 관련
　Unit 3 연극 ·· 193
　연극 제안 및 역할 정하기
　대본 연습 및 연극 활동
　　　Vocab │ 연극 관련

Chapter 5 시험
　Unit 1 시험 일정 안내하기 ······················ 197
　시험 예고하기
　시험 범위 알려주기
　시험 준비 및 전략 지도하기
　Unit 2 시험 보기 및 성적 확인 ················ 200
　규칙 및 주의 사항 안내하기
　시험 진행하기
　부정행위 단속하기
　시험 종료하기
　　　Vocab │ 평가 관련
　정답 확인 및 채점하기
　시험 성적 확인하기
　성적에 대한 평가하기
　　　Useful Tip │ 시험 횟수 정하기
　　　Useful Tip │ 평가 활용하기

Part 4　기능별 지도
Chapter 1 듣기 지도
　Unit 1 듣기 활동 ···································· 210

듣기 전략 제시하기
듣기 전 활동하기
듣기 및 따라 말하기
CD 및 동영상 학습 진행하기
　Vocab | 광고 관련
듣기 학습 활동하기
듣기 후 활동하기

Unit 2 받아쓰기 및 듣기 시험 ---------------- 217
단어 공부하기
받아쓰기 및 결과 확인하기
듣기 시험 안내 및 전략 지도하기
　Useful Tip | 듣기 시험 지시문 예시

Chapter 2 말하기 지도
Unit 1 발음 및 억양 연습 ---------------- 222
발음 수업 및 연습하기
발음 비교하기
입 모양과 혀의 위치 알려주기
억양 지도하기
강세 지도하기
　Useful Tip | Tongue Twister

Unit 2 말하기 연습 ---------------- 227
말하기 전략 알려주기
말하기 연습하기
패턴 연습하기
자유롭게 대화하기

Unit 3 발표 및 토론 수업 ---------------- 232
발표 수업 전 주의 사항 알려주기
토론 준비 및 진행하기
의견 나누기
토의하기
　Vocab | 토론 관련

Chapter 3 읽기 지도
Unit 1 읽기 학습 준비 및 전략 ---------------- 237
읽기 습관 지도하기
어휘 파악 및 읽기 전략 지도하기
어휘 학습 지도하기
사전 활용법 알려주기
　Vocab | 사전 관련
　Useful Tip | 사전 찾아보기
찾아 읽기 지도하기
훑어 읽기 지도하기
교사가 읽어주기

학생들이 읽도록 지도하기

Unit 2 읽기 활동 ---------------- 245
읽기 전 활동 진행하기
　Useful Tip | 이야기의 구성 요소
읽기 활동 진행하기
읽은 후 활동 진행하기
　Useful Tip | 단어장 만들기
　Useful Tip | K-W-L 차트
　Useful Tip | 단어 노트 정리하기

Chapter 4 쓰기 지도
Unit 1 쓰기 전 정보 수집하기 ---------------- 251
자료 모으기
쓰기 활동 전 배경지식 활성화하기

Unit 2 통제된 글쓰기 ---------------- 254
기초 쓰기 지도하기
글씨 바르게 쓰도록 지도하기
철자 학습 지도하기
　Useful Tip | 문장 부호 알려주기
베껴 쓰기 지도하기
빈칸 채우기 및 단답형 쓰기 지도하기
주어진 구조와 표현으로 쓰기 지도하기

Unit 3 본격적인 작문 활동 ---------------- 261
쓰기 전략 안내하기
　Useful Tip | 그래픽 오거나이저
자유로운 글쓰기 지도하기
구조에 맞게 글쓰기 지도하기
　Useful Tip | 에세이 종류
　Useful Tip | 영작 체크 리스트
만화를 이용한 글쓰기 지도하기
일기 쓰기 지도하기

Chapter 5 문법 지도
Unit 1 문법 수업 ---------------- 269
관사 설명하기
단·복수 설명하기
의문문 설명하기
Yes / No 의문문 설명하기
부가의문문 설명하기
　Useful Activity | 부가의문문 차트
　Useful Activity | 부가의문문 기억 게임

Worksheets for Activities ---------------- 277

*The mediocre teacher tells.
The good teacher explains.
The superior teacher demonstrates.
The great teacher inspires.*

— William Arthur Ward

Part 1
교실 및 수업 운영

Chapter 1　첫 수업
Chapter 2　수업 절차
Chapter 3　생활, 학습 태도 관리
Chapter 4　교실 환경

Chapter 1 첫 수업

Unit 1 인사 및 자기소개

새 학기에 대한 설렘과 두근거림은 학생들에게만 있는 것이 아니죠. 인사말과 자기소개가 준비되어 있다면 훨씬 편안한 마음으로 첫 수업에 임할 수 있고 좋은 첫인상을 남길 수도 있을 것입니다. 자기소개와 규칙 안내에 대한 전반적인 내용을 파워포인트 또는 유인물로 준비해 보세요. 아이들의 호기심을 이끌어내고 집중도를 더욱 높일 수 있을 것입니다. 이와 더불어 다양한 게임을 접목시킨 자기소개 활동도 어색한 분위기를 풀어주며 즐겁게 수업을 시작할 수 있는 좋은 방법입니다.

Classroom Situation

T Hello, everyone!
Ss Hello!
T I'm really happy to meet you all. Before introducing myself, let me ask you one thing. Do you know how to introduce yourselves in a polite way?

상황1
S1 Yes, I know. I can say "Let me introduce myself to you."
T Exactly! Then, let me introduce myself to you. My name is Jung Eun-min. I'll be teaching you English this year.

상황2
S2 I don't know.
T You can say, "Let me introduce myself to you." If someone introduces themselves to you, you can say "Nice to meet you"

- 안녕하세요, 여러분!
- 안녕하세요!
- 여러분을 만나서 정말 기뻐요. 선생님이 소개를 하기 전에 한 가지만 물어볼게요. 자기소개를 정중하게 하는 방법을 알고 있나요?

(상황1)
- 네, 알아요. Let me introduce myself to you.라고 하면 돼요.
- 맞았어요! 그럼, 선생님 소개를 할게요. 선생님 이름은 정은민이고요. 올해 여러분에게 영어를 가르칠 거예요.

(상황2)
- 잘 모르겠는데요.
- Let me introduce myself to you.라고 말하면 돼요. 만약 누군가가 여러분에게 자기소개를 한다면, 여러분은 Nice to meet you.라고 대답하면 되고요.

새 학년 인사하기

- 만나서 반가워요, 여러분.

    Nice to meet you, class.
    = I'm glad to meet you, class

- 여러분 모두를 만나 기뻐요.

    I'm happy to meet you all.
    = I'm pleased to meet you all.
    = It's a pleasure to meet you all.

- 선생님 수업에 온 것을 환영해요.

    Welcome to my class.

- 여러분이 벌써 6학년이네요.

    You're already six-year students.
    = Now, you're in the 6th grade.

- 올해가 여러분에게는 초등학교에서의 마지막 해네요.

    This is your last year at elementary school.

- 새 학년이 시작되었어요. 다들 신나나요?

    It's the beginning of a new school year. Are you all excited?

- 멋진 한 해가 될 거예요.

    You will have a great year.

- 우리 함께 멋진 수업시간을 만들어 봐요.

    Let's have a great time together.

- 여러분들이 이 수업을 들으면서 멋진 시간을 보냈으면 좋겠네요.

    I hope you have a great time in this class.

Episode

만날 때마다 Nice to meet you?

Nice to meet you.와 Nice to see you.는 서로 다른 상황에서 쓰이는 표현이라는 거, 알고 있었나요? Nice to meet you.는 처음 만나는 사람에게 쓰는 표현이고, Nice to see you.는 구면인 사람을 만났을 때 쓸 수 있는 표현이에요. 이와 관련한 재미있는 에피소드가 있습니다. 제가 맡았던 반 아이들이 처음 원어민 선생님과 수업을 했을 때 일이랍니다. 어느 날, 원어민 선생님이 제게 왜 아이들이 자신을 기억하지 못하는지 묻더군요. 순간 아차 싶더라고요. 당시 아이들은 see와 meet의 차이점을 모르고 Nice to meet you.를 "(만나서) 반갑습니다."라는 의미의 인사말로만 생각했던 거지요. 그래서 원어민 선생님을 만날 때마다 늘 같은 인사를 했던 거였고요. 저는 아이들에게 곧바로 두 표현의 미묘한 차이를 알려주었고, 그 이후로는 같은 실수를 하는 아이들이 줄었답니다. 사소한 것이지만 중요한 표현이니 학기 초에 확실하게 설명해 주는 것이 좋겠습니다.

새 학기 인사하기

- 새 학기가 시작됐어요.   It's the beginning of a new semester.
- 다시 학교로 돌아온 걸 환영해요.   Welcome back to school.
- 여러분을 다시 만나서 정말 기뻐요.   It's really good to see you again.
- 잘 지냈나요?   How have you been?
- 여러분이 많이 보고 싶었어요.   I missed you a lot.
- 여러분은 선생님이 보고 싶지 않았나요?   Didn't you miss me?
- 드디어 여름방학이 끝났네요.   At last, summer vacation is over.
- 방학 어땠나요?   How was your vacation?
- 방학 잘 보냈나요?   Did you enjoy your vacation?
- 방학 동안 무엇을 했나요?   What did you do during the vacation?
- 방학이 너무 짧았죠?   The vacation was too short, wasn't it?
- 멋진 방학이었길 바랍니다.   I hope you had a great vacation.
- 이번 학기에 여러분 모두를 만나게 되어 반가워요.   I welcome you all to this semester.
- 대부분의 선생님들이 이 반이 제일 좋은 반이라고 하던데 사실이면 좋겠네요.   Most teachers told me you are the best class, so I hope that is true.

자기소개 하기

- 여러분, 선생님이 누구인지 알고 있나요?   Can you guess who I am?
- 선생님 소개를 할게요.   I'd like to introduce myself.
- 선생님 소개를 해도 될까요?   May I introduce myself?
- 선생님 이름은 이수정이에요.   I'm Lee Soo-jung.
- 선생님을 그냥 Linda라고 불러도 돼요.   You can just call me Linda.
- 선생님을 Ms. Lee라고 불러주세요.   Please call me Ms. Lee.
- 칠판에 선생님 이름을 적어 볼게요.   I'll write my name on the board.
- 선생님 이름은 이렇게 써요.   Here's how to spell my name.

- 칠판 위쪽에 적혀 있는 게 선생님 이름이에요.

  This is my name at the top of the board.

- 이건 선생님 영어 이름이에요.

  It's my English name.

- 공책에 선생님 이름을 적어줄래요?

  Would you like to write down my name on your notebook?

- 전 여러분의 새로운 영어 선생님이에요.

  I'm your new English teacher.

- 선생님이 올해 여러분에게 영어를 가르쳐줄 거예요.

  I'll be teaching you English this year.
  = I'm your English teacher this year.

- 선생님은 이 학교가 처음이니까 여러분들이 많이 도와주세요.

  I'm new to this school, so please be nice to me.

- 선생님에 대해 궁금한 점 있나요?

  What would you like to know about me?
  = Do you have any questions about me?
  = Are there any other things you want to know about me?

Useful Tip — 파워포인트로 자기소개 하기

새 학기를 맞아 아이들 앞에서 하는 자기소개 시간. 설렘 반 걱정 반일 거예요. 그럴 땐 좋아하는 연예인, 좋아하는 음식, 취미 등 친근한 이미지를 줄 수 있는 사진과 주제로 파워포인트를 만들어 보세요. 중간에 재미있는 그림도 넣어 아이들의 질문과 호응을 유도한다면 보다 친근한 분위기의 자기소개 시간이 될 거예요. 여기서 하나 더 팁을 드릴게요. 소개 파워포인트를 보여주기 전에 선생님에 대한 퀴즈가 있는데 맞추는 사람에겐 수업이 끝날 때 작은 선물을 준다고 예고해 보세요. 아이들의 관심과 집중도는 배가 될 거예요. 또한, 수업 일정에 여유가 있다면, 학생들에게도 사진 등의 자료를 이용해 자기소개를 시켜 보세요. 형식적이던 자기소개 시간이 훨씬 더 재미있어지고 아이들을 더 알 수 있는 좋은 계기가 될 거예요.

자기소개 시키기

- 이제 여러분이 자기소개를 할 차례예요.

  It's time for you to introduce yourselves.

- 자, 이제 반 친구들에게 자기소개를 할 시간이에요. 영어 이름을 쓰는 것 기억하세요.

  Now, it's time to introduce yourselves to the class. Remember to use your English name.

- 모두들 자기소개를 해줄래요?

  Can you all introduce yourselves?
  = Please introduce yourselves.

- 친구들에게 자기소개를 해볼까요?

  Would you like to introduce yourself to your friends?

- 선생님에게 자기소개를 해주세요.
  Tell me about yourselves.

- 선생님은 여러분에 대해 알고 싶어요.
  I want to know about you.

- 선생님은 여러분에 대해 알고 싶은 게 많아요.
  There are many things I want to know about you.

- 누가 먼저 시작할까요?
  Who would like to start first?
  = Who would like to go first?

- 여기 이 친구부터 시작할까요?
  Why don't we start with this person here?

- 일어나서 반 친구들에게 이름을 말해 주세요.
  Stand up and say your name to your classmates.

- 교실 앞으로 나오세요.
  Come to the front of the class.

- 뒤돌아서 반 친구들에게 얼굴을 보여주세요.
  Turn around and face the class.

- 그냥 Hi! 하고 인사를 한 다음, 자기 이름을 말하세요.
  Just say, "Hi!" and say your name.

- 예를 들면, Hi! I'm Se-ho.라고 말하면 돼요.
  You can say like this, "Hi! I'm Se-ho."

- 여러분이 좋아하는 게 무엇인지 말해 주세요.
  Tell us about your favorite things.

- 취미가 무엇인지 말해도 좋아요.
  You may also say what your hobby is.

- 지민이는 취미도 말해 주었네요. 잘했어요.
  Ji-min told us her hobby, too. Good job.

 자기소개 활동 안내하기

- 짝에게 여러분의 이름을 알려주고 짝의 이름도 물어보세요.
  Tell your partner your name and ask your partner's name.

- 이름을 물어보고 싶을 때는 What's your name?이라고 하면 돼요.
  When you want to ask someone's name, you can say "What's your name?"

- 짝끼리 자기소개를 해보세요.
  Please introduce yourselves in pairs.

- 짝에게 무엇을 좋아하는지 물어보세요.
  Ask what your partner's favorite thing is.

- What's your favorite ~? 하고 말하면 돼요.
  You can say this, "What is your favorite ~?"

- 짝에게 좋아하는 색깔을 말해 보세요.
  Tell your partner your favorite color.

- 여러분 짝에 대해 말해 줄래요?
  Can you tell us about the person sitting next to you?

- 이제 교실을 돌아다니면서 반 친구들에게 자신을 소개해 보세요.
- 반 친구들에게 물어볼 수 있는 질문에는 어떤 것들이 있을까요?
- 이제 서로에 대해서 잘 알겠나요?

Now, walk around and introduce yourself to your classmates.

What are some questions that you can ask your classmates?

Now, do you know a lot about each other?

For Students

학생들이 자기소개 시간에 쓸 수 있는 표현

Q What's your name? / Can I have your name? 이름이 뭐야?
A My name is Se-ho. / I'm Se-ho. 내 이름은 세호야.

Q How many brothers and sisters do you have? 형제자매는 몇 명이야?
A I have two older brothers. 형이 두 명 있어.

Q Do you take the bus to school? 학교 올 때 버스 타고 와?
A I walk to school. 걸어서 와.

Q Who are your friends in this class? 우리 반에서 누구랑 친해?
A Su-ji is my best friend. 수지랑 가장 친해.

Q What do you do in the weekends? 주말마다 뭐 해?
A I play soccer in the weekends. 주말마다 축구를 해.

Q What is your hobby? 취미가 뭐야?
A My hobby is playing guitar. 내 취미는 기타 치는 거야.

Chapter 1 첫 수업

Unit 2 교재 및 일정 소개

수업을 시작하기 전에 앞으로 배울 교재, 교과 과정 그리고 수업 계획 등을 학생들과 함께 확인하면, 학생들의 막연한 불안감을 줄여줄 수 있어요. 또한 학급 달력에 일정을 기록하여 게시판에 걸어두고 함께 체크해 보세요. 학급 달력에 메모지를 붙여 과제, 특별 준비물, 프로젝트 등의 내용을 안내해 준다면, 학생들의 수업 준비도 더욱 수월해질 거예요.

Classroom Situation

- **T** These are the books you need. Please have these books ready for the next class. You also need notebooks and English dictionaries.
- **S1** Can I use a mobile dictionary, then?
- **T** It depends. Electronic dictionaries are acceptable, but mobile dictionaries in cell phones are not.

상황 1
- **S2** Teacher, I don't have a paper dictionary or an electronic dictionary.
- **T** Don't worry. You can borrow one from the school library.

상황 2
- **S3** Why not? I have an app on my phone and it's easy to use.
- **T** I know it's very easy to use, but you are not allowed to use cell phones in the classroom. It is the school's rules.

- ❶ 이게 바로 여러분에게 필요한 책이에요. 다음 시간에 이 책들을 꼭 준비해 오세요. 공책과 영어사전도 필요합니다.
- ❷ 그럼, 모바일 사전을 사용해도 되나요?
- ❸ 경우에 따라서 달라요. 전자사전은 괜찮지만, 휴대전화에 있는 사전은 안 됩니다.

상황1
- ❹ 선생님, 저는 사전도 전자사전도 없는데요.
- ❺ 걱정 말아요. 학교 도서관에서 빌리면 돼요.

상황2
- ❻ 왜 안 돼요? 제 휴대전화에 어플이 있는데 쓰기 편해요.
- ❼ 사용하기 쉬운 건 선생님도 알아요. 하지만 교실에서 휴대전화를 사용하는 건 허용이 안 돼요. 이게 학교 규칙이에요.

교재 관련 사항 안내하기

- 이 책이 우리 교과서예요.
  This is our textbook.

- 이게 바로 여러분에게 필요한 책입니다.
  These are the books you need.

- 이번 학기에는 이 책을 사용할 거예요.
  This is the book we'll be using for this semester.

- 앞으로 1년 간 이 책으로 공부할 거예요.
  We'll study with this book during the year.

- 이 책은 세 권으로 나누어져 있어요.
  This book is divided into three volumes.

- 이 책은 워크북과 CD도 있어요.
  This book comes with a workbook and a CD.

- 이 책에 있는 CD는 집에서도 사용할 수 있어요.
  You can use the CD that comes with the book at home.

- 이 책을 한번 살펴봅시다.
  Let's look at this book.
  = Let's see what's in this book.

- 몇 개의 단원이 있나요?
  How many chapters are there?

- 이 책은 12개의 단원이 있네요.
  There are 12 chapters in this book.

- 각 단원의 제목을 훑어봅시다.
  Read through the titles of each chapter.

- 다음 시간에 이 책들을 준비해 오세요.
  Please have these books ready for the next class.

- 다음 시간에 교과서 가져오는 것 잊지 마세요.
  Please don't forget to bring your textbooks for the next class.

- 수업시간에는 항상 책을 가져와야 합니다.
  You should bring your book to every class.

- 책을 가져오지 않았다면, 친구와 함께 보세요.
  If you didn't bring your textbook, you can share with your friend.

- 수업시간에는 영어공책이 필요해요.
  You need English notebooks for this class.

- 영어사전은 항상 가지고 다니세요.
  Always bring an English dictionary with you.

- 전자사전을 써도 괜찮아요.
  Electronic dictionaries can be used, too.

- 잃어버리지 않도록 반드시 책에 본인의 이름을 쓰세요.
  Be sure to write your name on the book so that you don't lose it.

 **Vocab** 교과목 관련

국어	Korean	음악	music	정치	politics
영어	English	미술	art	지리	geography
수학	math (= mathematics)	사회	social studies	철학	philosophy
과학	science	생물	biology	체육	physical education (= P.E.)
경제	economics	화학	chemistry	컴퓨터	computer
기술 가정	technology and home economics	지구과학	earth science	독일어	German
도덕	moral education	국사	Korean history	일본어	Japanese
문학	literature	세계사	world history	중국어	Chinese
물리	physics	윤리	ethics	프랑스어	French
		전산	computer science	한문	Chinese characters

교과 과정과 세부 계획 안내하기

- 이 수업은 6학년 영어수업입니다. This is an English class for 6th graders.
- 수업은 일주일에 두 번 있어요. We have two lessons each week.
- 영어수업은 일주일에 세 번 있어요. We have three English classes per week.
- 매주 수목금요일에는 선생님과 함께 수업할 거예요. You will see me every Wednesday, Thursday, and Friday.
- 이 유인물에 우리가 무엇을 공부하게 될지 적혀 있어요. You'll see what we are going to do in this handout.
- 이게 우리 수업의 일정표예요. This is our classroom schedule.
- 수업은 이 일정표대로 진행될 거예요. Our lessons will follow this schedule.
- 1학기에는 1단원부터 6단원까지 배울 거예요. We'll be learning lessons 1 to 6 for the first semester.
- 2학기에는 7단원부터 12단원까지 배울 거예요. We'll be learning lessons 7 to 12 for the second semester.
- 각 단원은 다섯 번의 수업으로 이루어져 있어요. We'll have five lessons for each chapter.
- 각 단원을 다섯 번에 걸쳐 나눠 배울 거예요. We'll learn each chapter for five lessons.
- 가끔은 두 개의 수업을 한 번에 묶어서 할 수도 있어요. Sometimes we can combine two lessons together.

- 문법 수업은 우리말과 영어로 함께 진행할 거예요.

    Grammar parts will be taught in both Korean and English.
    = I'll use both Korean and English in grammar practice.

- 시험은 1년에 네 번 치르게 돼요.

    You'll take four exams a year.

- 첫 번째 중간고사는 5월에 있어요.

    Your first mid-term falls in May.

- 기말고사는 11월이에요.

    Your final exam is in November.

- 가끔 수업 끝나기 전에 쪽지 시험도 볼 거예요.

    Sometimes you'll take a quiz at the end of your lessons.

- 일정표에서 월례 행사들을 확인할 수 있어요.

    You can check our monthly events by looking at the schedule.

- 이 유인물에서 매주 숙제도 확인할 수 있어요.

    You can also check your assignment for each week from this handout.

Vocab · 학교 행사 및 기념일 관련

학교 행사

입학식	entrance ceremony
개학식	opening ceremony of the school year
여름방학	summer vacation
겨울방학	winter vacation
봄방학	spring vacation
졸업식	graduation ceremony
개교기념일	school foundation day
소풍	school picnic
체험 학습	field trip
학생회장 선거	school president election day
체육대회	track and field day ǀ sports day
학교 축제 ǀ 학예회	school festival ǀ school performance day
알뜰 시장 ǀ 벼룩 시장	flee market
중간고사	mid-term exam
기말고사	final exam
경시대회	academic competition
영어 노래 · 챈트 경연	English song and chant contest

기념일

국경일	national holiday
신정	New Year's day
설날	Lunar New Year's Day
삼일절	Independence Movement Day
부활절	Easter
식목일	Arbor Day
어린이날	Children's Day
어버이날	Parents' Day
스승의 날	Teacher's Day
석가탄신일	Buddha's birthday
현충일	Memorial Day
제헌절	Constitution Day
광복절	Independence Day
추석	Chuseok ǀ Korean Thanksgiving Day
개천절	National Foundation Day
한글날	Hangul Proclamation Day
할로윈	Halloween
성탄절	Christmas

Chapter 1 첫 수업

Unit 3 영어 이름 정하기

영어 이름은 부르기 쉬운 것으로 짓는 게 좋습니다. 학생의 한국 이름과 비슷하게 지으면 기억하기도 더 쉽고요. 유명인의 이름을 따라 지을 경우, 부르기에는 좋지만 같은 이름을 가진 학생이 많을 수 있다는 단점이 있습니다. 일례로, 한 학급에 남학생 세 명의 이름이 똑같이 Justin인 경우가 있었거든요. 영어 이름이 없는 학생을 위해 선생님이 수업 전 영어 이름 리스트를 준비해 주는 것도 학생들에게 선택의 폭을 넓혀주는 좋은 방법입니다.

Classroom Situation

- **T** My English name is Jacob. Do you all have English names?
- **S1** Yes. My English name is Justin.
- **T** Wow, that name fits you. How about you, Se-ho?
- **S2** I don't have any English name.
- **T** Don't worry. Today I'll help you choose one.
- **S2** Mr. Park, Do we all have to make English names?

 T No, you don't. If you want to use your Korean name, it's okay.

 T Yes, please. It'll be better because then we can all practice using English names.

- ❶ 선생님 영어 이름은 Jacob이에요. 다들 영어 이름이 있나요?
- ❷ 네. 제 영어 이름은 Justin이에요.
- ❶ 우와, 잘 어울리는 이름이네요. 세호는 영어 이름이 있나요?
- ❷ 전 없는데요.
- ❶ 걱정하지 말아요. 선생님이 영어 이름 고르는 걸 도와줄게요.
- ❷ 선생님, 영어 이름을 꼭 만들어야 하나요?
- 상황1 ❶ 아뇨, 꼭 그럴 필요는 없어요. 그냥 한국 이름을 쓰고 싶으면 그렇게 하세요.
- 상황2 ❶ 네, 만드세요. 영어 이름을 사용하는 연습을 위해서라도 영어 이름을 만드는 게 좋아요.

영어 이름 묻기

- 여러분 모두 영어 이름이 있나요?
  Do you all have English names?

- 영어 이름이 있는 친구 있나요?
  Who has an English name already?

- 여러분은 영어 이름이 뭐예요?
  What's your English name?

- 이름 부분만 말해 주세요.
  Just say your first name, please.

- Kim은 (이름이 아니라) 성이에요.
  Kim is your family name.
  = Kim is your last name.

- 우와, 잘 어울리는 이름이네요.
  Wow, that name fits you.

- 누가 그 영어 이름을 지어줬나요?
  Who gave you that English name?

영어 이름 정하기

- 오늘은 우리 모두 영어 이름을 만들 거예요.
  Today we'll make English names.

- 자신에게 어울리는 영어 이름을 생각해 봅시다.
  Let's think of English names for ourselves.

- 영어 이름이 아직 없나요?
  Oh, you don't have any English name yet?

- 걱정하지 말아요. 오늘 선생님이 영어 이름 고르는 걸 도와줄게요.
  Don't worry. Today I'll help you choose one.

- 선생님이 영어 이름 정하는 것 도와줄게요.
  I'll help you pick an English name.

- 특별히 생각해 둔 이름이 있나요?
  Do you have any particular name in mind?

- 이 유인물에는 영어 이름 목록이 있어요.
  There is a list of English names on this handout.

- 앞장에는 남자 이름, 뒷장에는 여자 이름이 있어요.
  There are boys' names on the front page and girls' names on the back page.

- 자신에게 어울리는 이름이 있는지 찾아보세요.
  Let's see if there's a good name for you.

- 다들 영어 이름 골랐나요?
  Have you all chosen your English names?

- 리스트에서 어떤 이름이 마음에 드나요?
  Which name do you like from the list?

- Terry는 이미 세호가 골랐어요. 다른 이름을 고르는 게 어때요?
  Se-ho has already picked *Terry*. Why don't you choose another one?

- 여기 이 이름표에 여러분의 영어 이름을 써주세요.
  Please write your English name on this name tag.

- 선생님한테 이름표를 보여주세요.

  Please show me your name tags.

- 자, 순서대로 영어 이름을 말해 봅시다.

  Now, let's say our English names in turn.

- 모두 함께 Jason에게 Hi, Jason.이라고 인사해 봅시다.

  All together, let's say hello to Jason, like this "Hi, Jason."

- 한국 이름을 쓰고 싶으면 그렇게 하세요.

  If you want to use your Korean name, it's okay.

- 영어 이름을 사용하는 연습을 위해서라도 영어 이름을 만드는 게 좋아요.

  It'll be better to have an English name because then we can all practice using them.

Useful Tip — 영어 이름표 만들기

담임이 아닌 이상 수많은 학생들의 영어 이름을 모두 기억하기란 쉽지 않은 일이죠. 하지만 그렇다고 발표를 시킬 때마다 "네, 거기요!", "저 뒤에 학생!" 이렇게 부를 수는 없겠죠? 이럴 땐 영어 이름표를 만들어 보세요. 먼저 학생들을 4~5명씩 묶어서 그룹별로 사진을 찍으세요. 사진은 2장씩 출력해서 사진 아래 한국 이름과 영어 이름을 함께 적으세요. 한 장은 출석부에 끼우고 나머지 한 장은 게시판에 [Class Members] 코너를 만들어 학생들과 함께 꾸며 보세요. 선생님은 영어 이름을 확인할 수 있어서 좋고, 학생들은 영어 이름에 친숙해지는 효과가 있을 거예요. 또는 이름표를 목걸이로 만들어 수업시간에 착용하고 수업을 마칠 때 걷어서 보관하는 방법도 있답니다.

Chapter 2 수업절차

Unit 1 수업 시작하기

'시작이 반이다'라는 말처럼 그날의 수업 분위기는 수업을 어떻게 시작하느냐에 따라 많이 달라집니다. 수업을 시작할 때는 항상 활기찬 기운과 밝은 미소로 학생들을 반갑게 맞이해 주세요. 아이들도 선생님의 밝은 에너지를 받고 즐겁게 수업을 시작할 수 있답니다. 그리고 인사 후 곧바로 진도를 나가기보다는 일상적인 대화로 자연스럽게 수업을 시작해 보세요. 영어수업에 대한 부담감이 줄어드는 건 물론이고 학생들의 능동적인 수업 참여까지도 기대할 수 있습니다.

Classroom Situation

- **T** How's the weather outside now?
- **Ss** It's still snowing outside.
- **T** Do you like snowy days?

- **S1** Yes, I do. I like to make a snowman and have a snowball fight with my friends.
- **T** Oh, good. Then, are you going to make a snowman after this class?
- **S1** Of course I will.

- **S2** No, I don't. I don't like cold weather and it's getting too slippery.
- **T** Me neither. I can't stand the cold.

- **T** 지금 밖의 날씨가 어떤가요?
- **Ss** 계속 눈이 내리고 있어요.
- **T** 눈 오는 날 좋아해요?

상황1
- **S1** 네, 좋아해요. 눈사람 만드는 것도 좋고 친구들과 눈싸움하는 것도 좋아해요.
- **T** 오, 잘됐네요. 그럼 수업 끝나고 눈사람 만들 거예요?
- **S1** 네!

상황2
- **S2** 아니요, 좋아하지 않아요. 추운 날씨도 싫고, 길이 너무 미끄러워져서요.
- **T** 선생님도 그래요. 추위에 약하거든요.

학생 맞이하기

- 여러분, 안녕하세요?
  Hello, class?

- 안녕하세요.
  How are you doing?
  = How are you all?
  = How is it going?
  = How's everything?

- 오늘 기분 어때요?
  How are you today?
  = How do you feel today?
  = How are you feeling today?

- 뭐 특별한 일 있어요?
  Do you have any news?
  = What's up?

- 좋은 아침이에요, 여러분.
  Good morning, everyone.

- 여러분, 조용히 들어와서 자리에 앉아주세요.
  Okay everyone, come in quietly and take a seat please.

- 6학년 5반 영어수업에 찾아왔나요? 네, 잘 찾아왔어요. 어서 들어오세요.
  English class for class six five? Yes, this is the right class. Come on in.

- 여기는 6학년 5반 영어수업이에요.
  This is English class for class six five.

- 여러분, 모두 환영해요.
  Welcome everyone.

- 반가워요. 어서 들어와서 자리에 앉으세요.
  Hi. Come in and take a seat.

- 고마워요. 오늘 선생님 기분이 정말 좋네요.
  Thank you. I feel fantastic today.

- 선생님은 오늘 컨디션이 좋네요.
  I'm doing good today.
  = I'm good today.

- 더할 나위 없이 좋아요.
  It couldn't be better.

Useful Tip — 다양한 안부 표현 이끌어내기

안부에 대한 대답 표현은 정말 다양하지만, 아이들은 주로 정해진 표현만 사용하지요. 하지만 이럴 때 단지 다양한 대답 표현을 알려주는 것이 능사는 아니에요. 자주 사용해 볼 수 있도록 유도하는 것이 중요합니다. 선생님이 먼저 의도적으로 Today is a fantastic day. How's it going? 또는 Today is a great day. How's it going?이라고 질문을 해서 It's fantastic.이나 It's great. 등 다양한 대답을 이끌어내는 것이 현명한 지도 방법입니다. 또는 다양한 안부 표현 목록을 나눠주고 공책에 붙이게 한 후 가능한 한 다양한 대답을 능동적으로 찾아 쓰게 하는 것도 좋은 방법입니다.

For Students
학생들이 선생님과 인사할 때 쓸 수 있는 표현

- T How are you today? 오늘 어때요?
- S I'm doing fine. / It's okay. / It's going well. 좋아요.

- T Do you have any news? 뭐 특별한 일 있어요?
- S Same old, same old. / Same as usual. / Nothing special. 특별한 일은 없어요.

- T How do you feel today? 오늘 기분 어때요?
- S Not bad. / So so. 그냥 그래요.

간단한 대화하기

• 오늘 날씨가 정말 좋네요!	What a beautiful day!
• 오늘 아침은 조금 쌀쌀하네요.	It's a little chilly this morning.
• 날씨가 춥네요. 다들 따뜻하게 입고 왔나요?	It's getting cold. Did you wear a warm coat?
• 날씨가 정말 춥네요. 감기 걸리지 않도록 조심하세요.	It's freezing outside. Be careful not to catch a cold.
• 새로운 한 주가 시작되는 월요일이네요.	It's Monday, the beginning of a new week.
• 휴일은 잘 보냈나요?	Did you enjoy your holiday?
• 휴일은 어땠어요?	How was your holiday? = How did you spend your holiday?
• 주말 잘 보냈나요?	Did you have a nice weekend?
• 다들 즐거운 주말을 보냈을 거라고 생각해요.	I hope you had a great weekend.
• 짝에게 지난 주말에 무얼 했는지 물어보세요.	Please ask your partner what he did on the weekend.
• How was your weekend?라고 물어보면 돼요.	You can ask, "How was your weekend?"
• 와, 벌써 금요일이에요. 이번 주말에 뭐할 거에요?	Wow. It's Friday already. What's your plan for this weekend?
• 짝에게 주말 계획을 물어보세요.	Please ask your partner what he will do over the weekend.

- 서로에게 Have a great weekend.라고 인사 하세요.　　Please say to each other, "Have a great weekend."

- 어제 체험 학습 재미있었어요?　　Did you enjoy the field trip yesterday?

- 오늘 좀 달라 보이네요. 머리 잘랐어요?　　You look different. Did you get your hair cut?

출석 및 지각 확인하기

- 모두 다 출석했나요?　　Is everybody here?

- 출석을 확인해 봅시다.　　Let's check to see who is here.
  = Let's see if everyone is here.
  = Let's check the attendance.

- 출석을 부르겠어요.　　I'm going to call your names.
  = I'm going to take attendance.

- 알파벳순으로 출석을 부르겠어요.　　I'm going to call your names in alphabetical order.

- 선생님이 출석을 부를 땐 잘 들으세요.　　Listen while I call your names.

- Present 또는 Here 하고 대답하세요.　　Please say "Present" or "Here".

- 선생님이 출석을 부르면 Yes라고 크게 대답하세요.　　Say "Yes" loudly when I call your name.

- I'm here.라고 대답하는 것 기억하세요.　　Remember to answer "I'm here."

- 좋아요. 결석한 사람이 아무도 없네요.　　Great, no one is missing.

- 빈자리가 몇 군데 있네요. 누가 안 왔나요?　　There are a few empty chairs. Who is missing?

- 오늘 누가 결석했나요?　　Who is absent today?
  = Who isn't here today?

- 오, 민희가 없군요. 누구 이유를 아는 사람?　　Oh, Min-hee is away. Does anyone know why?

- 민희가 왜 결석한지 아는 사람?　　Any idea why Min-hee is absent?

- 민희에게 오늘 무슨 일이 있나요?　　What's wrong with Min-hee today?
  = What's the matter with Min-hee today?

- 호진이가 어디에 있는지 아는 사람 있나요?　　Does anyone know where Ho-jin is?

- 오늘 호진이 본 사람 있어요?　　Has anyone seen Ho-jin today?

- 그럼, 호진이를 제외하고는 모두 온 거네요. So, everyone is here except Ho-jin.
- 누가 지난 시간에 안 나왔죠? Who was absent last time?
- 누가 지난 금요일 수업에 빠졌죠? Who missed last Friday's class?
- 지난 수업에 왜 빠졌어요? Why did you miss the last lesson?
  = Why weren't you here last class?
- 어디에 있었어요? Where have you been?
- 수업 시작한 지 10분이 지났어요. We started ten minutes ago.
- 뭐 하고 있었어요? What have you been doing?
- 다시는 이런 일 없도록 하세요. Don't let it happen again.
- 수업에 빠지지 마세요. Don't skip class.
- 아팠다고 들었는데, 이제 괜찮아요? I heard that you didn't feel good. Are you okay now?
- 돌아와서 다행이에요. I'm glad you're back.
- 보건실에 가야 하면, 가기 전에 꼭 선생님에게 먼저 알려주세요. If you need to go to the nurse's office, please let me know before you go.

For Students

학생들이 출석 확인 시간에 쓸 수 있는 표현

- Ho-jin is absent today. He went home because of bad cold.
  오늘 호진이는 결석이에요. 감기가 심해서 집에 갔어요.

- Ho-jin will be a little bit late. He is talking with his teacher.
  호진이는 조금 늦을 거예요. 선생님과 면담 중이거든요.

- Ho-jin is talking with his homeroom teacher because he did something bad today.
  호진이는 오늘 잘못을 해서 담임 선생님과 면담 중이에요.

- Ho-jin might be a bit late because he's running errands.
  호진이는 심부름 때문에 조금 늦을 수도 있어요.

진도 확인하기

- 모두 책을 꺼내세요.
Get your books out.
= Books out, please.

- 지난 시간에 어디까지 했죠?
Where did we leave off last time?
= Where were we?

- 어디 할 차례죠?
Where are we at?
= Where are we starting from?

- 몇 페이지 할 차례죠?
Which page are we on?

- 12쪽 할 차례네요. 12쪽을 펴세요.
We're on page 12. Open your book at page 12.

- 자, 20쪽을 보세요.
Look at page 20.

- 21쪽으로 넘기세요.
Now turn to page 21.

- 다시 19쪽으로 돌아가세요.
Turn back to page 19.

- 오른쪽에 있네요.
It's on the right.

- 페이지 아래쪽에 있네요.
It's at the bottom of the page.

- 두 번째 단락, 첫 번째 줄을 보세요.
Look at the first line in the second paragraph.
= Look at the first line in paragraph two.

- 5줄 밑으로 내려가세요.
Five lines down.

- 짝에게 어디 할 차례인지 알려주세요.
Please tell your partner where we are at.

- 좋아요. 진도가 딱 맞네요.
Good, we're just on schedule.

- 진도 맞추기가 아주 빡빡하네요.
We have a very tight schedule.

- 서둘러서 빨리 끝내지 않으면 진도가 일정보다 늦어질 거예요.
We have to hurry and finish soon or we will fall behind schedule.

- 진도가 늦어서 보충수업을 해야겠네요.
Your class is behind schedule, so you need to makeup some classes.

- 수업 속도를 좀 천천히 가야겠어요.
I think we need to slow down a bit.

복습하기

- 지난 수업을 복습해 봅시다.

    Let's review the last lesson.
    = Let's revise the last lesson.

- 지난 수업시간에 배운 것을 복습해 봅시다.

    Let's look over what we learned last time.

- 다시 한 번 복습해 봅시다.

    Let's go over it again.
    = Let's look over it again.
    = Let's have a look at it again.

- 5단원을 복습해 봅시다.

    Let's review chapter 5.

- 수업을 시작하기 전에, 지난 시간에 배운 단원을 복습해 봅시다.

    Before we start, let's look back at the previous chapter.

- 어제 새로 배운 단어들을 복습해 봅시다.

    Let's review the new vocabulary that we learned yesterday.

- 지난 시간에 무엇을 배웠죠?

    What did we do last time?

- 지난 수업에 무엇을 배웠는지 말할 수 있는 사람?

    Can anyone tell me what we learned in the previous lesson?

- 지난 시간에 배운 다섯 개의 주요 문장이 뭐죠?

    What were the five key sentences we learned in the last lesson?

- 지난 시간에 꼭 외워야 할 주요 표현이 두 개 있었어요. 그게 뭐죠?

    There were two key expressions you had to remember from last class. What are they?

- 이건 지난 시간에 배운 주요 표현들이에요. 모두 기억하나요?

    These are the key expressions we learned last time. Do you all remember?

- 지난 시간에 모두 아주 열심히 공부했군요.

    You all studied very hard last time.

- 지난 수업 내용을 기억하지 못하는 사람이 많네요.

    Many of you don't remember what we learned last time.

숙제 검사

- 지난 시간에 숙제 있었죠? — You had some homework, right?
- 검사하기로 한 숙제가 있죠? — You have some homework that needs to be checked, right?
- 오늘까지 숙제 제출하는 것 맞죠? — Your homework is due today, right?
- 숙제 검사 시간이에요. — It's time to check your homework.
- 지금 숙제 검사를 할 거예요. — I'm going to check your homework now.
- 숙제 다 했나요? — Have you done your homework?
- 다들 숙제 가져왔나요? — Do you have your homework with you?
  = Did you bring your homework with you?
- 숙제를 꺼내세요. — Please take out your homework.
- 모두 책상 위에 숙제를 올려놓으세요. — Please put your homework on your desk.
- 노트를 펼치고 숙제한 것을 보여주세요. — Open your notebooks and show me what you've done.
- 숙제를 확인할 수 있도록 페이지를 넘겨주세요. — Turn over the pages so that I can see your homework.
- 109쪽에 있는 연습 문제 1번이 지난 시간 숙제였죠? — Your homework for the last lesson was Excercise 1 on page 109, right?
- 숙제에 도장을 찍어주겠어요. — I'll put a stamp on your homework.
- 짝끼리 서로 숙제를 검사하세요. — You'll check the homework in pairs.
- 짝의 숙제를 확인해 주세요. — Please check your partner's homework.
- 짝이 숙제를 다 해 왔으면, 숙제 아래쪽에 사인해 주세요. — If your partner is finished his homework, please sign your name under it.
- 숙제를 제출하세요. — Please hand in your homework.
- 숙제를 해 온 공책을 내세요. — Please turn in your notebooks.
- 선생님 책상에 숙제를 올려놓으세요. — Please put your homework on my desk.
- 맨 뒤에 앉아 있는 학생들이 다른 친구들 숙제까지 모두 걷어 오세요. — Students sitting at the back, please collect all the homeworks.
- 각 줄의 맨 뒷사람이 숙제를 걷어 올래요? — Can the last person in each row please gather all the homework?

• 1번이 2번부터 10번 학생까지 숙제를 걷어 오세요.	Student number 1, please collect students' homework from number 2 to number 10.
• 순서대로 걷으세요. 앞 번호가 맨 위에 오게 하세요.	Please collect in order. Have the lowest number on the top.
• 숙제를 안 해 온 학생 있나요?	Is there anyone who didn't do his homework?
• 자, 숙제 검사가 끝났습니다.	I've finished checking your homework.
• 각 줄의 맨 앞 사람들이 숙제 좀 나눠줄래요?	Can the first person in each row please pass it out?
• 숙제를 정말 잘해 왔네요.	You did a very good job with your homework.
• 몇몇 친구들은 숙제를 정말 잘해 왔어요.	Some of your homework was really good.
• 다음 시간까지 숙제를 다시 해 오세요.	Do your homework again and give it to me in the next class.

Episode

숙제 함께 하기

숙제 검사를 하다 보면 매번 숙제를 안 해 오는 학생 때문에 힘들 때가 있죠. 그런 경우 무턱대고 야단만 치지 마세요. 생각보다 학업 수준이 낮거나 집에서 관리를 받지 못하는 학생들이 많이 있거든요. 혼내기만 하면 학생은 영어에 대한 흥미가 더욱 떨어지고, 학급 친구들은 그 학생과 함께 그룹 활동 하기를 꺼리는 상황이 생길 수도 있습니다. 이런 경우, 저는 학생의 담임 선생님께 연락을 드려 개별 면담을 한 후, 방과 후나 점심시간을 이용해 숙제를 함께 한답니다. 별것 아닌 것 같아도 몇 번만 숙제를 함께 해주면 아이들의 학습 태도가 상당히 좋아진다는 걸 느낄 수 있어요. 실제로 지도했던 학생들 중 상당수가 숙제 검사에 대한 공포에서 벗어나게 되었고, 수업에도 점점 적극적으로 참여하는 긍정적인 변화를 보여주었습니다. 그런데 무엇보다 중요한 것은 숙제를 내줄 때 한두 문제 정도를 미리 함께 풀어주는 거예요. 그렇게 한다면 학생의 이해도와 학습 효과를 높여줄 뿐만 아니라 수업에 대한 자신감도 심어줄 수 있습니다.

For Students

학생들이 숙제 검사 시간에 쓸 수 있는 표현

- I forgot that I had homework. 숙제가 있다는 걸 깜빡했어요.
- I forgot to do my homework. 숙제해야 하는 걸 잊어버렸어요.
- I forgot to bring my homework. 숙제 가져오는 걸 깜빡했어요.
- I left it at home. 숙제를 집에 두고 왔어요.
- I left it in the classroom. Can I go and get it? 교실에 두고 왔어요. 가서 가져와도 돼요?
- Sorry, I forgot. 죄송해요, 깜빡했어요.
- I'll bring it after class. 수업이 끝나고 가져올게요.
- I'm sorry. I'll bring it tomorrow. 죄송해요. 내일 가져올게요.
- I didn't know because I wasn't here last time. 지난 시간에 결석을 해서 몰랐어요.
- I thought it was due on Thursday. 목요일까지라고 생각했어요.
- I couldn't finish my homework. 숙제를 다 못했어요.
- Sorry, I'm still working on it. 죄송해요, 아직 하고 있어요.
- I did it, but I lost my homework. 하긴 했는데, 숙제를 잃어버렸어요.
- I lost my notebook. 공책을 잃어버렸어요.
- I lost the worksheet. 학습지를 잃어버렸어요.
- I think somebody took my homework. 누가 제 숙제를 가져간 것 같아요.
- My printer is out of order, so I couldn't print it out. 프린터기가 고장 나서 출력을 못했어요.
- I couldn't use the Internet to research because my Internet stopped working. 인터넷이 안 돼서 조사를 할 수 없었어요.
- I couldn't do my homework because of the flu. 독감에 걸려서 숙제를 못했어요.
- I was really sick for a week. 일주일간 정말 심하게 아팠어요.
- I couldn't do my homework because I went to my relative's house on the weekend. 주말에 친척집에 다녀오느라 숙제를 못했어요.

Chapter 2 수업절차

Unit 2 수업 전개 과정

간혹 수업 전에 학습 목표를 안내해 주지 않고 바로 수업을 진행하는 경우가 있습니다. 하지만 학습 목표 제시는 중요한 수업 절차 중 하나입니다. 학습 목표가 학생들에게 뚜렷한 학습 동기를 제공해주기 때문이에요. 수업 시작 전, 칠판에 그날 진행될 주요 활동을 간단하게 판서한 후 학생들과 함께 읽어주세요. 학생들은 물론 선생님에게도 안정되고 일관성 있는 학습 방향을 상기시켜 주는 효과가 있습니다. 매 단계마다 활동의 시작과 끝을 안내해 주는 말로 학생들의 주의를 환기시켜 주는 것도 잊지 마세요.

Classroom Situation

- **T**: There are a lot of sentences to write down. Copy them from the board.
- **S1**: Hey, move your head.
- **S2**: Mr. Tae, he's bothering me.
- **T**: What's the problem?
- **S1**: I can't see the board because of Ji-ho's head. His head is too big.

 T: Uh-oh. You shouldn't speak to your friend like that. Apologize to him. Then come to the front and copy from there.

 T: It's not nice to say that. You can ask Ji-ho, "Can you move to the side, please?" or you can ask me, "Can I move to the front of the class?"

- ⓣ 오늘은 써야 할 문장들이 많아요. 칠판을 보고 받아 적으세요.
- ⓢ 야, 머리 좀 치워.
- ⓢ 선생님, 얘가 괴롭혀요.
- ⓣ 무슨 일이에요?
- ⓢ 지호 머리 때문에 칠판이 안 보여요. 지호 머리가 너무 커서요.

(상황1) ⓣ 저런, 친구에게 그렇게 얘기하면 안 돼요. 사과하세요. 그리고 앞쪽으로 나와서 보고 쓰세요.

(상황2) ⓣ 그렇게 말하는 건 좋지 않아요. 지호에게 "옆으로 조금만 비켜줄래?"라고 묻거나 선생님에게 "교실 앞쪽으로 나가도 되나요?"라고 물어볼 수도 있잖아요.

수업 시작 및 워밍업

- 자, 이제 수업을 시작해 볼까요? — So, let's get started, shall we?
- 시작할 준비가 됐나요? — Are we ready to start?
- 모두 시작할 준비가 됐나요? — Is everybody ready to start?
- 영어 공부할 준비가 됐나요? — Are you ready to learn English?
- 이제 시작해도 될 것 같군요. — I think we can start now.
- 시작합시다. — Let's begin.
- 수업을 시작할 수 있도록 이제 이야기를 멈추세요. — Stop talking now so that we can start.
- 모두 조용해질 때까지 시작하지 않겠어요. — We won't start until everyone is quiet.
- 오늘 수업은 퀴즈로 시작할까 해요. — I'd like to start the lesson with a pop quiz.
- 발음 연습과 함께 오늘 수업을 시작합시다. — Let's begin today's lesson by practicing pronunciation.
- 먼저, 이번 단원에 나온 새로운 단어를 보도록 하죠. — First, we'll have a look at the new words in this chapter.
- 모르는 단어들을 함께 훑어봅시다. — Let's go over the words you don't know.
- 브레인스토밍을 해봅시다. — Let's do some brainstorming.
- 마인드맵을 만들어 봅시다. — Let's make a mind map.
- 하나씩 이야기해 보세요. — Say it one by one.

학습 내용 및 목표 안내하기

- 오늘 수업의 제목이 무엇인가요? — What's the title of today's lesson?
- 제목을 읽어줄래요? — Could you please read the title?
- 제목을 보고 무엇을 알 수 있나요? — What can you guess from the title?
- 제목을 보고 우리는 이번 단원이 어떤 내용일지 알 수 있어요. — We can know what's in the chapter from the title.
- 제목을 보고 우리는 오늘 수업에 대한 단서를 얻을 수 있어요. — The title will give us clues about today's lesson.

- 이것이 오늘 우리가 배울 내용이에요.

- 오늘은 과거시제를 공부할 거예요.

- 오늘 우리가 공부할 내용을 한번 살펴봅시다.

- 오늘의 수업 목표는 뭘까요?

- 오늘의 수업 목표는 이거예요.

- 수업 목표를 모두 함께 하나씩 읽어 봅시다.

- 오늘의 수업 목표는 이야기를 올바른 순서로 나열하는 것이에요.

- 수업이 끝날 때쯤에는 이야기를 읽으면서 흐름을 파악할 수 있을 거예요.

This is what we're going to do today.

Today, we will cover the past tense.

Let's have a look at what we're going to do today.

What are the objectives for today's class?

These are today's objectives.

Let's read the objectives together, one by one.

The objective of today's lesson is arranging stories in the right order.

By the end of the lesson, we will be able to understand the story flow by reading a story.

Useful Tip — Goal과 Objective의 차이점

Goal과 Objective는 둘 다 우리말로 '목표'라고 해석되기 때문에 명확하게 구분을 짓고 사용하는 선생님들이 많지 않아요. 하지만 이 두 단어는 확실히 구분해서 사용해야 합니다. 아래 표와 예시를 통해 차이점을 살펴보세요.

Goal	Objective
장기적	단기적
포괄적, 추상적	구체적
측정이 용이하지 않음	측정이 용이함

Goal의 예: **Ability to think critically, and to write well.**
Objective의 예: **Students will be able to write a short paragraph critically and analytically.**

자, 차이점이 느껴지나요? Goal과 Objective의 개념을 명확하게 구분해서 수업에 시간 학생들에게 제시해 주도록 합시다.

> **Useful Tip**　좋은 Objective의 조건
>
> 어떤 수업 목표가 좋은 수업 목표일까요? 좋은 수업 목표의 두 가지 조건을 알아봅시다.
>
> **1 학생 중심의 목표**
>
> 좋은 수업 목표는 학습 후에 기대할 수 있는 학생들의 행동으로 제시해야 합니다. 즉, 수업을 통해 학생들의 어떤 능력이 향상되었는지를 명시해야 합니다.
>
> ① The student will use correct punctuation in writing a paragraph. (Good)
> ② I will teach students when to use commas. (Not good)
>
> 위의 두 예문을 비교해 보면, ①번은 '학생들은 단락을 쓸 때 문장부호를 올바르게 사용할 것이다'라고 학습 후 학생들의 행동 중심으로 쓰여져 있지만, ②번은 '나(교사)는 학생들에게 콤마의 사용법을 가르칠 것이다'라고 교사 중심으로 쓰여진 것을 알 수 있습니다.
>
> **2 측정 가능한 결과 중심의 목표**
>
> 좋은 수업 목표에는 학생들이 학습 활동 후 목표한 성과를 이뤘는지에 대해 객관적인 판단을 내릴 수 있는 명확한 기준이 포함되어 있어야 합니다.
>
> ① The student will write a formal letter. (Good)
> ② The student will know the importance of politeness. (Not good)
>
> 예로 제시한 ①번의 목표는 측정을 할 수 있기 때문에 좋은 수업 목표라고 할 수 있습니다. 반면에 ②번의 경우는 측정이 불가능하기 때문에 좋은 예라고 할 수 없습니다. 측정이 어려우면 상벌 기준 또한 애매해지기 때문에 학생들의 동기 부여와 학습 의지가 저하될 수 있습니다. 따라서 목표를 설정할 때는 객관적인 기준을 제시하여 아이들의 목표 달성 의지를 고취시켜주세요.

유인물 나눠주기

- 여기 연습 문제가 있는 유인물이 있어요.　　Here are some handouts for the exercise.

- 유인물에 이름 쓰는 걸 잊지 마세요.　　Don't forget to write your names on the paper.

- 유인물은 파일에 넣어 보관하세요.　　Please keep the handout in your file.

- 유인물을 나눠줄게요.　　I'll pass out the handouts.

- 두 사람당 한 장입니다.　　One paper between two.

- 네 장을 나눠줄 거예요. 다 받았는지 확인하세요.　　I'll pass out four handouts, so make sure you have them all.

- 유인물을 주변 친구들에게도 전달하세요.　　Please pass around these handouts.
　　= Please pass these worksheets along.

- 유인물을 돌리세요.　　Pass out these handouts, please.

• 이것들을 뒤로 전달하세요.	Please pass these to the back.
• 한 장씩 갖고 돌리세요.	Take one and pass them on.
• 세호가 이 복사물들을 나눠줄래요?	Will you give out these copies, Se-ho?
• 팀원들에게 이것들을 나눠주세요.	Give these to your group members.
• 모두 몇 장인지 세어 보세요.	Count all the pages.
• 모두 학습지를 받았나요?	Have you all got a copy of the worksheet?
• 학습지가 네 장 다 있는지 확인해 보세요.	Please check if you have all four worksheets.
• 학습지를 못 받은 사람이 있나요?	Is there anyone who hasn't got a copy?
• 유인물이 모자라나요?	Are we short of handouts?
• 여기 여분이 있어요.	Here are some leftovers.
• 혹시 두 장을 가지고 있는지 확인해 보세요.	Please check if you have two sheets.
• 양면에 모두 인쇄가 되어 있는지 확인하세요.	Please check the print on both sides.
• 뒤에 복사물 남은 것 있나요?	Do you have some leftovers back there? = Do you have some extra copies back there?
• 남은 것은 앞으로 전달하세요.	Please pass the rest to the front. = Please pass the remaining copies to the front.
• 미안해요. 학습지가 부족하네요.	I'm sorry. We don't have enough worksheets.
• 미안한데, 이번에는 짝과 함께 보세요.	Sorry, share with your partner this time.
• 수업 끝나면 여분을 가져다줄게요.	I'll bring extra copies after the class.
• 쉬는 시간에 교무실에 가서 이 유인물 10장만 복사해 줄래요?	During the break, can you go to the teacher's office and make ten copies of this handout?
• 이것을 양면으로 5장만 복사해 주세요.	I want you to make it five double sided copies.
• 인쇄 상태가 흐리네요.	The print is unclear.
• 선생님에게 유인물을 다시 돌려주세요.	Please give it back to me.

For Students

학생들이 유인물을 받을 때 쓸 수 있는 표현

- I didn't get one. 저 못 받았어요.
- My partner didn't get it. 제 짝이 못 받았대요.
- How many pieces should we all have? / How many pages should I have? 총 몇 장을 받아야 해요?
- We need three more. 저희는 세 장이 더 필요해요.
- There is one missing here. 여기 한 장이 모자라요.
- Two pages are missing. 두 장이 없는데요.
- I didn't get the first one. 첫 번째 장을 못 받았어요.
- I only have four pages. 네 장밖에 없는데요.
- I have two of the same papers. 저 똑같은 것으로 두 장 받았어요.
- I got the same ones. 저 똑같은 것으로 받았어요.
- Here are some extra copies here. 여기 남는 것 있어요.
- There is a misprint here. 여기 인쇄가 잘못되어 있어요.
- One side is not printed. 한 면이 인쇄가 안 되어 있어요.
- It's too blurry. 글씨가 너무 흐려요.
- The front page and the back page are overlapping. 앞장과 뒷장이 겹쳐져서 인쇄되었어요.
- The letters are too small to read. 글씨가 너무 작아서 읽기 힘들어요.

Vocab 유인물 관련

유인물	handout
학습지	worksheet
시험지	test paper
답안지	answer sheet
여분	leftover | extra copy
전달하다	pass
뒤로 전달하다	pass back
앞으로 전달하다	pass forward | pass to the front
나눠주다	pass out | distribute | give out | hand out
주위로 돌리다	pass around | pass along
수거하다	collect | gather up
제출하다	submit | hand in | turn in | give back

판서하기

- 여러분, 칠판을 봐주세요. Look at the board, please.
- 오늘은 필기해야 할 문장이 많아요. There are a lot of sentences to write down.
- 칠판을 보고 필기하세요. Copy them down from the board.
- 뒤에도 잘 보이나요? Can you see it back there?
- 선생님 글씨가 잘 보이나요? Can you see my writing clearly?
- 나중에 필기할 시간을 따로 줄게요. I'll give you some time to copy this down later.
- 안 지울 거니까, 지금 필기하는 것 멈추고 쉬는 시간에 쓰도록 하세요. I won't erase it, so please stop writing and copy it during the break.
- 이건 중요하니까 파란색 마커로 쓸게요. I'll write it with the blue marker because it is important.
- 색깔 펜을 사용하세요. Please use your colored pens.
- 가로 세로 2칸씩 표를 그리세요. Please draw a table two by two.
- 마커가 없네요. We've run out of markers.
- 분필이 떨어졌네요. We've run out of chalk.
- 마커와 지우개 좀 가져다주세요. Please get me some markers and erasers.
- 분필 좀 가져다주세요. Please get me some chalk.
- 오늘 누가 칠판에 문장을 쓸 차례죠? Whose turn is it to write the sentence up, today?
- 아직 칠판 앞에 나와 보지 않은 사람? Who hasn't been up to the board?
- 이리로 나와서 칠판에 용감하게 정답을 적을 수 있는 친구가 있나요? Who is brave enough to come up here and write the answer on the board?
- 칠판 앞으로 나오세요. Come out to the board, please.
= Go to the board.
= Go up to the board.
- 앞에 나와서 그 문장을 칠판에 써보세요. Come out and write that sentence on the board.
- 그것을 칠판에 쓰세요. Write that on the board, please.
- 마커는 여기 있어요. The marker is here.
- 뒤에서도 볼 수 있게 크게 쓰세요. Please write it big enough to see from the back.
- 글씨를 참 잘 쓰네요. Your handwriting is very neat.

- 너무 칠판 아래쪽에 쓰지 마세요. Please don't write it too low on the board.
- 칠판 구석에 쓰지 말고 가운데에 쓰세요. Please write it in the center, not in the corner.
- 칠판에 있는 문장 중에 틀린 곳이 있나요? Are there any mistakes in the sentences on the board?
  = Are the sentences on the board correct?
  = Can you see anything wrong with the sentences?
- 가희는 오른쪽에 쓰고, 세호는 왼쪽에 쓰세요. Ga-hee can write it on the right side and Se-ho, on the left side.
- 칠판에 쓴 걸 친구들이 볼 수 있도록 옆으로 비켜 주세요. Step to the side so that the class can see what you wrote.
- 칠판 좀 지워주세요. Clean the board, please.

For students 학생들이 필기할 때 쓸 수 있는 표현

- Can you write it on the board? 선생님, 그것 좀 칠판에 적어주세요.
- I can't see the board clearly. 칠판이 잘 안 보여요.
- Mr. Kim, I'm sorry to say this, but would you please step aside?
  선생님, 죄송하지만 칠판 옆으로 조금만 비켜 주세요.
- Should I copy all the sentences from the board? 칠판에 있는 문장을 전부 다 적어야 되나요?
- I forgot to bring my glasses. Can I move to the front of the class to copy?
  안경 가져오는 걸 잊었어요. 앞으로 나가서 적어도 될까요?
- I didn't bring my notebook today. Can I borrow a piece of paper?
  오늘 공책을 안 갖고 왔어요. 종이 한 장만 주세요.
- Sorry, I'll bring my notebook next time and copy it again.
  죄송해요. 다음 시간에 공책을 가져와서 다시 옮겨 적을게요.
- Can I erase the board? 칠판 지워도 돼요?
- Do you want me to erase everything on the board? 칠판에 있는 것 다 지울까요?

시범 보이기 및 순서 정하기

- 여러분, 먼저 선생님을 보세요. Everyone, watch me first.
- 선생님이 어떻게 하는지 보여줄게요. I'll show you how to do it.

• 선생님이 먼저 시범을 보일게요.	I'll show you first.
• 선생님이 하는 걸 잘 보고 따라해 보세요.	Watch carefully what I'm doing and then copy me.
• 선생님이 하는 걸 보고 한번 따라해 보세요.	Look at what I'm doing and then try to copy it.
• 번호순으로 합시다.	Let's do it by class numbers.
• 누가 먼저 해볼까요?	Who would like to go first?
• 다음은 누가 해볼까요?	Who's next? = Who will go next? = Who is the next one to try?
• 이제 누구 차례죠?	Whose turn is it?
• 누가 대답할 차례죠?	Whose turn is it to answer?
• 자, 수지야. 이번에는 수지 차례지?	Come on, Soo-ji. Isn't it your turn?
• 지호야, 네 차례구나.	Ji-ho, it's your turn.
• 아직 순서가 아니에요. 순서를 기다리세요.	It's not your turn. Wait for your turn.
• 순서대로 해야 해요.	You have to take turns.
• 한 번에 한 명씩 하세요.	One person at a time.
• 여학생이 먼저 하세요.	Girls first.
• 여기 이 줄부터 시작하세요.	Let's begin with this row.
• 가희가 마지막 순서구나.	Last but not least, Ga-hee.

For students
학생들이 발표 순서를 정할 때 쓸 수 있는 표현

- It's my turn. 제 차례예요.
- Let me try it. 제가 해볼게요.
- I'd like to go first. 제가 제일 먼저 할래요.
- It's Se-ho's turn not me. 제가 아니고 세호가 할 차례예요.
- It's not my turn. 제 차례 아닌데요.
- Ms. Kim, it's not Ji-ho's turn yet, but he skipped my place. 선생님, 아직 지호 차례 아닌데 새치기해요.

시간 및 진행 상황 관리하기

- 이제 수업을 시작할 시간이에요. It's time to start.
- 10분을 주겠어요. I'll give you ten minutes.
- 자, 활동 시간은 20분이에요. You have twenty minutes for this task.
- 시간 안에 끝내세요. Finish it in time.
- 잘 되어가고 있나요? Is it going okay?
- 잘하고 있어요? Are you doing okay?
- 잘하고 있네요. You're doing good.
- 천천히 하세요. Take your time.
- 서두르지 마세요. 시간은 충분해요. Don't rush. You have a plenty of time.
- 아직 몇 분 더 남았어요. We still have a couple of minutes left.
- 아직 시간이 좀 있어요. We still have more time.
- 다 했어요? Are you finished?
- 벌써 다 했어요? Have you finished already?
- 왜 아직 아무것도 안 하고 있나요? Why aren't you doing anything yet?
- 지금쯤은 마지막 문제를 하고 있어야 해요. You should be working on the last questions by now.
- 서두르세요. 시간이 얼마 남지 않았어요. Hurry up, you don't have enough time.
- 마무리할 시간이 5분 남았습니다. You have five minutes to finish your work.
- 아직 덜 끝낸 사람? Who hasn't finished yet?
- 시간이 더 필요한 사람? Who needs more time?
- 5분 더 주겠어요. I'll give you five more minutes.
- 2분 남았습니다. 정리하세요. Two minutes left. Wrap it up.
- 이제 거의 끝내야 할 시간이에요. It's almost time to stop.
- 이제 하던 것 멈추세요. We'll have to stop now.
- 자, 다음 활동으로 넘어갑시다. Let's move on.
- 다음 활동으로 넘어갈 준비가 되었나요? Are you ready to move on?
  = Ready for the next activity?

- 쉬는 시간이 필요한가요?   Do you need a break?
- 잠깐 쉽시다.   Let's have a break.
- 5분 후에 다시 시작합시다.   Let's start again in five minutes.

For Students
학생들이 수업 활동 중간에 쓸 수 있는 표현

- I'm not finished yet. 저 아직 덜 끝냈어요.
- Please give me five more minutes. 5분만 더 주세요.
- Please take a five-minute break. 5분만 쉬어요.
- Can you have a look at this? 선생님, 이것 좀 봐주세요.
- Can you check whether I'm on the right track? 이렇게 하는 게 맞는 건지 봐주세요.
- Can you check if I have done it right? 제가 제대로 했나 확인해 주실 수 있나요?
- Am I doing right? / Is this right? / Am I on the right path? 제가 맞게 하고 있는 건가요?
- I'm finished. / Finished. 다 했어요.
- What do I do when I'm done? 다 끝났으면 뭘 해요?
- I'm finished, so what's next? 다 했는데 다음엔 뭘 해요?
- Shall I do the next activity? 다음 활동도 해요?
- Can I move onto the next one? 다른 활동으로 넘어가도 돼요?
- Can I go after finishing all the tasks? 활동 다 했으면 교실로 가도 되나요?
- Can I work with my partner? 짝과 같이 해도 되나요?
- I did it by myself. 이건 저 혼자서 했어요.

Vocab — 학교 시간 관련

- 시간표   timetable
- 1교시   first period
- 점심시간   lunch time
- 쉬는 시간   break time | break | recess
- 자유 시간   free time
- 일과   daily routine

Chapter 2 수업절차

Unit 3 수업 정리하기

수업을 진행할 때에는 마무리 시간까지 염두에 두고 시간을 안배하는 게 중요합니다. 수업을 마치기 전 그날 배운 주요 표현을 다시 한 번 상기시켜 주면 학습의 효과를 더욱 높일 수 있기 때문이에요. 시간이 조금 더 걸리더라도 패스워드 활동 등을 통해 그날의 수업 목표를 달성했는지 꼭 점검하고 수업을 마무리하세요.

Classroom Situation

- T: Ok, it's almost time to stop. Has everyone finished?
- S1: Not yet. I'm still working on exercise 1.
- T: That's okay. Please do the rest at home. I'll check it in the next lesson.

상황1
- S2: Can I have more time?
- T: I'm sorry but I can't. Please finish it by next Wednesday.

상황2
- S3: This homework is too difficult. Can I skip the things I don't know?
- T: You could. But try to do your best.

- T: 자, 이제 마쳐야 할 시간이 거의 다 됐네요. 모두 다 끝냈나요?
- S: 아직요. 전 연습 문제 1번 하고 있어요.
- T: 괜찮아요. 나머지는 집에서 해 오세요. 다음 시간에 검사할 거예요.

상황1
- S: 시간을 좀 더 주시면 안 돼요?
- T: 미안하지만 그럴 수는 없겠네요. 다음 주 수요일까지 꼭 해 오세요.

상황2
- S: 이번 숙제는 너무 어려워요. 모르는 부분은 빼고 해도 돼요?
- T: 그래도 돼요. 하지만 최선을 다해 보세요.

마무리하기

- 마무리할 시간이 거의 다 됐어요.　　It's almost time to stop.
　　　　　　　　　　　　　　　　　　= It looks like our time is almost up.

- 여러분, 지금 하고 있는 것을 멈추세요.　Everybody, please stop what you're doing.

- 오늘은 여기까지만 하고 마칩시다.　　We'll have to stop here.

- 마무리합시다.　　　　　　　　　　　Let's wrap up.
　　　　　　　　　　　　　　　　　　= Let's wrap things up now.

- 이제 마쳐야 합니다.　　　　　　　　We should be finishing up now.

- 오늘 무엇을 배웠죠?　　　　　　　　What did we learn today?

- 오늘 수업 목표가 뭐였죠?　　　　　　What were the objectives for today's lesson?

- 오늘 수업을 요약해 볼 사람?　　　　Who can summarize today's lessons?

- 오늘 수업에서 가장 중요한 게 뭐였죠?　What's the most important thing from today's lesson?

- 자, 오늘 첫 번째 단원을 끝냈네요.　　Well, we got through the first chapter today.

- 오늘 배운 내용을 꼭 기억하세요.　　Please keep in mind what we learned today.
　　　　　　　　　　　　　　　　　　= Please remember all the things that we learned today.

- 오늘 배운 내용 중에 이해 안 되는 부분이 있는 사람?　Who doesn't understand the things we learned today?

- 오늘 수업에서 이해가 안 되는 부분이 있나요?　Is there anything that you don't understand from today's lesson?

- 나머지는 다음 시간에 끝내도록 해요.　Let's finish the rest of this in our next class.

- 나머지는 집에서 해 오세요.　　　　Please do the rest at home.
　　　　　　　　　　　　　　　　　　= Please finish your work at home.

- 집에서 연습 문제를 다 풀어 오세요.　Complete this exercise at home.

- 오늘의 숙제는 이거예요.　　　　　　This is your homework for today.

- 다음 수업 전에 본문을 미리 읽어 오세요.　Read the text before the next class.

- CD를 들으면서 오늘 배운 대화를 복습해 오세요.　Please review today's dialogue by listening to the CD.

- 숙제로 24쪽에 있는 연습 문제 1번을 해오세요.

  Do exercise 1 on page 24 for homework.

- 좋아요. 내일까지 이 학습지를 꼭 해오세요.

  Okay, by tomorrow, I'd like you to finish this worksheet.

- 9단원을 읽어오는 게 숙제예요.

  Read chapter 9 for homework.

- 내일 수업을 위해 50쪽부터 55쪽까지 꼭 읽어 오세요.

  Remember to read pages 50 to 55 for tomorrow.

- 오늘 우리가 토론한 단원을 복습해 오세요.

  Review the chapter we discussed today.

- 숙제는 20일까지예요.

  The homework is due on the 20th.

- 숙제는 다음 주 화요일까지 끝내야 해요.

  This homework must be in by next Tuesday.

- 다음 주 수요일까지 선생님 이메일로 숙제를 보내주세요.

  Please e-mail your homework to me by next Wednesday.

- 다음 시간에 숙제를 확인할 거예요.

  I'll check your homework in the next lesson.

- 오늘은 숙제가 없어요.

  There is no homework today.
  = No homework today.

For Students

학생들이 숙제와 관련해 쓸 수 있는 표현

- There is too much homework. 숙제가 너무 많아요.
- When is it due? / When is the deadline? 언제까지 해야 돼요?
- Please give us more time to do it. 시간을 좀 더 주세요.
- Can you push back the deadline a little bit? / Can you extend the deadline for a little? 기한을 조금만 미뤄주실 수 있나요?
- This homework is too difficult. 숙제가 너무 어려워요.
- What if there are some questions that we don't know? 모르는 문제가 있으면 어떻게 해요?
- Can we skip the things that we don't know? 모르는 건 안 해도 돼요?
- Please explain the homework one more time. 숙제를 한 번만 더 설명해 주세요.
- Please write the homework on the board. 숙제를 칠판에 써주세요.
- Do we work alone or in a team? 혼자 하는 거예요, 아니면 팀으로 하는 거예요?
- Is it individual work? 개별 과제인가요?
- Is it a group project? 그룹 프로젝트인가요?

> **Useful Tip**   **Class Password**
>
> Class Password는 수업이 끝날 때 그날의 학습 목표를 달성했는지 확인할 수 있는 유용한 활동입니다. 먼저, 수업을 시작할 때 그날의 패스워드가 무엇인지 아이들에게 알려주세요. 패스워드는 그날의 주요 표현일 수도 있고 선생님의 재량에 따라 달라질 수 있어요. 먼저 선생님이 It's time to Class Password! 라고 크게 외치고 교실 문 앞에 서서 입구를 막습니다. 그러고 나서 학생들에게 오늘의 패스워드를 말하는 학생만 문을 통과할 수 있다고 말해 주세요. 이때, 통과하지 못한 학생은 옆에서 다른 친구들이 말하는 걸 듣고 연습한 후에 다시 도전할 수 있어요. 패스워드 활동은 그날 배운 표현을 재미있고 확실한 방법으로 복습할 수 있다는 점에서 높은 학습 효과가 있는 활동입니다. 다만, 패스워드로 인해 선생님의 쉬는 시간이 줄어든다는 단점이 있답니다. 하지만 하나하나 그날의 주요 표현을 익혀가는 아이들을 보면 그 정도의 불편은 사랑으로 극복 가능하겠죠?

다음 차시 예고하기

- 다음 수업이 언제죠?
  When do we have the next lesson?
  = When will we see each other again?

- 다음 수업은 목요일이죠?
  Our next lesson is on Thursday, right?

- 월요일 수업까지 나머지 두 단원을 예습해 오세요.
  Prepare the last two chapters for Monday.

- 다음 수업 내용을 예습해 오세요.
  Please preview the next lesson.

- 수업 들어오기 전에 집에서 CD를 듣고 오세요.
  I'd like you to listen to the CD before coming to class.

- 다음 시간에도 이 단원을 계속 공부할 거예요.
  We'll continue working on this chapter next time.

- 다음 시간에 이 주제로 이야기해 봅시다.
  We will pick up this topic when we meet again.

- 다음 시간에는 여기서부터 시작하겠어요.
  We'll start from here next time.

- 다음 시간에는 67쪽부터 할게요.
  We're going to move on to page 67 next time.

- 다음 시간에는 전화 대화에 대해 배울 거예요.
  In the next class we'll learn about phone conversations.

- 다음 시간에 배울 내용을 훑어봅시다.
  Let's look through what we will do in the next lesson.

- 다음 시간에는 준비물이 필요해요.
  We need some materials next time.

- 다음 시간 준비물을 칠판에 적어 놓았어요.
  The materials needed for the next class are written on the board.

• 다음 시간에 여러분이 가져와야 할 것들의 목록입니다.	Here is the list of things that you have to bring next time.
• 준비물 목록을 공책에 적으세요.	Please write down the list of materials in your notebook.
• 준비물 가져오는 것 잊지 마세요.	Please don't forget to bring the materials.

수업 마치기

• 이제 마칠 시간이네요.	It's time to finish now.
• 자, 오늘 수업을 마치겠습니다.	Let's call it a day. = Let's finish today's lesson.
• 좋아요, 오늘 수업이 끝났습니다.	Okay, class is over.
• 좋아요! 오늘은 여기까지입니다.	All right! That's all for today.
• 오늘 정말 잘했어요.	You did a very good job, today.
• 오늘은 이걸로 충분해요.	That's enough for today.
• 오늘 재미있었나요?	Did you have fun today?
• 오늘 수업이 즐거웠길 바랍니다.	I hope you enjoyed today's lesson.
• 오늘 여러분과 정말 좋은 시간을 보냈어요.	I had a really good time with you.
• 여러분 모두 열심히 했으니 스스로에게 박수 한번 쳐줍시다!	All of you worked very hard today, so give yourselves a big hand!
• 이제 Class Password를 할 시간이 왔네요.	Now we'll do the *Class Password*.
• 점심 맛있게 먹어요.	Enjoy your lunch.
• 나갈 때 조용히 하세요. 다른 반은 아직 수업 중이니까요.	Be quiet as you leave. Other classes are still working.
• 여러분, 잘 가요.	Bye bye, children.
• 좋은 하루 보내요. 내일 봅시다.	Have a good day. See you tomorrow.
• 수요일에 다시 만나요.	See you again on Wednesday.
• 휴일 잘 보내요.	Have a nice holiday.
• 주말 잘 보내요.	Have a nice weekend.
• 오후 날씨가 맑네요. 즐겁게 보내요.	It's a sunny afternoon. Enjoy yourselves.

Chapter 3 생활, 학습 태도 관리

Unit 1 규칙 및 학습 태도 관리

체계적인 규칙과 절차는 올바른 학습 분위기를 조성하고 유지하기 위해서 꼭 필요합니다. 학기 초에 교사가 규칙을 제시하는 것도 나쁘지 않지만, 학생들의 의견을 반영해 규칙을 만들어 보는 것도 좋습니다. 그러나 함께 규칙을 만들 때에는 규칙이 필요한 이유에 대해 학생들과 이야기해 보는 과정이 반드시 선행되어야 합니다. 이러한 과정은 학생 스스로 학급 규칙의 필요성을 받아들이고 자신의 행동에 책임감을 느끼도록 해주기 때문입니다.

Classroom Situation

T: So far we've talked about classroom rules and made a list of them for our classroom. Let's decide some penalty for breaking class rules.
S1: I have a good idea.
T: What is it?
S1: How about getting one point off every time someone breaks a rule?

상황 1
T: That's a good idea. Are there any other ideas?
S2: I think you can give us a warning whenever we break the rules. With three warnings, you can get one point off.

상황 2
T: Okay. Can you tell me more about this rule?
S1: And then, when someone gets three points taken off, they have to clean the classroom.

T: 지금까지 우리는 교실 규칙에 대해 의견을 나누었고 교실 규칙 목록도 만들었어요. 이제 규칙을 어겼을 때의 벌칙을 정해 봅시다.
S1: 저에게 좋은 생각이 있어요.
T: 뭐죠?
S1: 규칙을 어길 때마다 1점씩 감점하는 게 어떨까요?

상황 1
T: 좋은 생각이네요. 또 다른 의견 있나요?
S2: 규칙을 어길 때마다 선생님이 경고를 주세요. 경고 세 번이 모이면 1점을 깎는 거예요.

상황 2
T: 좋네요. 그 제안에 대해 좀 더 자세히 말해 줄래요?
S1: 그런 다음에, 마이너스 3점이 되면 교실 청소를 하는 거예요.

규칙 정하기

- 교실 규칙이 있으면 안전하고 서로를 존중하는 교실로 만들어줍니다.

  Having classroom rules makes a safe, respectful classroom.

- 교실에는 몇 가지 규칙이 필요해요.

  We need some rules for the classroom.

- 우리는 몇 가지 교실 규칙을 정해야 해요.

  We have to make some classroom rules.

- 이제 몇 가지 간단한 교실 규칙을 함께 만들어 봅시다.

  Now we will try to draw up some simple classroom rules.

- 여러분 스스로 교실 규칙을 정해 볼까요?

  Why don't you choose the classroom rules yourselves?

- 벌칙도 정해 봅시다.

  Let's decide the punishments, too.

- 정해진 규칙을 포스터로 크게 만들어 봅시다.

  Let's make a large classroom rule poster.

- 이건 여러분 스스로가 정한 규칙이니까 꼭 따라주세요.

  These are the rules you have made for yourselves. Please follow the rules.

- 여러분이 명심해야 할 규칙이에요.

  Here are all the rules that you have to keep in mind.
  = Here's a list of rules that you need to follow.

- 게시판에 교실 규칙을 붙여 놓을게요.

  I'll post our classroom rules on the bulletin board.

- 이 규칙들은 모든 사람에게 적용되는 거예요. 예외는 없습니다!

  These rules should apply to everyone. No exceptions!

- 규칙을 따르지 않으면 경고를 받을 거예요.

  You'll get a warning if you don't follow the rules.

- 규칙을 어길 때마다 1점씩 감점됩니다.

  You get one point off every time you break a rule.

- 경고를 세 번 받으면 교실 청소를 해야 해요.

  With three warnings, you'll have to clean the classroom.

- 규칙을 꼭 기억해서 어기는 일이 없도록 하세요.

  Please remember the rules and never break them.

Useful Tip   자주 사용되는 규칙들

수업시간에 자주 사용되는 규칙들을 게시판에 부착하거나 칠판에 적어 두고, 학생들과 수업 전에 큰 소리로 읽고 시작해 보세요. 무엇을 지켜야 하는지 학생들이 명확하게 알고 수업을 시작한다면, 수업 중 태도가 불량한 학생에게 규칙을 다시 한 번 상기시켜주는 것만으로도 쉽게 지도할 수 있습니다. 각 학년과 교실 분위기에 맞는 규칙을 골라서 활용해 보세요.

1 저학년 학생들을 위한 규칙

- Respect your teacher and friends. 선생님과 친구들을 존중하세요.
- Let's speak nicely. 고운 말을 사용하세요.
- Don't make noises. 소란을 피우지 마세요.
- Pay attention in class. 수업시간에 집중하세요.
- Turn off your cell phone during class time. 수업시간에 휴대전화는 꺼두세요.
- Attend class ready to learn. 수업 준비를 잘하고 수업에 참여하세요.
- Don't forget your homework and prepare materials. 숙제와 준비물을 잊지 않고 챙겨 오세요.
- Return all materials to their places. 물건을 제자리에 두어야 합니다.
- Raise your hand to request permission to leave your seat or use the bathroom.
  자리에서 일어나거나 화장실에 갈 때는 손을 들고 선생님께 허락을 구하세요.
- Stay in your seat until you get permission. 선생님 허락 없이 자리를 벗어나지 마세요.

2 고학년 학생들을 위한 규칙

- Respect the teacher and classmates. 선생님과 반 친구들을 존경하세요.
- No fighting, threats, or verbal abuse. 싸움, 위협, 언어 폭력은 절대 금지입니다.
- Be in your assigned seat and ready to work when the bell rings.
  수업 종이 울리면 정해진 자리에 앉아 수업 준비를 하세요.
- Bring required books and materials to every class, unless told otherwise by the teacher.
  선생님에게서 별다른 지시가 없는 한 항상 교과서와 준비물을 가져와야 합니다.
- Listen and stay seated when someone is speaking.
  다른 친구가 이야기를 할 때에는 자리에 앉아 경청해 주세요.
- Turn assignments in on time. 숙제는 제시간에 제출하세요.
- Pack up when given permission and not when the bell rings.
  종이 쳤을 때가 아니라 선생님이 허락했을 때 가방을 싸야 합니다.
- Place desks in their original positions. 책상을 원래대로 배치합니다.

Useful Activity — 학생들과 함께 규칙 정하기

학생들과 함께 규칙을 정할 때는 수업시간의 일정 부분을 할애하여 활동 방식으로 진행하는 것이 좋습니다. 수업 전이나 후에 잠깐 시간을 내서 규칙을 정하다 보면 급한 마음에 아이들의 의견이 충분히 반영되지 못하고 어수선하게 수업을 마칠 수 있기 때문이에요. 학생들에게 규칙의 중요성을 충분히 설명한 뒤 아이들이 신중하게 규칙을 생각하고 정할 수 있도록 분위기를 조성해 주세요. 좀 더 효과적인 규칙 정하기 활동을 위해 다음과 같은 절차를 소개합니다.

1. 학생들을 그룹별로 앉히고 규칙을 적을 종이를 각자 한 장씩 나눠줍니다.
2. 학생들은 자신이 중요하다고 여기는 규칙 5개를 종이에 적습니다.
3. 각자의 규칙을 적은 학생들은 자신의 종이를 오른쪽으로 돌립니다.
4. 학생들은 다른 친구들의 규칙을 보고 5가지 중에서 중요하다고 생각하는 규칙 옆에 스티커를 붙입니다. (스티커와 규칙의 개수는 학생 수준과 수에 따라 바꿔주면 됩니다.)
5. 학생들은 자기가 적었던 규칙이 돌아올 때까지 계속해서 돌리며 반복합니다.
6. 각 그룹별로 스티커의 개수를 세어 스티커가 가장 많이 붙은 규칙 세 가지를 정리합니다.
7. 각 그룹별로 3가지씩 나온 규칙을 칠판에 붙인 후 같은 내용의 규칙은 제외시킵니다.
8. 모두 이 규칙에 동의하는지, 또 제외시키고 싶은 규칙이 있는지 물어봅니다.
9. 이렇게 해서 모두 동의할 수 있는 규칙을 5개 정도로 정리하여 게시판에 붙입니다.

Expressions

- 여러분이 생각하기에 우리에게 있어야 할 규칙 5개를 적으세요.
  Let's write five rules you think we should have.
- 종이를 오른쪽으로 돌리세요. Pass your papers to the right.
- 종이에 적힌 규칙 중에 중요하다고 생각하는 것 옆에 스티커를 붙이세요.
  Please put a sticker by the one you think is important on the paper.
- 오른쪽으로 종이를 돌리고 다시 똑같이 하세요.
  Switch the paper to the right again and do the same thing.
- 자기 종이를 받을 때까지 계속하세요. Keep switching until you have your own paper back.
- 각 그룹은 가장 많은 표를 받은 3가지 규칙을 말해 주세요.
  Each group should name the top 3 voted rules.
- 같은 규칙을 제외합시다. Let's delete rules that are the same.
- 이 규칙 중 일부를 묶을 수 있나요? Could some of the items be combined?
- 모두 이 규칙들에 동의하나요? Does everyone agree with these rules?
- 어떤 이유에서건 이 규칙 중에 빼고 싶은 규칙이 있는 사람?
  Is there anyone who wants to delete any of these rules for any reason?
- 규칙을 어기면 어떤 결과가 있어야 한다고 생각해요?
  What do you think the consequences should be for breaking a rule?
- 벌칙은 어떻게 정할 수 있을까요? How can we decide on the consequences?

교재 준비시키기 및 확인하기

• 다음 시간에 교과서 가져오는 것 잊지 마세요.	Please don't forget to bring your textbooks for the next class.
• 매 시간마다 책을 가져와야 합니다.	You should bring your book to each class.
• 책을 못 챙겼으면, 친구에게 빌려서라도 오세요.	If you forget to bring your textbook, you can borrow from your friend.
• 책을 안 가지고 왔으면, 수업 전에 친구한테 빌려 오세요.	If you haven't brought it, please borrow it from your friends before coming to the class.
• 책을 안 가져온 사람은 짝과 같이 보세요.	Those who haven't brought their books, share it with your partners.
• 매주 수요일에는 워크북을 가져와야 합니다.	You have to bring the workbook every Wednesday.
• 월요일마다 쓰기 교재 가져오는 것 잊지 마세요.	Don't forget to bring the writing book on Mondays.
• 공책 가지고 오는 것 꼭 기억하세요.	Remember to bring your notebooks.
• 수업시간에는 영어사전이 필요해요.	You need English dictionaries for this class.
• 모두 교과서를 꺼내세요.	Everyone, take out your textbooks.
• 종이 울리면 책을 꺼내세요.	Please have your books out when the bell rings.
• 교과서는 어디에 있죠?	Where is your textbook?
• 영어사전은 어디에 있나요?	Where is your English dictionary?
• 책 안 가져온 사람?	Who hasn't brought the book?
• 책을 안 가져온 이유가 있나요?	Is there any reason that you don't have your book with you?
• 책 가져오는 걸 잊어버렸나요?	Did you forget to bring your book?
• 책을 잃어버렸나요?	Have you lost your book?
• 이번이 처음은 아니잖아요?	This is not your first time, right?
• 어째서 매번 책이 없죠?	How come you never have your book with you?
• 다음 시간에는 책 가져오는 걸 잊지 않도록 하세요.	Try not to forget your book next time.

- 친구에게서 책을 빌려 올 수 있었을 텐데요. You could have at least borrowed the book from your friends.
- 여기 남는 책이 있네요. Here are some extra books.

주목시키기

- 여러분, 주목하세요. Pay attention, please.
  = Attention, please.
  = Can I have your attention, please?
- 여러분, 잘 들어 보세요. Everyone, please listen.
- 다들 지시사항을 잘 들으세요. Listen up, everyone, for instructions.
- 선생님이 하는 것 잘 보세요. I need you to watch me carefully.
- 여기 보세요. Look up here.
  = Look over here.
- 선생님 보세요. Look at me.
  = Eyes on me.
- 앞을 보세요. Look to the front.
  = Face the front.
  = Eyes to the front.
- 뒤를 보지 마세요. Don't look back.
- 칠판을 보세요. Look at the board.
- 수업에 집중하세요. Please pay attention to the lesson.
- 다들 선생님에게 집중하세요. I want you to pay attention to me.
  = You should all pay attention to me.
- 발표하는 친구에게 집중해 주세요. Turn your attention to the speaker.
- 다들 진정하고 집중하세요. Everyone, calm down and focus.
- 세호야, 바르게 앉고 수업에 집중하렴. Se-ho, turn around and focus on your work.
- 움직이지 마세요. Don't move.
- 동작 그만! Freeze!
- 모두 하던 것 멈추세요. Stop working.
  = Stop what you were doing.

- 제자리에 가만히 있으세요. Stay where you are.
- 자리에 앉아 있으세요. Stay seated.
- 똑바로 앉으세요. Sit up straight.
- 머리 위에 손을 얹으세요. Put your hands on your head.
- 다른 친구들을 방해하지 마세요. Don't annoy your classmates.
  = Do not disturb others.
- 선생님이 5부터 카운트다운을 하면, 하던 걸 멈추세요. When I count down from five, you have to stop.
- 선생님이 벨을 치면, 하던 일 다 멈추고 선생님을 보세요. When I ring the bell, stop working and look at me.

Useful Tip — 주의 집중 신호들

학생들에게 사전에 주의 집중 신호를 알려주고 자주 연습을 한다면, 동작 하나, 또는 작은 소리 하나만으로도 간단히 학생들을 집중하게 만들 수 있답니다. 아래, 챈트 형식으로 진행할 수 있는 주의 집중 신호를 모아 봤습니다. 학급 분위기에 맞는 챈트를 골라 활용해 보세요.

1. **T** Facing? 시선은?
   Ss Forward! 앞을 보고!
   T Arms? 팔은?
   Ss Crossed! 팔짱 끼고!

2. **T** Mouths? 입은?
   Ss Quiet! 조용히 하기!
   T Bodies? 몸은?
   Ss Still! 가만히 있기!

3. **T** Be! 있어라!
   Ss Quiet! 조용히!

조용히 시키기

- 조용히 하세요.
  Please be quiet.
  = I want you to be quiet.

- 쉿! 속삭이지 마세요.
  Shhhh! Stop whispering.

- 너무 시끄러워요.
  You are too noisy.
  = You're making too much noise.

- 떠들지 마세요.
  Don't talk.
  = Don't say a word.

- 잡담 그만하세요.
  I need you to stop talking.

- 제발 입 좀 다무세요.
  Please zip up your mouth.

- 모두 조용히 할 때까지 시작하지 않겠어요.
  We won't start until everyone is quiet.

- 선생님이 얘기할 때에는 조용히 해주세요.
  Please be quiet when I'm talking.

- 선생님 얘기 아직 안 끝났어요.
  I'm not finished yet.

- 이제 선생님 좀 얘기해도 될까요?
  Can I talk now?

- 선생님 마저 얘기할게요.
  Let me finish talking.

- 지금 선생님이 말하고 있잖아요.
  I'm talking now.

- 선생님은 지금 세호에게 말하고 있는 거예요.
  I'm talking to Se-ho.

- 왜 아직도 떠들고 있나요?
  Why are you still talking?

- 누가 아직도 잡담을 하고 있네요.
  Somebody is still chatting.

- 누군가 얘기하는 소리가 들려요.
  I can hear someone talking.

- 떠드는 거 다 들려요.
  I can hear you.

- 거기 지금 뭐 하는 거예요?
  What's going on over there?

- 거기, 뭐가 그렇게 재미있죠?
  Over there, what's so funny?

지켜야 할 일들 안내하기

• 친구와 싸우지 마세요.	Do not fight with your friends.
• 거짓말하지 마세요.	Don't tell a lie.
• 다른 친구들을 존중하세요.	Respect others.
• 수업 종이 치면, 교실 안에 있어야 해요.	You must be inside the door when it begins ringing.
• 수업 종이 울리면 자리에 앉으세요.	Please be seated when the bell rings.
• 수업시간에는 휴대전화의 전원을 끄세요.	Please turn off your cell phones in class.
• 수업시간에 문자 보내지 마세요.	Don't send text messages in class.
• 수업 중에 돌아다니지 마세요.	Please do not move around during the lesson.
• 할 말이 있으면 손을 드세요.	Please raise your hand if you have something to say.
• 질문이 있으면 손을 들고 호명될 때까지 기다리세요.	Raise your hands if you have questions and wait to be called on.
• 수업 중에 사탕이나 다른 음식을 먹지 마세요.	Please don't eat candy or other food in class.
• 교실에서는 사탕이나 껌이 금지된다는 것 모두 알고 있죠?	You know that candy and gum are not allowed in the classroom.
• 책상에 엎드리지 마세요.	Don't put your head down on the desk.
• 다른 사람이 이야기할 때는 끼어들지 마세요.	Don't cut in when another person is talking.
• 열심히 공부하는 친구를 방해하지 마세요.	Do not disturb people who are working.
• 예의 바르게 말하세요.	Use polite language.
• 그런 식의 말은 교실에서 사용하면 안 돼요.	That type of language is not allowed in this class.
• 선생님 허락이 있기 전에는 지정된 자리에 앉아 있으세요.	Remain in your assigned seat unless you have permission to get up.
• 쓰레기는 수업이 끝나고 나가는 길에 버리세요.	Throw scraps away at the end of the period on your way out.

Useful Tip — 규칙 준수를 이끌어낼 수 있는 제스처와 표현

규칙 위반에 대해 주의를 줄 때는 긴 설명보다 짧은 표현이 더 효과적입니다. 평소 수업시간 전에 간단한 손동작과 영어 표현을 연결지어 규칙을 안내해 주세요. 훨씬 효과적으로 아이들을 지도할 수 있습니다.

- Eye contact 눈 마주치기
- Pause 멈추기
- Lower voice 목소리 낮추기
- Finger to lips 입술에 손가락 갖다 대기
- Snap fingers 손가락 튕기기
- Call student's name 호명하기
- Shake your head 머리 흔들기
- Clear your throat 목소리 가다듬기
- Count forwards[backwards] 숫자 앞으로[뒤로] 세기
- Raise your hand 손 들어 올리기
- Point to the work the student needs to do 학생들이 해야 할 일 가리키기

Episode — Simple is the best.

규칙을 정할 때는 Simple is the best.라는 명언을 꼭 명심해야 합니다. 초보 교사였던 시절, 저는 아이들이 따라주었으면 하는 규칙이 너무 많아서 언제나 교실 한 쪽 벽면에 규칙을 빼곡하게 붙여 놓고 수업을 시작했습니다. 그러다 보니 아이들은 지켜야 할 규칙이 너무 많아 교실에 들어오자마자 스트레스를 받았고 저조차도 수많은 규칙을 다 외우지 못해 일관성 있게 통제를 할 수가 없었습니다. 많은 규칙이 오히려 독이 된 상황이었죠. 이후, 저는 가장 중요한 규칙 3가지만 정해 아이들에게 강조하기로 전략을 바꿨습니다. 꼭 필요한 규칙만 말하니 지도하기 편해 좋았고, 아이들도 그 규칙만큼은 어기지 않도록 노력하면서 자연스럽게 더욱 좋은 수업 태도와 습관을 형성할 수 있었습니다.

Chapter 3 생활, 학습 태도 관리

Unit 2 학교생활 태도

학교는 지식 습득을 넘어 아이들의 인성과 사회성을 길러주는 곳입니다. 특히 여러 사람들이 함께 생활하는 학교에서는 아이들에게 질서 유지의 중요성을 알려주는 게 중요합니다. 교실 안에서 지켜야 할 사항뿐 아니라, 교실 외 교내에서 지켜야 할 규범과 예절에 대해서도 아이들과 함께 이야기해 보는 기회를 갖도록 하세요.

Classroom Situation

- T: Excuse me. Can you pick up the trash?
- S: Who, me?
- T: Yes, you. I think you threw it there, didn't you?

상황1
- S: Yes, I did. Sorry.
- T: It's okay. Use a trash can next time.

상황2
- S: No, I didn't.
- T: Really? I saw you throw it. One more thing, chewing gum is not allowed inside the building. You know that, right?
- S: Yes, I know.
- T: Then pick up the trash and spit out your gum.

- T: 잠깐만. 거기 쓰레기 좀 주워줄래?
- S: 누구요, 저요?
- T: 그래. 선생님 생각에는 네가 거기에 쓰레기를 버린 것 같은데, 아니니?

상황1
- S: 맞아요. 죄송합니다.
- T: 괜찮아. 다음에는 꼭 쓰레기통에 버리렴.

상황2
- S: 아니요, 안 그랬는데요.
- T: 정말? 선생님이 버리는 것 봤는데도? 그리고 하나 더. 교내에서 껌 씹으면 안 되잖니. 알고 있지?
- S: 네, 알아요.
- T: 그러면 어서 쓰레기를 줍고 껌도 뱉으렴.

줄서기 및 이동하기

- 줄을 서세요.
  Please line up.
  = Please get in line.

- 한 줄로 서세요.
  Please get in a line.
  = Please stand in single file.

- 두 줄을 만드세요.
  Make two lines.

- 그룹별로 줄을 서세요.
  Line up in groups.

- 번호순으로 줄을 서세요.
  Please line up by your class numbers.

- 이름순으로 줄을 서세요.
  Line up by your name.

- 키 순서대로 줄을 서세요.
  Line up in order of height.

- 줄 맨 뒤로 가서 서세요.
  Go to the very end of the line.

- 줄을 똑바로 맞추세요.
  Straighten the line, please.

- 새치기하지 마세요.
  Don't cut in line.
  = No cutting in line.

- 선생님이 어느 그룹이 줄을 잘 서나 볼 거예요.
  I'll see which group is the best at standing in line.

- 여러분이 줄을 다 설 때까지 기다릴 거예요.
  I'm waiting for you to line up.

- 모두 줄을 서면 출발할게요.
  We'll get going when everyone gets in line.

- 줄을 서서 이동할 거예요.
  We will walk one behind each other.
  = We are going to move in a line.

- 출발합시다.
  Let's get going.

- 선생님을 따라 오세요.
  Follow me.

- 지금 이동할 거예요.
  We're moving now.

- 이동하는 동안 조용히 하세요.
  Keep quiet while you move.

- 뛰지 말고 천천히 걸으세요.
  Don't run, walk slowly.

- 여러분, 도서관으로 이동하는 동안 조용히 하세요.
  Everybody, keep quiet while you move to the library.

- 이제 어학실로 갑시다.
  Let's go to the lab now.

- 한 줄로 맞춰서 이동하세요.
  Move in a straight line.

- 한 줄로 서 있으세요. Stay in a straight line.

- 실내에서 이동할 때는 질서 있게 걸어가세요. You should walk orderly when going anywhere in the building.

- 여러분, 조용히 멀티미디어실로 가세요. Everybody, silently walk over to the multimedia room.

- 계단을 오르내릴 때 주의하세요. Be careful when you go up and down the stairs.

- 이제 교실로 돌아갑시다. Let's go back to the classroom now.

- 천천히 가세요. 복도에서 뛰면 안 되는 것 알고 있죠? Slow down. You know that you can't run in the hallways.

- 계단에서 뛰어 내려오지 마세요. Don't jump down the stairs.

- 복도를 걸을 때는 오른쪽으로 걸으세요. Walk to the right side when moving along the hallway.

기타 생활 태도 안내하기

- 모두 퇴실했을 때는 교실 불을 끄세요. Please turn off the lights when everyone leaves the classroom.

- 교실을 나갈 때는 문과 창문을 잠그세요. Lock the doors and windows when you leave the classroom.

- 불을 끄고 문단속하는 것 잊지 마세요. Don't forget to turn off the lights and lock the doors.

- 복도에서 너무 떠들지 마세요. Don't make too much noise in the corridor.

- 조용히 말하세요. Please use your quiet voices.

- 교내에서는 껌을 씹거나 모자를 써서는 안 돼요. There is no gum chewing at school, or wearing hats inside.

- 지금 전화를 끊고 전화기를 치우세요. End the call and put it away.

- 실내에서 휴대전화를 켜면 안 돼요. Cell phones are not allowed to be turned on inside the building.

- 교내에서는 그런 걸 가지고 있으면 안 된다는 것 잘 알고 있을 거예요. You know that you are not allowed to have that in this building.

Chapter 4 교실 환경

Unit 1 교실 환경 조성하기

안전하고 깨끗한 교실은 학습 분위기를 조성하는 데 큰 영향을 줍니다. 그러나 이상적인 교실 환경을 꾸미기란 인력과 시간 부족으로 인해 사실상 쉽지가 않죠. 특히나 교실이 좁아 충분한 활동 공간이 부족할 경우에는 더욱 막막할 수 있습니다. 하지만 포기하지 말고 작은 것부터 바꿔 보세요. 적절한 온도, 조명, 청소부터 시작해서 각 활동에 어울리는 자리 배치를 하는 것만으로도 생각보다 훨씬 큰 효과를 얻을 수 있습니다.

Classroom Situation

- T: Today we'll decide where to sit.
- S: Can we choose where to sit by ourselves?

- T: No. I've already made a seating chart.
- Ss: Oh, no!
- T: This is your seating chart. I'll pass this paper around. Please write your English name under your Korean name in the seating chart.

- T: Yes, but you will need to draw cards to decide where to sit. Do you like it?
- Ss: Yes!
- T: Before drawing, who needs to sit in the front rows because of bad eyesight?

- T: 오늘은 앉을 자리를 정할 거예요.
- S: 어디에 앉을지 저희가 선택할 수 있어요?

상황1
- T: 아니요. 선생님이 이미 좌석 배치도를 만들었어요.
- Ss: 에휴.
- T: 이게 여러분의 좌석 배치도입니다. 이 종이를 돌릴게요. 좌석 배치도에 있는 한국 이름 아래 영어 이름을 적어주세요.

상황2
- T: 네. 하지만 제비뽑기로 정할 거예요. 마음에 드나요?
- Ss: 네!
- T: 제비뽑기를 하기 전에, 시력이 안 좋아서 앞줄에 앉아야 하는 사람이 있나요?

자리 정하기 및 책상 배열

- 오늘은 앉을 자리를 정할 거예요.

  Today we will decide where to sit.

- 가서 자기 자리를 찾으세요.

  Go and find your seats.

- 번호순으로 앉으세요.

  Please sit in numerical order.
  = Please sit by your class numbers.

- 키 순서대로 앉으세요.

  Please sit in order of height.
  = Please line up from shortest to tallest.

- 여기 좌석 배치도가 있어요.

  Here's the seating plan.

- 이게 여러분의 좌석 배치도입니다. 이 종이를 돌릴게요.

  This is your seating chart. I'll pass this paper around.

- 이 좌석 배치도에 있는 한국 이름 아래 영어 이름을 적어주세요.

  Please write your English name under your Korean name in this seating chart.

- 칠판을 보세요. 여기 번호순으로 정해진 좌석 배치도가 있어요.

  Look at the board. Here is your seating chart by class numbers.

- 앞으로 나와서 자신의 번호를 확인하고 자리에 앉으세요.

  Please come to the front, check your class numbers and take a seat.

- 숫자로 제비를 뽑아 자리를 정할 거예요.

  You will draw numbers to decide where to sit.

- 제비뽑기로 짝을 정합시다.

  Let's draw cards to see who your partner is.

- 앞자리에 앉아야 하는 사람이 있나요?

  Is there anyone who needs to sit in the front?

- 칠판이 잘 안 보이는 사람 있어요?

  Is there anyone who can't see the blackboard well?

- 시력이 안 좋아서 앞줄에 앉아야 하는 사람?

  Who needs to sit in the front rows because of bad eye-sight?

- 이 학생들은 시력이 안 좋으니 앞줄에 앉도록 하겠어요.

  These students have bad eye-sight, so I'll let them sit in the front rows.

- 여러분 모두 이 학생들을 앞자리에 앉게 해도 괜찮나요?

  Is everyone okay if I let them sit on the front seats?

- 어디에 서야 할지 모르면 선생님이 도와줄게요.

  If you are not sure where to stand, I'll help you.

- 자리를 마음대로 바꾸면 안 돼요.

  You must not change your seats.

- 자리를 다시 배열해야 해요.

  We have to rearrange the seats.

- 자리를 그룹별로 배열하세요.

- 책상을 U자 모양으로 만드세요.

- 책상을 옮겨 큰 원형으로 만듭시다.

- 뒤로 약간 이동할래요?

- 책상을 다시 원 위치로 옮기세요.

Please put your seats in groups.

Put the desks in a U-shape.
= Make a horseshoe shape with your desks.

Let's make a big circle.
= Make a circle with your desks.

Could you move back a little?

Move your desks back to where they were.
= Please move your desks back into their original position.

Useful Tip 교실 대형 바꾸기

교실의 물리적 환경 중에서도 책상 배열은 수업의 효율성과 분위기에 가장 큰 영향을 주는 요소입니다. 때문에 수업 활동의 유형과 내용에 따라 교실 대형만 바꿔줘도 좀 더 효율적인 수업 운영을 할 수 있습니다. 교실 대형을 바꿀 때 꼭 기억해야 할 세 가지 사항과 활동별 알맞은 교실 대형을 제시합니다.

교실 대형 고려 사항

1 시선 교류 (eye-contact)
수업을 하는 동안에는 학생과 교사가 서로 시선을 마주치는 것이 중요합니다. 모든 학생들과의 시선 교류가 가능한지 학생들이 오기 전 배치된 자리에 앉아보고 확인하도록 합니다.

2 수업 보조 도구
수업에서 교구, 프로젝터 등을 사용할 경우 모든 학생들의 위치에서 수업 보조 도구들이 잘 보이는지 확인하도록 합니다.

3 접근 용이성
자리 배치를 할 때는 교사가 학생들에게 접근하기 쉽도록 통로가 확보되어야 합니다. 이것 역시 학생이 없을 때 교사가 미리 자신의 동선을 확인하면서 조정할 수 있습니다.

활동별 알맞은 교실 대형

1 **Traditional arrangement** 강의나 시범을 보일 때 좋은 대형
2 **U-shaped classroom** 토의/토론 수업에 좋은 대형
3 **Clusters** 그룹 활동에 좋은 대형

온도 조절 및 환기

- 교실 안이 꽤 쌀쌀하네요. — It's quite chilly in here.
- 오늘은 몹시 춥네요. — It's freezing cold.
- 창문을 닫아주세요. — Please close the windows.
- 실내 온도 좀 조정할 수 있나요? — Can you control the room temperature?
- 히터 좀 켜주세요. — Please turn on the heater.
- 히터가 켜져 있나요? — Is the heater on?
  = Is the heater working?
- 히터 온도가 몇 도죠? — What's the temperature on the heater?
- 히터 온도를 높여주세요. — Please turn the heater up.
- 히터 온도를 낮춰주세요. — Please turn the heater down.
- 자, 이제 온도가 적당한 것 같나요? — Is the temperature okay now?
- 이제 따뜻한가요? — Is it warm enough?
- 너무 덥네요. — It's too hot.
- 조금 덥지 않나요? — Isn't it a bit hot?
- 오늘 정말 찌는 듯이 덥네요. — It's boiling hot.
- 수업을 시작하기 전에 에어컨을 틀어도 될까요? — Do you mind if I turn on the air conditioner before we start?
- 에어컨을 틀어도 될까요? — Is it ok if I turn on the air conditioner?
- 선생님이 에어컨을 켰어요. — I've turned on the air conditioner.
- 온도를 19도에 맞춰주세요. — Adjust the temperature to 19 degrees.
- 선풍기를 켜주세요. — Please turn on the fans.
- 선풍기를 꺼주세요. — Please turn off the fans.
- 교실 공기가 좀 탁하지 않나요? — Isn't it a little bit stuffy here?
- 신선한 공기 좀 쐽시다. — Let's have some fresh air.
- 우리 창문을 여는 게 어때요? — Why don't we open a window?
- 창문 좀 열어줄래요? — Can you open the windows, please?

- 창가에 앉은 친구들은 창문 좀 열어줄래요? People sitting next to the windows, could you please open them?

- 우리 에어컨을 끄고 잠시 환기 좀 시킵시다. Turn off the air conditioner and let some fresh air circulate.

Vocab — 온도 관련

더운	hot	온도	temperature
찌는 듯이 더운	boiling hot	온도계	thermometer
따뜻한	warm	섭씨	celsius (°C)
시원한	cool	화씨	fahrenheit (°F)
쌀쌀한	chilly	습도	humidity
추운	cold	에어컨	air conditioner
얼 것처럼 추운	freezing cold	히터	heater
(추운 시기에) 따뜻한	mild	선풍기	fan

조명 조절하기

- 교실이 너무 어둡지 않나요? Isn't it too dark in here?

- 너무 어두워서 잘 안 보이죠? Is it too dark to see?

- 블라인드 좀 올릴까요? Why don't we pull up the blinds?

- 커튼 좀 걷어줄래요? Could you open the curtains, please?

- 선생님은 괜찮지만, 여러분이 원하면 불을 켤게요. It's alright for me, but if you want, I can turn on the light.

- 교실이 꽤 어둡네요. 불 좀 켜줄래요? It's pretty dark here. Would you please turn on the lights?

- 불 좀 켜주세요. Please turn the lights on.

- 선생님이 불을 켤게요. I'll turn on the light.

- 너무 밝네요. It's too bright.

- 스크린 잘 보여요? Can you see the screen well?

- 커튼 좀 쳐주세요.　　　　　　　　Please draw the curtains.
- 블라인드를 내려주세요.　　　　　　Pull down the blind.
- 불 좀 꺼줄래요?　　　　　　　　　Could you turn the lights off, please?
- 앞쪽의 불 좀 꺼주세요.　　　　　　Please turn off the front lights.
- 충분히 밝은 것 같나요?　　　　　　Is it bright enough for you?
- 충분히 밝은 것 같네요.　　　　　　I think it's bright enough.

소음 차단하기

- 이 소리는 뭐죠?　　　　　　　　　What's this sound?
- 이 무슨 야단법석이죠?　　　　　　What is all the fuss about?
- 그 소리 좀 그만 내세요.　　　　　　Please don't make that noise.
　　　　　　　　　　　　　　　　　= Please stop making that noise.
- 콧노래 부르지 마세요.　　　　　　Stop humming.
- 책상을 치지 마세요.　　　　　　　Please don't tap the desk.
- 볼펜으로 딸깍거리는 소리 내지 마세요.　Don't make the sound with your pen.
- 발로 바닥을 구르지 마세요.　　　　Please don't stamp your feet on the floor.
- 밖이 너무 시끄럽네요.　　　　　　It's too noisy outside.
- 밖에서 무슨 소리가 나는 거죠?　　What's all that sound outside?
- 문 좀 닫아주세요. 너무 시끄럽네요.　Please shut the door. It's too noisy.
- 그렇게 음악을 크게 하고 들어야 해요?　Do you have to play that music so loud?
- 소리가 너무 크네요. 볼륨 좀 낮춰주세요.　The sound is too loud. Please turn down the volume.

Useful Tip — 게시판 꾸미기

화려할 필요는 없지만 정돈된 교실 분위기를 위해서라도 교사에게 게시판 꾸미기는 매년 하나의 큰 과제인데요. 아이들의 평소 수업 태도와 올바른 독서 습관을 길러줄 수 있는 게시판 유형 세 가지를 소개합니다.

1 Class Thermometer

수업시간에 학생들의 태도가 좋거나 과제물을 잘해온 경우, Class Thermometer를 이용해 더욱 올바른 수업 태도를 고취시킬 수 있어요. 학급 게시판 뒤에 온도계 모양의 표를 만든 후 학생들이 칭찬받을 만한 행동이나 성과를 낸 경우 온도를 1도씩 올려줍니다. 일정 온도마다 사탕이나 간식 등 적절한 보상을 내건다면 아이들의 호응과 참여율이 더욱 높아지겠죠? 아이들이 자신들의 성과를 잘 볼 수 있도록 Class Thermometer를 교실 뒤쪽 게시판에 배치해 두면 더욱 효과적입니다.

2 The Reading Tree

먼저 교실 뒤쪽 게시판을 큰 나무처럼 꾸며주세요. 그리고 낮은 나뭇가지부터 높은 가지까지 책 권수를 표시해 주세요. 학생들에게 추천 도서를 알려주고 매주 해당 도서를 읽은 학생들의 이름표나 사진을 해당 나뭇가지에 붙여줍니다. 매달 가장 높은 가지에 이름을 붙인 학생에게 책을 선물하거나 상을 주면 아이들의 독서 장려는 물론 건강한 문화 습관을 길러줄 수 있습니다.

3 Reader's Choice

교실 뒤쪽 게시판에 위로 향하는 엄지 모양과 아래로 향하는 엄지 모양의 큰 그림을 붙여주세요. 매달 이 달의 도서를 정한 후 학생들이 해당 도서를 읽고 난 후 다른 사람에게 추천하고 싶은지 그렇지 않은지 의견을 표시할 수 있습니다. 서로 다른 두 가지 색의 메모지에 자신의 이름을 적은 후 이유를 써 붙이도록 합니다. 가장 타당한 이유를 쓴 학생을 선정해서 적절한 보상을 해준다면 아이들은 짧게나마 주기적으로 영어 독후감을 쓰는 습관을 기를 수 있습니다.

Chapter 4 교실 환경

Unit 2 청소하기

교실을 깨끗하게 유지하기 위해서는 학생들의 자발적인 정리 정돈이 습관화되어 있어야 합니다. 정리 정돈과 청소는 쾌적한 수업 환경을 위해 꼭 필요한 과정임을 학생들에게 설명해 주고 자율성과 책임감을 기를 수 있는 방향으로 청소 지도를 해주세요.

Classroom Situation

- T: It's time to wrap up today's class.
- Ss: Yeah!
- T: Before I let you go, there's only one thing left to do. Any idea?

상황1
- S1: We should tidy up the classroom.
- T: That's right! Let's get started. Clear your desks and pick up the waste around your seats. When the class is neat and tidy, it makes us feel fresh and comfortable.

상황2
- S2: I don't know.
- T: We should tidy up the classroom. Pick up the trash around your seats and clean off your desks.
- S3: Mr. Lee. Ga-hee is pushing the trash towards my seat.
- S4: No, I didn't.
- T: That's enough. Help each other, otherwise I'll get you guys to help me clean the whole classroom.

- T: 오늘 수업을 마칠 시간이 됐네요.
- Ss: 와!
- T: 여러분들을 보내기 전에, 한 가지 해야 할 일이 남았어요. 뭔지 아는 사람?

상황1
- S1: 교실 정리를 해야 해요.
- T: 맞아요! 자, 시작합시다. 책상 위를 정리하고 자기 자리 주변의 쓰레기를 주우세요. 교실이 깔끔하게 정돈되어 있으면 상쾌함과 편안함을 느낄 수 있어요.

상황2
- S2: 모르겠는데요.
- T: 교실 정리를 해야죠. 자기 자리 주변의 쓰레기를 줍고 책상 위를 정리하세요.
- S3: 선생님 가희가 쓰레기를 제 자리로 밀어요.
- S4: 제가 안 그랬어요.
- T: 그만해요. 서로 돕지 않으면 두 사람 다 대청소를 돕게 할 거예요.

자리 정돈 및 교실 정리

- 만약 정리 정돈을 하지 않으면, 교실에 어떤 일이 생길까요?
  If you don't tidy up, what will happen to our classroom?

- 교실이 깔끔하게 정돈되어 있으면, 상쾌함과 편안함을 느낄 수 있어요.
  When the class is neat and tidy, it makes us feel fresh and comfortable.

- 우리 함께 교실을 정리해서 깨끗하게 만듭시다.
  Let's tidy up this classroom and make it clean.

- 자, 여러분, 우리 다 함께 정리합시다.
  Come on children, let's tidy up together.

- 서로 도우면서 하세요.
  Let's help each other.

- 같이 정리합시다.
  Let's clean up together.

- 책을 치우세요.
  Put the books away.

- 물건을 다 치우세요.
  Put your things away.

- 책상에 있는 낙서를 모두 지우세요.
  Erase all the scribbles on the desks.

- 다른 것들은 다 사물함에 넣으세요.
  Put everything else in your lockers.

- 책상 줄을 맞추세요.
  Straighten up your desks.

- 책상이 어지럽네요.
  Your desk is messy.

- 책상 위에 이게 다 뭐죠?
  What's all this on your desk?

- 책상을 정돈하세요.
  Please tidy your desks.

- 책상을 정리하세요.
  Clear your desks.

- 책상을 깨끗이 하세요.
  Clean off your desks.

- 활동이 끝난 후에는 항상 정리하는 게 중요해요.
  When you finish the activity, it's always important to tidy up.

- 이 물품들을 치워줄래요?
  Can you put away the equipment, please?

- 이제, 우리가 꺼낸 물건들을 원 위치로 갖다 놓아야 해요.
  Now it's time to put away everything that we took out.

- 책상과 의자를 이쪽으로 옮기세요.
  Move your desks and chairs this way.

- 책상과 의자를 원 위치로 옮기세요.
  Put your desks and chairs back to where they were.

Useful Tip — clean / clean out / clean off 비교

청소 시간에 꼭 나오는 단어 clean은 뒤에 나오는 전치사에 따라 의미가 조금씩 달라집니다.

- Clean your desks. 책상 위를 깨끗이 닦고 청소하세요.
- Clean out your desks. 책상 안을 깨끗하게 비우세요.
- Clean off your desks. 책상 위를 정리하세요.

Vocab — 교실 물품 관련

Classroom equipment and materials

화이트보드	white board
칠판	blackboard
마커	marker
분필	chalk
칠판 지우개	eraser
화이트보드 지우개	whiteboard eraser
칠판 지우개 두는 곳	eraser tray
화면	screen
선생님 책상	teacher's desk
책장	bookshelf
게시판	bulletin board
포스터 | 대형 그림	poster
종이 집게	paper clip
고무줄	rubber band | elastic band
풀	glue
딱풀	glue stick
가위	scissors
압정	thumb tack
메모지	scrap paper
자석	magnet
접착식 메모지	Post-it
2구 펀치	two-hole punch
스테이플러	stapler
컴퓨터	computer
DVD 플레이어	DVD player
프로젝터	projector
리모컨	remote control

Students' equipment

샤프	mechanical pencil
파일	folder
바인더	binder
수정액	Tippex
(메모용) 수첩	jotter

Maths equipment

계산기	calculator
컴퍼스	compass
삼각자	set square
각도기	protractor | angle measurer

Art equipment

그림 그리는 붓	paintbrushes
그림물감	paints
수성 물감	watercolors
유화 물감	oil paints
팔레트	palette
캔버스	canvas
이젤	easel

청소 지도

- 청소 시간이에요. It's time to clean.
- 교실을 청소합시다. Let's clean the classroom.
- 교실이 너무 지저분하네요. The classroom is too dirty.
- 여러분의 물건을 모두 정리할 시간이에요. It's time to clean up all your stuff now.
- 우리는 교실 전체를 깨끗하게 만들 거예요. We're going to make this whole room clean.
- 모두 함께 힘을 모아 도와주면, 금방 끝날 거예요. If we can all pitch in and help out, it shouldn't take that long.
- 모두 같이 합시다. Let's work together.
- 빗자루로 바닥을 쓰세요. Sweep the floor with a broom.
- 빗자루는 청소함에 있어요. Brooms are in the closet.
- 구석부터 시작해서 교실 가운데 쪽으로 쓸어주세요. Start in a corner and sweep towards the center of the classroom.
- 교실 주위를 살펴보고 쓰레기를 한 곳으로 모으세요. Work your way around the classroom, collecting the rubbish into a small pile.
- 쓰레기를 쓰레받기로 쓸어 담으세요. Sweep the rubbish into the dustpan.
- 빗자루로 구석구석 쓸어서 먼지를 모두 모아 버리세요. Get your broom into the corner and make sure to get all the dust out.
- 스크린 아래에 먼지가 보이네요. I can see the dust under the screen.
- 걸레로 닦아줄래요? Can you wipe it with a dust cloth?
- 저쪽에 있는 쓰레기 좀 주워줄래요? Can you pick up the trash over there?
- 쓰레기통이 가득 찼네요. The trash can is full.
- 쓰레기통을 비우세요. Please take out the trash.
  = Please empty the trash can.

Useful Tip — Messy와 Dirty 비교하기

messy와 dirty는 의외로 초급 단계의 학생들이 헷갈려하는 단어입니다. 학생들에게 정리 정돈이 안 된 방의 그림을 보여주고 「It's + 형용사」의 구문을 주면 학생들은 대부분 messy보다는 dirty라고 답을 하는 경우가 많습니다. 아마도 학생들의 머릿속에는 「더럽고 지저분한 것 = dirty」라는 공식이 성립되어 있기 때문이겠죠? messy와 dirty의 경우를 아래 예시와 함께 분명히 구분해 주세요.

* **Messy가 어울리는 상황**
  - Toys on the floor 바닥에 놓인 장난감들
  - Clothes on the floor 바닥에 놓인 옷들
  - Books not in order on the bookshelf 책장에 어지럽게 꽂힌 책들
  - Shoes on the floor in the hallway 복도 바닥에 놓인 신발들

* **Dirty가 어울리는 상황**
  - Spills 엎질러진 음료
  - Food on the floor 바닥에 흘린 음식물
  - Dust on the screen 화면 위의 먼지
  - Used tissues on the desk 책상 위에 있는 사용한 휴지

Vocab — 교실 청소 관련

대걸레	mop	쓸다	sweep
빗자루	broom	닦다	wipe
쓰레받기	dustpan	대걸레로 닦다	mop
걸레	duster | dust cloth | cleaning cloth	청소 도구	cleaning tools
마른 걸레	dry cloth | dry duster	먼지용 대걸레	dust mop | dry mop
젖은 걸레	wet duster | damp duster	진공청소기	vacuum cleaner
양동이	bucket	얼룩	stain
먼지	dust | dirt	흘린 액체	spills
쓰레기	garbage | waste | trash	잔해	debris
쓰레기통	trash can | waste bin	먼지를 털어내다	dust | dust off
쓰레기봉투	waste bag | garbage bag | trash bag	솔 등으로 문질러 닦다	scrub
재활용	recycling	문질러 없애다	rub out
		윤이 나도록 닦다	polish

Part 2
교사와 학생의 상호 작용

Chapter 1　피드백 및 오류 수정
Chapter 2　칭찬 및 꾸중
Chapter 3　격려하기
Chapter 4　이해 점검 및 확인 요청
Chapter 5　원활한 의사소통

Chapter 1 피드백 및 오류 수정

Unit 1 피드백

수업 현장에서의 피드백이란 학습자의 학습 행동에 대해 교사가 적절하게 반응하는 것입니다. 효과적인 피드백을 위해서는 피드백의 즉시성, 지속성, 목적성을 유념해야 해요. 피드백은 상황에 대해 즉시 이루어져야 하며 일회성에 그치는 것이 아니라 지속적이고 정기적으로 제공되어야 합니다. 또 학생들의 행동 변화와 학업 성취 등 목표를 이루는 데 도움이 되는 방향으로 유도할 수 있어야 좋은 피드백이라고 할 수 있습니다.

Classroom Situation

- T: Here are some sentences. Please put these sentences in the right time order. Are you finished?
- Ss: Yes, finished.
- T: Let's check the answer. Would anyone like to try?
- S: I will.
- T: Su-ji, what's your answer?
- S: The answer is D, C, A and B.

상황 1
- T: Nice guess, but that's not the right answer. Will you try it again?
- S: D, C, B and A?
- T: Great! That's exactly what I was looking for.

상황 2
- T: Exactly right. Everybody, let's give her a big hand.

- T: 여기에 몇 개의 문장들이 있어요. 이 문장들을 올바른 시간 순서대로 정렬해 보세요. 다 했나요?
- S: 네, 다 했어요.
- T: 답을 확인해 봅시다. 누가 해볼래요?
- S: 저요.
- T: 수지, 답이 뭐죠?
- S: D-C-A-B의 순서예요.

상황 1
- T: 추측은 잘했지만 정답은 아니에요. 다시 해볼래요?
- S: D-C-B-A인가요?
- T: 잘했어요! 바로 선생님이 원했던 대답이에요.

상황 2
- T: 정확히 맞았어요. 다들 수지에게 박수를 크게 쳐줍시다.

정답일 경우

- 정답이에요.
  That's right.
  = That's correct.
  = That's it.
  = Exactly!
  = Exactly right.
  = That's exactly the point.
  = You're absolutely right.
  = You've got it.
  = You've got the idea.
  = There's nothing wrong with your answer.
  = What you said was perfectly all right.

- 선생님이 원했던 대답이에요.
  That's just what I was looking for.

- 잘했어요.
  There you go.

- 이제 알아냈군요.
  Now you've figured it out.

- 잘 이해했네요.
  You've understood it well.

- 실수가 전혀 없네요.
  You didn't make a single mistake.

오답일 경우

- 틀렸어요.
  That's not correct.
  = That's incorrect.
  = It isn't the right answer.
  = It's the wrong answer.

- 미안하지만 틀렸어요.
  I'm afraid that's not quite right.
  = Sorry, but you're incorrect.

- 정확한 답은 아니에요.
  Not exactly.
  = Not really.

- 시도는 좋았지만 정답은 아니에요.
  Nice try, but not quite right.

- 아쉽게도 아니에요.
  Unfortunately not.

- 추측은 잘했지만 정답은 아니에요.
  Nice guess, but that's not the right answer.

- 기발한 생각이지만 정답은 아니에요.
  Interesting idea, but it's not the right answer.

- 선생님이 원하던 답은 아니네요.
  That's not what I was looking for.
  = It's not the answer I want.

- 문제를 잘못 이해한 것 같아요.
  I think you misunderstood the question.

- 정답이 아니네요. 다시 해보세요.
  Not quite right. Try again.

- 다시 해보세요.
  Have another try.
  = Will you try it again?
  = Why don't you try it once again?

- 확신해요?
  Are you sure?

- 다시 한 번 주의 깊게 살펴보세요.
  Look again carefully.

- 조금 더 생각해 보세요.
  Think about it a little more.

- 다른 방향으로 생각해 볼래요?
  Why don't you think differently?

- 다른 방향으로 생각해 본 적 있어요?
  Have you ever considered another point of view?

정답에 근접한 경우

- 거의 맞혔어요.
  Nearly right.
  = That's almost it.
  = You were almost right.
  = You've almost got it.
  = You're very close.
  = That was so close.

- 일부는 맞혔어요.
  Partly correct.
  = You're halfway there.

- 정답 쪽으로 잘 가고 있어요.
  You're on the right line.
  = You're on the right track.

- 경우에 따라서는 그럴 수도 있겠네요.
  It depends.
  = It could be.
  = It might be, I suppose.
  = In a way, perhaps.
  = Sort of, yes.

- 그럴 수도 있지만 다른 방식으로 말해 볼래요?
  It's like that but how could you say that in another way?

- 그것도 정답이지만 다른 답이 또 있어요. That answer is correct but there is another answer, too.

글쓰기에 대한 피드백

- 마음에 드네요. I like this very much.
- 상당히 설득력이 있어요. Very convincing!
- 훌륭한 논거예요. Good reasoning.
- 흥미롭네요. It's very interesting.
- 좋은 예를 썼군요. This is a good example.
- 세부 사항을 잘 썼네요. Good use of details.
- 어휘 선택이 마음에 드는군요. I like your choice of words.
- 구성이 아주 탄탄하네요. This is very well organized.
- 좀 더 구체적이면 좋겠네요. You need to be more specific.
- 다른 예를 생각해 볼래요? Can you think of another example?
- 다른 방식으로 표현해 볼래요? Can you think of another way to say this?
- 이와 관련된 개인적인 경험이 있나요? Do you have a personal example about this?
- 이것을 조금 더 명확하게 표현할 수 있나요? Can you make this clearer?
- 왜 그렇게 생각해요? Why do you think so?
- 이 단락은 완성된 건가요? Is this paragraph complete?
- 이게 필요하다고 생각해요? Do you think this is necessary?
- 논지가 명확한가요? Is your thesis clear?
- 주제문이 명확한 것 같아요? Do you think your topic sentences are clear?
- 이 부분이 반복되네요. You are repeating yourself here.
- 무엇을 의미하는지 잘 모르겠네요. I am not sure what you mean.
- 어려운 용어를 많이 사용하는 것 같군요. I think you used a lot of big words.

 **Vocab** 글쓰기 관련

글쓰기의 단계
- 쓰기 전 생각 정리하기 — pre-writing
- 집필하기 — writing
- 수정하기 — editing

문장 및 글의 구성 요소
- 글자 — letter
- 단어 — word
- 구 — phrase
- 절 — clause
- 문장 — sentence
- 단락, 문단 — paragraph

에세이의 구조
- 서론 — introduction
- 본론 — body
- 결론 — conclusion
- 독자의 주목을 끌어내는 부분 — hook
- 개요 — outline
- 주제, 화제 — topic
- 주제, 테마 — theme
- 논지 — thesis
- 논지 서술문 — thesis statement
- 요점 — main point
- 요지, 중심 생각 — main idea
- 주제문 — topic sentence
- 근거 — supporting details
- 예시 — example
- 초안 — draft
- 교정 — proofreading
- 최종 원고 — final draft

기타 피드백

- 시간을 갖고 생각하세요. — Take your time.
- 서두를 필요 없어요. — There is no need to rush.
- 훨씬 낫군요. — That's much better.
  = That's a lot better.
- 이런 방식으로 쓰는 게 더 낫겠네요. — It would be better to say this way.
- 괜찮아요. 누구나 실수는 하는 거예요. — That's okay. Everyone makes mistakes.
- 잘 몰라도 한번 추측해 봐요. — Take a guess if you don't know.
- 선생님이 힌트를 줄까요? — What if I give you a clue?
- 최선을 다하세요. — Do your best.
- 최선을 다해서 해보세요. — Give it your best shot.
- 다음 번엔 더 잘할 수 있을 거라고 생각해요. — I think you can do it better next time.

- 다음에는 좀 더 잘하세요.   Please do better next time.
- 이것보다 더 잘할 수 있었잖아요.   You could do better than this.
- 선생님이 보기에는 최선을 다한 것 같진 않아요.   I think you didn't do your best, right?
- 이게 최선이에요?   Is this your best?
- 다시 하세요.   Do it again.
- 더 노력하세요.   Try harder.
- 여러분에게 조금 실망했어요.   I'm a bit disappointed in you.
- 조금 실망이네요.   That's a bit disappointing.
- 선생님이 기대한 건 이게 아니에요.   This is not what I expected.
- 연습이 좀 더 필요한 것 같네요.   I think you need more practice.
- 이 단어들 더 연습해야겠네요.   You still need more practice with these words.
- 실수하지 않도록 노력하세요.   You should try to avoid making mistakes.
- 시간을 들여 연습 좀 해야겠는데요.   You'll have to spend some time practicing this.

Chapter 1 피드백 및 오류 수정

Unit 2 오류 수정

학생들의 오류를 수정할 때는 의사소통을 방해하지 않는 범위 안에서 하는 것이 좋습니다. 학생들이 실수를 할 때마다 교사가 지적을 하면 학생들은 자신감이 위축되어 발표를 꺼려할 수도 있거든요. 의사소통에 장애가 될 정도만 아니면 학습자가 의사 표현에 집중하도록 대화가 끝난 후에 수정을 해주는 것이 좋습니다. 또한 학년에 따라 수정 기준도 달리해야 해요. 저학년과 초급 단계의 학습자인 경우에는 유창성을 목표로 하고, 학년과 수준이 높아질수록 정확성에 초점을 맞추어 오류를 바로잡아주세요.

Classroom Situation

- T Nari, what are you doing?
- S I looking for my pen...

- T Oh, you're looking for your pen.
- S Yes. I'm looking for my pen.

- T Are you looking for your pen?
- S Yes. I'm looking for my pen.
- T Is this yours?
- S No. it's not my...
- T You can say "It's not mine."
- S It's not mine.
- T Very good.

- T 나리야, 뭐 하고 있니?
- S 펜을 찾고 …

[상황1]
- T 아, 펜을 찾고 있구나.
- S 네. 펜을 찾고 있어요.

[상황2]
- T 펜을 찾고 있니?
- S 네. 펜을 찾고 있어요.
- T 이게 나리 거니?
- S 아뇨. 그건 저의 … 아닌데요.
- T It's not mine.이라고 말하면 돼.
- S 그건 제 것이 아니에요.
- T 잘했어.

틀린 곳 알려주기

- 여러분이 무엇을 틀렸는지 봅시다. — Let's have a look at what you've got wrong.
- 여기가 잘못되었네요. — There's an error here.
- 동사가 틀렸네요. — You have the wrong verb.
- 전치사를 잘못 사용하고 있네요. — You're using the wrong preposition.
- 명사가 필요해요. — You need a noun.
- 부사가 필요한데, 이건 형용사네요. — You need an adverb, but this is an adjective.
- 이 문장에는 주어가 없네요. — There's no subject in this sentence.
- 여기에서는 복수형 동사가 아니라 단수형 동사를 써야 해요. — You should use a singular verb not a plural here.
- 어떤 시제를 쓰려고 했던 거예요? — What tense were you going to use?
- 여기에는 과거시제를 써야 해요. — You should use past tense here.
- 여기는 대문자로 시작해야죠. — You should start with a capital letter here.
- p가 하나 빠졌어요. — There's a *p* missing.
- 철자가 틀렸네요. — The spelling is wrong.
- 여기에는 물음표를 써야 해요. — You need a question mark here.
- y를 i로 바꾸고 ed를 붙여야 해요. — You should change the *y* into an *i* and add *ed*.
- go는 불규칙 동사니까 go의 과거형은 goed가 아니라 went입니다. — *go* is an irregular verb, so the past tense of *go* is *went* not *goed*.
- 선생님이 여러분의 실수를 고쳐 볼게요. — Let me correct your mistakes.
- 이게 옳은 문장이에요. — This is the correct sentence.

학생들에게 Self-Feedback 유도하기

- 이게 맞는 답이라고 생각하나요? — Do you think this is the right answer?
- 이 문장이 맞나요? — Is this sentence right?
- 선생님은 뭔가 이상한 것 같은데요. — I think something strange.
- 틀린 것을 찾을 수 있나요? — Can you find the error?

- 이 문장에서 무엇이 잘못되었나요? What's wrong with this sentence?
- 몇 개의 오류를 찾아낼 수 있나요? How many mistakes can you find?
- 여기에 뭐가 빠진 게 보여요? Can you see something missing here?
- 여기에 단어가 하나 빠졌는데요. There's a word missing here.
- 딱 한 군데 수정해야 할 부분이 있네요. There's one place you have to correct.
- 이 문장들 중에서 틀린 부분을 찾을 수 있나요? Can you find the mistakes in these sentences?
- 틀린 것을 찾아 고쳐 보세요. Find the mistakes and correct it.
- 틀린 것을 스스로 수정해 보세요. Correct your errors by yourselves.
- 선생님이 힌트를 줄게요. I'll give you a clue.
- 칠판에 있는 문장들을 보세요. 각 문장에는 적어도 하나 이상의 오류가 있어요. Look at these sentences on the board. Each sentence has at least one mistake.
- 노트에 이 문장들을 옮겨 적고 오류를 찾아서 고치세요. Copy them into your notebook and then find and correct the mistakes.
- 먼저, 몇 분간은 혼자서 해보고 짝을 지어 고친 걸 비교해 볼 거예요. First, work alone for several minutes and then get into pairs and check your answers.
- 짝과 함께 문장을 고쳐 보세요. Please correct the sentences with your partner.
- 문장들을 살펴보고 조원들과 오류에 대해 의견을 나눠 보세요. Look at the sentences and talk about the mistakes in your groups.
- 조원들과 의견을 나누어도 좋습니다. You can talk with your group members.

Useful Tip — Implicit Feedback과 Explicit Feedback

피드백의 종류는 크게 Implicit Feedback과 Explicit Feedback으로 나눌 수 있습니다. Implicit Feedback은 흔히 recast라고도 하는데, 학생이 만든 오류를 직접적으로 알려주지 않고 자연스러운 방법으로 피드백을 주는 것을 말합니다. 예를 들면, 아래 경우처럼 학생이 시제에 맞지 않은 표현을 썼을 때 직접적으로 실수를 알려주기보다는 교사가 바르게 고쳐 말해 주는 것입니다.

1 Implicit Feedback

- T What did you do yesterday? 어제 뭐했나요?
- S I *visit* my uncle's house. 삼촌 댁에 다녀와요.
- T Oh, you *visited* your uncle's house. 아, 삼촌 댁에 다녀왔군요.
- S Yes. I *visited* my uncle's house. 네, 삼촌 댁에 다녀왔어요.

이런 피드백은 직접적인 오류 수정이 아니기 때문에 학생이 받는 심리적 부담은 적지만 막상 무엇이 잘못되었는지는 깨닫지 못하는 경우가 있을 수 있습니다.

반대로 Explicit Feedback의 경우는 단순히 오류가 있다는 것을 알려주는 경우와 문법적인 개념을 함께 알려주는 경우가 있습니다.

2 Explicit Feedback

- T What did you do yesterday? 어제 뭐했나요?
- S I *visit* my uncle's house. 삼촌 댁에 다녀와요.
- T You were almost right, but you need *past tense*. Could you say that again? / That's not correct. Would you say that again?
  거의 맞게 대답했지만 과거시제를 써야 돼요. 다시 말해 볼래요? / 올바른 표현이 아닌데, 다시 말해 볼래요?
- S I *visited* my uncle's house. 삼촌 댁에 다녀왔어요.

피드백에 대한 여러 연구에 따르면 단순히 어디가 틀렸는지를 알려주는 것보다 오류 지적에 관련된 문법 개념을 함께 알려주는 것이 학습 효과가 크다고 합니다.

Chapter 2 칭찬 및 꾸중

Unit 1 칭찬

칭찬은 고래도 춤추게 한다는 말이 있듯이 칭찬의 힘은 실로 대단합니다. 하지만 칭찬을 지나치게 남발하거나 남과 비교하는 부적절한 칭찬을 하는 것은 오히려 역효과를 낼 수도 있어요. 올바른 칭찬이란 결과가 아닌 과정에 초점을 두는 칭찬이어야 합니다. 결과에 대한 칭찬은 자칫 결과물만 가지고 학생을 판단하는 실수를 할 수 있지만, 과정에 대한 칭찬은 학생들에게 과정의 중요성을 알게 해주면서 과정을 충분히 이행하게 하는 동기가 되기 때문입니다. 또한 칭찬을 해줄 때는 구체적으로 해주는 게 좋아요. 기계적으로 똑같은 칭찬만 해주면 경우에 따라 학생은 진심 어린 칭찬이 아니리고 생각할 수도 있기 때문이에요. 적절한 칭찬으로 학생의 긍정적인 행동과 태도를 격려해 주세요.

Classroom Situation

- **S1**: That brings me to the end of my presentation. Thank you for listening.
- **T**: It was a great presentation.
- **S1**: Thank you.
- **T**: Any questions?

- **T**: No one? OK, let's give her a big hand. Ga-hee used appropriate hand gestures and facial expressions, didn't she?
- **Ss**: Yes, she did.

- **S2**: I have a question. What's the difference between vegetarian and vegan?
- **T**: Thank you for asking. That's a good question.

- S1 발표를 마치겠습니다. 들어주셔서 감사합니다.
- T 멋진 발표였어요.
- S1 감사합니다.
- T 질문 있나요?
- [상황1] 아무도 질문 없어요? 좋아요, 박수를 크게 쳐줍시다. 가희는 손동작을 적절히 활용했고, 얼굴 표정도 좋았어요. 그렇죠?
   Ss 네.
- [상황2] 질문이요. vegetarian과 vegan의 차이점은 뭐죠?
   T 질문해 줘서 고마워요. 좋은 질문이네요.

기본적인 칭찬 표현

- 잘했어요.
  Well done.
  = You did well.

- 아주 잘했어요.
  That's very good.
  = Very good.

- 대단해요.
  You are awesome!
  = Super.

- 훌륭해요.
  Bravo.
  = Fantastic.
  = Awesome.

- 멋져요.
  Nice work.
  = That's nice.
  = Cool.
  = Great.

- 아주 멋져요.
  Very nice.

- 참 좋았어요.
  That was wonderful.

- 바로 그거예요.
  Way to go.

- 정말 잘했어요.
  You've worked very well.

- 그거 좋은 생각이네요.
  That sounds good.

- 제대로 하고 있어요.
  You're on the right track.

- 잘하고 있어요.
  Nice going.

- 잘할 줄 알았어요.
  I knew you could do it.

- 좋은 생각이에요.
  That's a good idea.

- 그거 마음에 드네요.
  I like that.

- 아이디어가 맘에 들어요.
  I like your idea.

- 아주 창의적이네요.
  That's very creative.

- 참 흥미롭군요.
  That's very interesting.

- 어떻게 그렇게 훌륭한 생각을 해냈죠?
  How did you come up with such a great idea?

바람직한 태도 및 선행에 대한 칭찬

- 정말 집중을 잘하네요.
  You are concentrating very well.

- 듣는 태도가 참 좋군요.
  What a good listener!

- 오늘 정말 열심히 하네요.
  You're working so hard today.

- 와, 오늘 공부를 아주 열심히 하네요.
  Wow, you studied so hard today.

- 모두, 최선을 다해줘서 고마워요.
  Everyone, thank you for doing your best.

- 멋진 그룹 활동이었어요.
  Nice group work.

- 모든 그룹이 다 함께 잘했어요.
  All groups have done a great job.

- 모든 조원들이 협동할 때 참 멋졌어요.
  I like it when you cooperate with your group members.

- 참 친절하군요.
  That's so kind of you.
  = That's really sweet of you.

- 정말 친절하군요.
  You're so sweet.

- 마음이 아주 따뜻한 사람이군요.
  You are such a warm-hearted person.

- 친구를 도와주다니 참 배려심이 깊군요.
  It was very thoughtful of you to help your friend.

- 선생님을 도와줘서 고마워요.
  Thank you for helping me.

- 서로 돕는 여러분들이 자랑스러워요.
  I'm proud of you for helping each other.

- 열심히 했으니 별 스티커를 하나 줄게요.
  A star for trying hard.

- 모두 태도가 좋았으니까 선생님이 칭찬 스티커를 하나씩 줄게요.
  Everyone gets a praise sticker for good behavior.

- 오늘, 여러분 태도가 정말 좋네요. Class Thermometer의 온도를 높여줄게요.
  All of you behaved very well today, so I will raise the temperature of the *Class Thermometer*.

Useful Tip — Star of the Month

학생에게 교사의 칭찬은 단순한 말 이상을 넘어 좋은 생활 태도를 길러주는 강력한 힘을 가지고 있습니다. 이러한 칭찬의 힘을 지속적으로 끌고 갈 수 있는 방법으로 저는 학생들에게 칭찬 상장 만들어주기를 추천합니다. 숙제, 수업 태도, 발표 횟수 등을 종합적으로 고려해서 매달 한 명의 학생을 선발해 칭찬 상장을 집으로 보내주면 됩니다. 이때 평가는 반드시 객관적인 기준과 꼼꼼한 기록을 바탕으로 해야 해요. 너무 즉흥적이거나 뚜렷한 기준이 없으면 증서에 대한 가치가 떨어질 수 있거든요. 아래는 칭찬 상장에 넣을 수 있는 문구들입니다. 날짜와 함께 교사의 사인도 멋지게 넣어서 칭찬 상장을 만들어주세요.

Star of the Month 증서에 넣을 수 있는 문구

- Delightful sense of humor and hard working 유쾌한 유머 감각과 근면함
- Enthusiastic attitude and kindness 열정적인 태도와 친절한 성품
- Creative ideas and independent attitude 창의적인 생각과 자율적인 태도
- Superior work and wonderful ideas 우수한 성적과 훌륭한 아이디어
- Usage of correct English and enthusiastic participation 정확한 영어 구사와 열정적인 참여
- Cooperative work and thoughtfulness 협동심과 배려심

실력 향상과 좋은 성적에 대한 칭찬

• 실력이 많이 향상됐네요.	You've really improved.
• 실력이 많이 향상되고 있군요.	You're improving a lot.
• 많이 발전했어요.	You've made a lot of progress.
• 정말 더 좋아지고 있어요.	You're really getting better at this.
• 매번 더 나아지고 있네요.	You're getting better at it all the time.
• 지난번보다 훨씬 좋아졌군요.	This is much better than the last time.
• 꽤 괜찮은 성과예요.	That's quite an accomplishment.
• 훨씬 나아졌네요.	That's more like it.
• 오늘 철자 시험 성적이 지난번보다 나아졌네요.	Your spelling score today is better than last time.
• 계속 좋은 성적을 유지하세요.	Keep it up.
• 10점 만점에 10점이에요!	10 out of 10!

- 시험을 아주 잘 봤던데요. Good work on your exam.
- A를 받았군요. You've got an A.

훌륭한 발표에 대한 칭찬

- 발표 잘했어요. Your presentation was good.
- 정말 멋진 발표였죠? It was a great presentation, wasn't it?
- 발표자에게 박수를 크게 쳐줍시다. Let's give him a big hand.
- 준비를 상당히 많이 했군요. You've prepared so much.
- 발표 자세도 아주 좋았어요. Your presentation attitude was so good.
- 모든 친구가 주목하던 걸요. You grabbed everyone's attention.
- 적절한 바디 랭귀지를 사용했어요. You used proper body language.
- 손동작을 적절히 사용했고 얼굴 표정이 좋았어요. You used appropriate hand gestures and facial expressions.
- 청중을 보면서 발표를 잘했어요. You did a great job with looking at the audience.
- 눈 마주치기를 잘했어요. Good job at keeping eye contact.
- 눈 마주치기를 잘하면서 정말 명확하게 말했어요. You made a good eye contact and spoke very clearly.
- 눈 마주치기를 잘했고 목소리도 크고 분명했어요. You had great eye contact and loud and clear voice.
- 청중들의 질문에 아주 잘 대답해 주었어요. You responded very well to audience's questions.

Useful Activity — 칭찬 게임

1. 먼저 모든 학생들은 자리에서 일어서서 게임 시작 준비를 합니다.
2. 교사는 학생 한 명을 호명합니다.
3. 호명된 학생은 다른 친구의 이름을 넣어서 「~ is ...」라고 재빨리 그 친구를 칭찬해야 합니다.
4. 칭찬을 받은 친구가 또 다른 친구를 칭찬하는 방식으로 계속 진행합니다.
5. 만약 호명된 학생이 다른 친구를 칭찬하는 데 시간이 오래 걸린다거나 문법적인 실수를 하면 자리에 앉아야 합니다.

Expressions

- 이 게임을 하려면 모두 자리에서 일어서야 해요. For this game, everyone needs to stand up.
- 이 게임은 빨리 생각을 해내고 잘 들어야 해요.
  In this game, you have to think fast and listen well.
- 선생님이 누군가의 이름을 부르면 그 친구는 재빨리 다른 사람을 칭찬해야 해요.
  I will say someone's name and that student will have to quickly praise someone else.
- 친구의 능력이나 외모를 칭찬해도 돼요. 단, 칭찬은 진심으로 해야 하고 문장도 문법적으로 맞아야 합니다.
  You can praise their ability or their appearance. However, the praise has to be true and grammatically correct.
- 또한, 칭찬을 받은 학생은 다른 사람을 칭찬해야 해요.
  Also, when you get praised, it is your turn to compliment someone else.
- 자기를 칭찬한 사람만 제외하면 누구나 칭찬할 수 있어요.
  You can choose anyone you like except the person who complimented you.
- 꼭 기억하세요. 항상 친구의 이름으로 시작해야 해요.
  Remember. You have to always start with the person's name.
- 3초 이상 망설이면 자리에 앉아야 합니다.
  If you hesitate for more than three seconds, you have to sit down.
- 문법적인 실수를 해도 자리에 앉아야 해요. If you make a grammatical mistake, you have to sit down.

Chapter 2 칭찬 및 꾸중

Unit 2 꾸중

원만한 학급 관리를 위해서는 칭찬도 중요하지만 적절한 꾸중도 필요합니다. 훈계를 할 때는 지적만 하고 끝내는 것이 아니라 이후 학생의 잘못된 태도를 개선할 수 있는 방향으로 지도해야 해요. 이를 위해서는 선생님이 먼저 문제 상황의 원인을 제대로 파악하고 있어야 합니다. 그런 후에 학생들이 스스로 반성할 수 있도록 문제 상황을 이해시켜주면, 학생들은 훨씬 명확하게 잘못을 깨닫고 같은 행동을 반복하지 않는답니다.

Classroom Situation

- T: What's going on? Look at me Ga-hee, and talk to me. Are you hurt?
- S1: Se-ho pushed me!
- S2: I didn't. She fell! Ms Kim. She's making it up.

상황1
- T: I'd like you to stop arguing right now. Both of you will tell me what happened. First, I'm going to hear Ga-hee's side of story.
- S1: When I was going back to my seat, he pushed me and I fell on the floor.
- S2: But I…
- T: Wait, Se-ho. You'll have a chance to talk after she has finished.

상황2
- T: That's enough. See me after class.

- ① 무슨 일이에요? 가희, 선생님 보고 말해 봐요. 다쳤어요?
- ⓢ 세호가 밀었어요.
- ⓢ 제가 안 그랬어요. 가희가 혼자 넘어진 거예요. 막 지어내요.

상황1
- ① 지금 당장 말다툼을 멈추세요. 두 사람 다 무슨 일이 있었는지 선생님에게 얘기해 보세요. 먼저, 가희의 이야기부터 들을게요.
- ⓢ 제가 제 자리로 돌아가고 있었는데 세호가 밀어서 바닥에 넘어졌어요.
- ⓢ 하지만 전…
- ① 세호는 기다려요. 가희 말이 끝난 후에 세호에게도 말할 기회를 줄 거예요.

상황2 ① 이제 그만. 수업 끝나고 선생님 좀 봅시다.

꾸짖기

• 이건 뭐예요?	What's this?
• 무슨 일이죠?	What's going on? = What on earth is happening here?
• 무슨 문제죠?	What's wrong with you?
• 지금 뭐하는 거죠?	What do you think you're doing?
• 누가 이랬나요?	Who did this?
• 이거 누구 책임이죠?	Who's responsible for this?
• 어떻게 감히!	How dare you!
• 어떻게 이럴 수가 있죠?	How dare you so this!
• 이렇게 해도 된다고 누가 그랬어요?	Who told you that you could do this?
• 말대꾸하지 마세요.	Don't talk back.
• 선생님이 공손하게 말해야 한다고 했죠?	Didn't I tell you to speak politely?
• 그러면 안 된다는 것 알고 있잖아요.	You know that you're not supposed to do that.
• 그 정도는 알잖아요.	You know better than this.
• 학급 규칙을 어겼어요.	You broke the classroom rules.
• 교칙에 어긋나는 거예요.	It's against the school rules.
• 모두가 규칙을 지켜야 해요.	Everyone should follow the rules.
• 다른 친구를 험담하는 건 나쁜 거예요.	I don't like the way you gossip.
• 거짓말하지 마세요.	Don't lie.
• 어떻게 감히 선생님에게 거짓말을 하나요?	How dare you lie to me?
• 변명하지 마세요.	No excuses.
• 왜 항상 변명만 하죠?	Why do you always make excuses?
• 괜히 입내밀지 마세요.	Stop pouting over nothing.
• 버릇없는 어린 애처럼 굴지 마세요.	Stop acting like a spoiled little boy.
• 너무 유치해요. 철 좀 들어요.	That's very childish. Why don't you grow up?
• 철 좀 드세요.	Grow up!

- 이번엔 그냥 넘어가지 않을 거예요.   I'm not going to let it go this time.
- 선생님이 부모님한테 전화하면 좋겠어요?   Do you want me to call your parents?
- 계속 그러면 선생님이 부모님을 면담할 거예요.   If you keep doing it, I have to talk with your parents.

경고하기

- 그만하세요.   Stop doing it.
- 지금 하고 있는 것 멈추세요.   Stop what you're doing right now.
- 자, 이제 그만. 그만하면 됐어요.   That's enough. Enough already!
- 선생님이 다 지켜보고 있어요.   I'm watching you.
- 말조심하세요.   Watch your mouth.
  = Watch your language.
- 그거 하지 말아요.   Don't do that, please.
- 그러면 안 된다고 선생님이 말했잖아요.   I told you, you're not allowed to do that.
- 혼나고 싶지 않을 텐데요.   You don't want to be in trouble, right?
- 한 번만 더 하면 혼날 거예요.   If you do that one more time, you'll be in trouble.
- 사실대로 말할 수 있는 마지막 기회예요.   This is the last chance for you to tell the truth.
- 그거 하지 말라고 몇 번이나 말했죠?   How many times have I told you not to do that?
- 선생님 인내심을 시험하고 있군요.   You're testing my patience.
- 인내심에도 한계가 있어요.   My patience has its limits.
- 경고하는 거예요.   I'm warning you.
- 이건 경고입니다.   This is a warning.
- 마지막 경고입니다.   This is the last warning.
- 스트라이크 한 번입니다.   One strike for you.
- 스트라이크를 세 번 받으면 아웃이에요.   If you have three strikes, you'll be out.
- 스트라이크를 한 번만 더 받으면 교실 밖으로 나가는 거예요.   One more strike and you're out.

벌주기

- 앞으로 나오세요. — Come to the front.
- 교실 뒤로 나가세요. — Go to the back of the classroom.
- 똑바로 서세요. — Stand straight.
- 눈을 감으세요. — Close your eyes.
- 손을 머리 위에 올리세요. — Put your hands on your head.
- 가서 생각하는 의자에 앉으세요. — Go and sit on the thinking chair.
- 수업 받을 자세가 되기 전에는 교실에 들어오지 마세요. — Don't come in the classroom before you're ready.
- 쉬는 시간 안 줄 거예요. — No break time for you.
- 벌로 일주일 동안 영어 교실을 청소하세요. — As a punishment, you must clean the English classroom for a week.
- 수업 마치고 선생님 좀 봅시다. — See me after class.
- 수업 마치고 선생님을 따라오세요. — Follow me after class.
- 반성문을 쓰세요. — Write a letter of apology.
- 무엇을 잘못했는지 반성문을 쓰세요. — You have to write about what you've done wrong.
- 정확히 무슨 일이 있었는지 자세히 쓰세요. — Write what exactly happened in detail.
- 왜 그랬는지, 앞으로 어떻게 행동할 것인지에 대해 적는 것도 잊지 마세요. — Don't forget to write down why you did it and what you're going to do from now on.
- 잘못한 일을 고치기 위해 무엇을 할 건지 쓰세요. — Write down what you can do to make it right.

지각했을 때 훈계하기

- 지금 몇 시죠? — What time is it?
- 수업은 5분 전에 시작했어요. 뭐하고 있었던 거예요? — The class started 5 minutes ago. What have you been doing?
- 몇 시에 수업이 시작하죠? 그리고 지금 몇 시예요? — What time does the class start? And what time is it now?

- 왜 늦었죠? Why are you late?
- 어디 갔다 왔어요? Where have you been?
- 늦었을 땐 뭐라고 해야 하죠? What do you have to say when you are late?
- 늦은 이유가 뭐예요? What is your reason for being late?
- 늦잠 잤나요? Did you oversleep?
- 제시간에 오도록 하세요. Try to be on time.
- 다음 시간에는 제시간에 오도록 하세요. Try to be here on time next class. = Be on time next class.
- 다신 늦지 마세요. Don't be late again. = Try not to be late next time.
- 오늘 지각이 처음인 것 알아요. 다음에는 이런 일이 없도록 하세요. I know this is your first time being late. Please don't let it happen again.
- 또 늦었네요. You're late again.
- 이 반에 습관적으로 지각하는 사람이 있는 것 같네요. I think there are regular late-comers in this class.
- 오늘 처음으로 지각한 건 아니잖아요? This isn't the first time for you to be late, right?
- 항상 지각이네요. You're always late.
- 지호, 선생님이 늦지 말라고 수백 번 얘기했잖아요. Ji-ho, I have told you a hundred times not to be late.
- 주의하세요. 지각하는 것은 나쁜 습관이에요. Be careful, being late is a bad habit.

다툼이 있을 때 훈계하기

- 둘이 왜 싸웠어요? Why did you two fight?
- 왜 그랬는지 말해 보세요. Tell me why you did it.
- 왜 그렇게 말다툼을 심하게 했나요? Why did you have a big argument?
- 지금 당장 말다툼을 멈추세요. I'd like you to stop that arguing right now.
- 말다툼 그만하라고 했어요. I said stop arguing.
- 조용히 하고 선생님 말 들으세요. You need to be quiet and listen.

• 두 사람 다 무슨 일이 있었는지 선생님에게 이야기해 보세요.	Both of you will tell me what happened.
• 무슨 일이 있었는지 정확하게 얘기하세요.	Tell me exactly what happened.
• 왜 친구를 놀렸죠?	Why did you make fun of him?
• 왜 친구를 험담하고 다녔죠?	Why did you talk behind his back?
• 선생님이 서로 사이좋게 지내라고 했죠?	Haven't I told you to get along with each other?
• 폭력은 어떤 상황에서건 용납될 수 없어요.	Violence can not be accepted in any cases.
• 사람을 때리는 건 무조건 나쁜 거예요.	Hitting people is absolutely wrong.
• 어떤 이유로든 때리면 안 되는 거예요.	You should not hit anyone for any reason.
• 대화로 문제를 해결했어야죠.	You should have talked your problems over.
• 누가 시작했는지는 중요하지 않아요.	I don't care who started it.
• 둘 다 잘못이 있어요.	Both of you are to blame.
• 그 친구의 입장이 되어 보세요.	Put yourself in your friend's shoes.
• 다른 사람이 본인에게 그렇게 했다면 기분이 어땠을까요?	How would you feel if someone treated you that way?
• 본인도 그 상황이었으면 기분이 나빴을 거예요.	You would have felt bad in the same situation.
• 두 사람 서로 악수하세요.	Both of you need to shake hands with each other.
• 친구에게 미안하다고 사과하세요.	You need to apologize to your friend. = Please say sorry to your friend.

혼나는 이유 이해시키기

• 무엇을 잘못했는지 알겠어요?	Do you know what you did wrong?
• 왜 혼나고 있는지 알겠어요?	Do you know why you are being told off?
• 잘못한 게 뭔지 말해 보세요.	Please tell me what you've done wrong.
• 왜 벌을 받고 있는지, 무엇을 잘못했는지 잘 생각해 보세요.	Think hard why you're being punished and what you've done wrong.
• 선생님이 왜 일어나라고 했을까요?	Why did I tell you to stand up?

- 아무런 잘못도 없다고 생각하나요?   Do you think you did nothing wrong?
- 선생님이 아무 이유도 없이 그냥 벌주고 있는 것 같나요?   Do you think I'm punishing you for no reason?
- 약속을 지키지 않아서 여기 있는 거예요.   You are here because you broke your promise.
- 학급 규칙을 어겼기 때문에 여기에 오라고 한 거예요.   I told you to come here because you broke the classroom rules.
- 다른 친구들을 짓궂게 괴롭혀서 여기 있는 거예요.   You are here because you're teasing others.
- 너희 둘은 거짓말을 했기 때문에 혼나고 있는 거예요.   You two are getting told off because you lied.
- 선생님이 세 번 이상 경고를 줬는데도 무시했어요.   I warned you more than three times, but you ignored me.
- 규칙을 어기면, 그에 따른 벌을 받아야 하는 것 알고 있죠?   We have penalties for breaking rules. You know that, right?

용서하기

- 걱정하지 말아요.   Don't worry about it.
  = Never mind.
- 사과할 필요 없어요.   There's no need to apologize.
- 미안해 할 필요 없어요.   No need to be sorry.
- 괜찮아요. 걱정하지 말아요.   No problem. Don't worry.
- 괜찮아요. 이해해요.   That's alright. I understand.
- 괜찮아요. 하지만 다신 그러지 마세요.   It's okay. But don't do it again.
- 괜찮은데 다음에는 좀 더 조심하세요.   It's okay, but be more careful next time.
- 일부러 그런 게 아니라는 것 다 알아요.   I understand you didn't mean to do that.
- 누구나 다 실수는 하잖아요. 사과 받아줄게요.   We all make mistakes. I accept your apology.

For students

학생들이 꾸중을 들었을 때 쓸 수 있는 표현

기본적인 반성 및 사과

- Sorry about that. / My apologies. 죄송합니다.
- I was wrong. 제가 잘못했어요.
- It's my fault. 제 잘못이에요.
- I'm sorry. It won't happen again. 죄송해요. 다시는 그런 일 없을 거예요.
- I regret what I did. 제가 한 일에 대해 반성해요.
- What can I do to make it right? 제가 무엇을 하면 될까요?
- I'll try not to do that again. 다시는 그러지 않도록 노력하겠습니다.
- I promise not to do it again. 다시는 그러지 않겠다고 약속할게요.
- Will you forgive me, please? 제발 용서해 주세요.
- I'm sorry, that was completely my fault. 죄송해요. 모두 제 잘못이에요.
- Sorry for getting you in trouble. 곤란하게 해서 죄송해요.
- I'm sorry about what happened. 그 일에 대해서 죄송해요.

결석이나 지각에 대한 반성 및 사과

- Sorry, I'm late. / I'm sorry for being late. / I'm sorry that I'm late. 늦어서 죄송해요.
- I apologize for being late. 지각해서 죄송합니다.
- I'll be on time from now on. 앞으로는 제시간에 올게요.
- I won't be late again. 다신 늦지 않겠습니다.
- I'll never skip classes again. 다시는 수업에 빠지지 않겠습니다.

과제 제출에 대한 반성 및 사과

- I'm sorry for having taken so long to finish my homework. 숙제를 늦게 내서 죄송합니다.
- Sorry about the delay. 늦게 내서 죄송해요.
- I promise you that I'll do my homework on time from now on. 이제부터는 제시간에 숙제를 꼭 하겠습니다.

잘못된 언행에 대한 반성 및 사과

- Sorry about what I said. 그렇게 말해서 죄송해요.
- Sorry for telling lies. 거짓말해서 죄송합니다.
- I won't be noisy. 떠들지 않겠습니다.
- I won't talk back again. 다시는 말대꾸하지 않겠습니다.
- I won't use bad words. 나쁜 말은 쓰지 않겠습니다.
- I won't make fun of my friends. 친구를 놀리지 않겠습니다.

- **I won't fight again.** 다시는 싸우지 않겠습니다.
- **From now on, I'll behave myself.** 이제부터는 행동을 바르게 하겠습니다.
- **I won't look down on other classmates.** 다른 친구들을 무시하지 않겠습니다.
- **I'm sorry. I shouldn't have said that.** 죄송해요. 그렇게 말하지 말았어야 했어요.
- **I'm sorry for speaking to you rudely yesterday.** 어제 버릇없이 말한 것, 정말 죄송해요.

Useful Tip — 꾸지람 이후 감정 해소하기

학생에게 꾸중을 하고 나면 꾸중을 한 선생님도 꾸중을 들은 학생도 기분이 상해 사이가 어색해질 수밖에 없습니다. 하지만 꾸중을 한 후에는 꼭 학생을 불러 이야기를 다시 한번 나누고 감정을 해소해야 해요. 학생들은 선생님이 자신의 태도나 잘못한 부분이 아니라 본인 자체를 싫어한다고 오해할 수 있기 때문이에요. 수업이 끝나고 쉬는 시간에 학생의 입장에서 자초지종을 충분히 들어주고 선생님의 입장도 말하면서 서로에 대한, 혹시 모를 앙금을 푸는 시간을 가지세요. 그리고 다음 수업시간에는 잊지 않고 질의응답 시간에 그 학생의 이름을 호명해서 수업에 적극적으로 참여할 수 있도록 격려해 주세요. 학생은 자신이 잘못했던 점은 반성하되 선생님과의 사이는 좀 더 돈독해져, 수업시간에 더욱 집중하는 태도를 보여줄 거예요.

Chapter 3 격려하기

Unit 1 고민 상담 및 기운 북돋아주기

꼭 수업시간이 아니더라도 친구들과의 문제 및 소극적인 태도 때문에 힘들어하는 학생이 있다면 꾸준한 관심과 격려로 자신감을 심어주세요. 자신감 회복과 원만한 교우 관계가 이뤄진다면 학생들은 교실 안에서 건강한 사회성을 기를 수 있답니다. 그리고 이 밖에도 정기적으로 개별 상담 시간을 가져 학업 문제나 기타 다른 고민을 털어놓을 수 있는 기회를 학생들에게 마련해 주는 것도 좋습니다.

Classroom Situation

- **S** Mr. Kim, do you have a minute?
- **T** Of course. Take a seat.
- **S** Thank you.
- **T** How can I help you?
- **S** The speaking contest is next Tuesday, but I think that I won't do well.
- **T** Why do you think so? There's no need to worry. I'm sure that you will do well. Because you're getting better.
- **S** Do you really think so?
- **T** Absolutely. You're been doing so great so far. I'll help you if you get stuck.

- **S** 선생님, 시간 괜찮으세요?
- **T** 물론이죠. 앉으세요.
- **S** 감사합니다.
- **T** 무슨 일 때문에 왔나요?
- **S** 말하기 대회가 다음 주 화요일인데, 제가 잘 못할 것 같아요.
- **T** 왜 그렇게 생각하죠? 걱정할 필요 없어요. 선생님은 잘할 거라고 확신해요. 점점 나아지고 있잖아요.
- **S** 정말 그렇게 생각하세요?
- **T** 그럼요. 지금까지 잘해 왔잖아요. 어려우면 선생님이 도와줄게요.

자신감 불어넣기

- 긴장을 푸세요.
  Relax.
  = Release your tension.
  = Take it easy.

- 크게 심호흡을 하세요.
  Take a deep breath.

- 긴장할 필요 없어요.
  No need to be nervous.

- 긴장하지 말아요.
  Don't be nervous.

- 처음엔 다들 긴장하지만 나중에는 괜찮아져요.
  Everyone gets nervous at first, but it gets better later on.

- 자, 여러분, 긴장을 풀어 보세요.
  Come on, guys. Loosen up.

- 걱정할 필요 없어요.
  There's no need to worry.

- 할 수 있어요.
  You can do it.

- 선생님은 여러분이 잘할 수 있다고 확신해요.
  I'm sure that you will do it well.

- 한번 해봐요.
  Have a try.
  = Have a go.

- 어렵지 않아요.
  It's not difficult.

- 자신을 믿어봐요.
  Believe in yourself.
  = Trust yourself.

- 그냥 평소 하던 대로만 해요.
  Just be yourself.

- 어려우면 선생님이 도와줄게요.
  I'll help you if you get stuck.

- 자신감을 키워요.
  Build your confidence.

- 지금까지 잘해 왔잖아요.
  You've been doing so great so far.

- 실수하는 것을 두려워 마세요.
  Don't be afraid of making mistakes.

- 실수라도 하는 게 아무것도 안 하는 것보다 훨씬 나아요.
  Making mistakes is much better than doing nothing.

- 실수해도 괜찮아요.
  It's fine to make mistakes.

- 누구나 다 실수를 해요.
  We all make mistakes.

- 그저 최선을 다하세요.
  Just do your best.

위로하기

- 기운 내요! 다음에는 더 잘할 거예요. — Cheer up! You will do better next time.
- 실망하지 말아요. 다음 기회가 있잖아요. — Don't be disappointed. There's another chance.
- 다음엔 더 나을 거예요. — Better luck next time.
- 최선을 다한 것 알아요. — I know you did your best.
- 최선을 다했다는 것만으로 충분해요. — Doing your best is good enough.
- 걱정하지 말아요. 연습하면 나아질 거예요. — Don't worry. You'll get better with practice.
- 오늘만 날이 아니에요. — Today is not the only day.
- 갈수록 좋아지고 있어요. — You're getting better.
- 점점 나아지고 있으니까, 낙담할 필요 없어요. — There's no need to get upset because you are improving.
- 모든 것을 잘할 순 없잖아요. — You can't do everything well.
- 모두 다 시험을 못 봤어요. 본인만 못 본 게 아니에요. — Everyone did poorly on the test. You're not the only one.

고민 들어주기

- 무슨 일 있어요? — What's the matter? = What's wrong with you?
- 왜 그렇게 표정이 안 좋아요? — Why do you have such a long face?
- 선생님이 어떻게 도와줄까요? — How can I help you?
- 선생님이 도와줄 일 있나요? — Do you need my help? = Is there anything I can do for you?
- 선생님이 도울 수 있는 일이 있으면 어려워하지 말고 부탁하세요. — If there is anything I can do for you, feel free to ask me.
- 고민을 털어놓으세요. — Get it out.
- 선생님에게는 무엇이든 얘기해도 돼요. — You can tell me anything. = You can pour your heart to me.
- 무슨 고민인지 선생님에게 이야기해 보세요. — Tell me what your troubles are.

- 나중에라도 말하고 싶어질 때 얘기하세요. You can talk to me later if you feel like it.
- 힘든 시간인 것 알아요. I know you're having a hard time.
- 곧 나아질 거예요. It'll get better soon.
- 시간이 모든 걸 해결해 줄 거예요. Time will take care of everything.
- 반 친구들과 문제가 있는 것 같은데요. You seem to be having a problem with your classmates.
- 다른 친구들이 따돌리는 느낌이 든다는 거죠? You feel like you are being ignored by your classmates, right?
- 선생님이 보기엔 그건 오해인 것 같아요. I think that's your misunderstanding.
- 선생님이 그 친구와 이야기를 나눠 볼까요? Do you want me to have a word with that boy?
- 그 친구들에게 먼저 말을 걸어 보는 건 어때요? Why don't you talk to them first?

Useful Tip 기운을 주는 긍정의 말

간혹 칭찬에 인색한 선생님들이 있는데요. 당연해 보여도 학생이 규칙을 잘 지키거나 수업 중 대답을 잘 한다면 밝은 표정과 큰 목소리로 칭찬을 해주는 게 좋아요. 칭찬은 긍정적인 행동을 습관화시키는 가장 좋은 보상이거든요. 수업 중 혹은 평소에 학생들에게 할 수 있는 긍정의 말을 알려드릴게요. 출석부에 적어두고 학생들의 기운을 북돋아주세요.

- You're special. 넌 특별해.
- I'm proud of you. 네가 자랑스러워.
- You're incredible. 넌 믿기지 않을 정도로 대단해.
- You're fantastic. 환상적이야.
- You're a winner. 네가 승자야.
- No one can beat you. 아무도 너를 이길 수 없어.
- You're so precious. 넌 정말 소중해.
- You make me happy. 넌 선생님을 행복하게 해주는구나.
- You make me laugh. 네 덕분에 웃는다.
- You brighten my day. 네 덕분에 오늘 하루가 빛나는구나.
- You have an exceptional talent in writing. 글 쓰는 데 특출난 재능이 있구나.

Chapter 3 격려하기

Unit 2 참여 격려하기

영어수업은 모국어로 진행하는 수업이 아니기 때문에 아이들의 수업 참여가 더더욱 저조할 수밖에 없습니다. 자신감이 부족하고 학업 성취가 낮은 학생들에게는 비교적 쉬운 표현을 미리 반복해서 알려주세요. 그런 후, 수업 중 미리 익힌 표현을 대답으로 유도하면 아이들은 성취감을 얻을 수 있고, 이후 수업에도 적극적으로 참여한답니다. 대답을 못할 경우에는 친구들에게 Can you help me?라는 질문을 해서 자연스럽게 도움을 요청하는 방법을 알려주세요. 교사 중심의 수업이 아닌 학생들의 자발적인 참여로 이루어지는 즐겁고 활기찬 수업을 만들어 보세요.

Classroom Situation

- T: Let's fill in the blank. Who wants to try? No one? OK, then, can you answer it, Ji-ho?
- S: I'm sorry. I can't do it.

상황1
- T: Just try it. I'll help you if you get stuck.
- S: Sorry. It's too difficult for me.
- T: Okay then, maybe next time.

상황2
- T: I can give you a clue. It starts with *b*.
- S: Uhm. *Bird*?
- T: Exactly right! I knew you could do it!

- T: 빈칸에 단어를 채워 봅시다. 누가 해볼까요? 아무도 없어요? 좋아요. 그러면 지호가 대답해 볼래요?
- S: 죄송해요. 못하겠어요.

[상황1]
- T: 그냥 한번 해봐요. 어려우면 선생님이 도와줄게요.
- S: 죄송해요. 너무 어려워요.
- T: 좋아요. 그럼, 다음에 하도록 하죠.

[상황2]
- T: 선생님이 힌트를 줄게요. b로 시작하는 단어예요.
- S: 음. Bird인가요?
- T: 정답이에요! 선생님은 지호가 잘할 줄 알았어요.

발표 격려하기

- 발표하고 싶은 사람 있나요?   Would anyone like to try?
  = Who wants to try?

- 누가 정답을 말해 볼까요?   Who wants to answer?
  = Who can tell me the answer?

- 한번 해봐요.   Go for it.

- 이 질문에 용감하게 대답할 수 있는 사람?   Who is brave enough to answer these questions?

- 어느 팀이 먼저 해볼까요?   Which team wants to go first?

- 자원할 사람 있나요?   Any volunteers?
  = Are there any volunteers?

- 네 명의 자원자가 필요해요.   We need four volunteers.

- 자원할 사람은 손을 들어주세요.   Raise your hand if you want to volunteer.

- 이제 자원자가 세 명이 됐네요. 한 명만 더 나오세요.   We have three volunteers, one more volunteer, please.

- 좀 더 얘기해 줄래요?   Can you tell me more?

- 여기에 좀 더 덧붙여서 말해 볼 사람 있나요?   Is there anyone who can add anything to that?

- 착한 어린이 쿠폰이 여러분을 기다리고 있어요.   There's a good kid coupon waiting for you.

참여시키기

- 모두가 다 참여해야 해요.   Everyone should participate.

- 차례차례 모두가 다 해볼 거예요.   Everyone will have a turn.

- 자, 아직 한 번도 대답 안 한 친구?   Let's see, who hasn't answered any questions yet?

- 자원자가 없으니까 선생님이 한 사람 고를게요.   Since there's no volunteer, I'll pick a person.

- 지호, 무엇이든 좋으니 한번 말해 보세요.   Ji-ho, would you like to say anything?

- 세호는 그것에 대해 어떻게 생각해요?   What do you think about it, Se-ho?

- 지민이가 한번 해볼래요?   Ji-min, would you like to give it a try?

- 이제 다음 사람을 지목하면 돼요. Now you can pick the next person.
- 번호나 이름을 부르세요. You can call out the number or name.
- 남학생은 여학생을, 여학생은 남학생을 지목하세요. Boys will pick girls, and girls will pick boys.
- 오늘이 7일이니까, 7번! Today is the 7th, so number 7!
- 7번이 없군요. 그럼, 17번! There's no number 7. Then number 17!
- 다음 사람! Next!
- 제비뽑기로 정합시다. Let's draw cards.

Chapter 4 이해 점검 및 확인 요청

Unit 1 이해 점검

수업 진도를 맞추는 것도 중요하지만 시간이 걸리더라도 학생들이 수업 내용을 정확하게 이해하고 있는지 반드시 중간마다 이해 점검의 시간을 가져야 해요. 다 같이 대답을 할 때에는 모두 이해하는 것 같지만 실제로는 모르는 부분이 있어도 그냥 넘어가는 학생들이 많습니다. 따라서 이해되지 않는 부분은 그때그때 질문할 수 있도록 열린 수업 분위기를 만들어주세요.

Classroom Situation

- **T** Today, we learned about global warming. Are we all clear on what we covered today?
- **Ss** Yes.
- **T** Do you understand everything so far? Raise your hands if you don't understand. Ga-hee, do you get it so far?
- **S1** Okay so far.
- **T** Great. If you have any questions, please ask me.
- **S2** Mr. Park, I have a question.
- **T** Okay. I would be happy to answer any questions you have.
- **S2** I think it's not clear to me. Do you mind explaining that gain?

- **T** 오늘 우리는 지구 온난화에 대해 배웠어요. 모두 오늘 배운 것 이해했나요?
- **Ss** 네.
- **T** 지금까지 한 것 다 이해한 거예요? 만약 이해가 안 되면 손을 드세요. 가희는 지금까지 다 이해했어요?
- **S1** 지금까지는 이해했어요.
- **T** 좋아요. 만약 질문이 있으면 물어보세요.
- **S2** 선생님, 질문 있어요.
- **T** 네. 무슨 질문이든 흔쾌히 대답해 줄게요.
- **S2** 전 확실히 이해가 안 가는데, 한 번만 더 설명해 주세요.

이해 여부 확인하기

- 이해했어요?
Do you understand?
= Have you got it?
= Got it?

- 지금까지 이해되나요?
Do you get it so far?

- 이젠 이해되나요?
Do you think you've got it now?

- 지금까지 한 것 전부 이해되나요?
Do you understand everything so far?

- 선생님이 하는 말 이해되나요?
Do you understand what I'm saying?
= Are you with me?

- 지금까지 잘 따라오고 있어요?
Are you following me so far?
= Is everything clear so far?

- 그건 알아들었어요?
Did you catch that?

- 무슨 뜻인지 알겠어요?
Do you see what it means?
= Do you see what I mean?

- 요점을 파악했나요?
Do you get the point?

- 이제 모든 걸 확실하게 알겠나요?
Is everything clear now?
= Are you clear now?

- 지시 사항들을 확실히 알겠나요?
Are these instructions clear enough?

- 오늘 배운 내용에 대해 모두 명확하게 이해했나요?
Are we all clear on what we covered today?

- 다들 뭘 해야 하는지 알고 있나요?
Does everyone know what to do?

- 어떻게 하는 건지 이해하겠어요?
Do you understand how to do it?

- 어떻게 하는 건지 알겠어요?
Do you know how to do it?

모르는 부분 확인하기

- 질문 있나요?

  Any questions?
  = Do you have a question?

- 여기에 대해 질문 있는 사람?

  Who has a question about this?

- 무엇이든 질문이 있는 사람 있나요?

  Has anyone got anything to ask?

- 선생님이 도와줄까요?

  Do you need help?

- 도움이 필요한 사람?

  Who needs help?

- 이해가 안 되는 것 있나요?

  Is there anything you don't understand?

- 설명이 더 필요한가요?

  Do you need more explanation?

- 선생님이 다시 한 번 설명해 줄까요?

  Do you want me to explain it again?

- 설명이 더 필요한 사람?

  Who needs more explanation?

- 어떤 부분이 이해가 안 되나요?

  Which part don't you understand?

- 어떤 부분이 명확하지 않나요?

  Which part is not clear?

- 이해가 안 되는 사람은 손을 드세요.

  Raise your hands if you don't understand.

- 도움이 필요하면 손을 들고 I need some help.라고 얘기하세요.

  If you need some help, raise your hands and say, "I need some help."

- 질문이 있으면 망설이지 말고 물어보세요.

  If you have any questions, please ask me.

- 뭐든 필요한 게 있으면 주저하지 말고 도와달라고 하세요.

  If there's anything you need, don't hesitate to ask for help.

- 문제를 푸는 데 어려움이 있는 것 같네요.

  You seemed to struggle with answering those questions.

- 도움을 요청하는 걸 부끄러워하지 마세요.

  There's no need to be shy when asking for help.

- 무슨 질문이든 흔쾌히 대답해 줄게요.

  I would be happy to answer any questions you have.

For Students

학생들이 수업 중 이해 점검을 위해 쓸 수 있는 표현

- Pardon? / Excuse me? 다시 말씀해 주실래요?
- Could you say that again? / Do you mind repeating that again? 한 번 더 말씀해 주실래요?
- Please go over it again. 한 번만 더 해주세요.
- Please explain that one more time. / Can you explain it one more time? 한 번 더 설명해 주실래요?
- Explain it to me step by step. 차근차근 설명해 주세요.
- Can I ask you something? 뭐 좀 여쭤봐도 될까요?
- Please give me some examples. 예를 좀 들어주세요.
- Can you speak slowly? / Can you slow down, please? 조금만 천천히 얘기해 주실래요?
- Is this correct? 이게 맞아요?
- Am I doing it right? 제가 제대로 하고 있는 건가요?
- Can you help me, please? / I think I need some help. 좀 도와주실래요?
- What's that in Korean? 그거 한국말로는 뭐예요?
- Can you tell me in Korean? 우리말로 말씀해 주시겠어요?
- I don't understand what you mean. 무슨 의미인지 이해를 못 하겠어요.
- I'm not following you. / I can't follow you. / I don't get it. 전 이해가 안 돼요.
- I don't know. / I have no idea. / I don't have a clue. 모르겠어요.
- It's not clear to me. 이해가 확실히 안 돼요.
- I don't know what we're doing. 저희가 뭘 하고 있는지 잘 모르겠어요.
- I don't know how to do it. 어떻게 하는지 모르겠어요.
- It's too difficult. 너무 어려워요.
- It's so confusing. 너무 헷갈려요.
- There's something that I don't understand. 이해가 안 되는 게 있어요.
- I got the idea. / I got it. / I'm with you. 이해했어요.
- OK so far. 지금까지는 괜찮아요.

Chapter 4 이해점검 및 확인 요청

Unit 2 확인 요청

학생이 주어진 질문에 대해 대답하거나 자신의 생각을 표현할 때 잘못된 영어 표현을 써서 의미가 명확하지 않은 경우가 종종 있습니다. 이런 경우, 간단한 확인 요청 표현을 반복적으로 사용해서 학생들이 표현하고자 하는 의미를 분명히 파악하세요. 그런 후에 잘못된 표현이나 단답형의 응답들을 수정하여 다시 말할 수 있도록 지도해 주세요. 수업시간에 학생의 이해도와 표현을 확인하는 작업은 학생들의 현재 학습 수준을 확인하고 개선해 주는 데 꼭 필요한 과정입니다.

Classroom Situation

T Before we start today's lesson, let's review the last class, first. Can anyone tell me what we learned in the previous lesson?
S Eyes.
T Really? Did we only just learn about our eyes?
S Umm..., nose? Lips?
T Yes, but how about saying those things in a single word?
S Oh! Body!
T That's right. Could you tell me that in a sentence?
S Yes. We learned about our body.

T 수업을 시작하기 전에 지난 수업을 먼저 복습해 봅시다. 지난 시간에 배운 내용을 말해 볼 수 있는 사람?
S 눈이요.
T 정말요? 우리가 눈에 대해서만 배웠나요?
S 음… 코? 입술?
T 그래요. 이제 그런 것들을 한 단어로 말해 볼까요?
S 아! 몸이요!
T 맞았어요. 그럼 문장으로 말해 볼래요?
S 네. 우리는 몸에 대해 배웠습니다.

명확하게 말하도록 지도하기

- 뭐라고 말했죠? — What did you say?
- 다시 말해 줄래요? — Can you say that again?
  = Say it again, please.
  = Can you repeat that one more time?
  = Do you mind repeating that again?
- 미안한데, 선생님이 마지막 부분을 놓쳤어요. — Sorry, I missed the last part.
- 그게 무슨 뜻이에요? — What does that mean?
- 첫 부분만 다시 말해 줄래요? — Could you repeat the first part?
- 마지막 부분을 다시 말해 줄 수 있나요? — Do you mind repeating the last part?
- 좀 더 또박또박 말해 주세요. — Please speak clearly.
- 한 단어로 말해 볼래요? — Could you say those things in a single word?
- 문장으로 말해 볼래요? — Could you tell me that in a sentence?
- 원래 의미하는 바가 뭐였죠? — What do you really mean?
- 왜 그렇게 생각해요? — Why do you think that?
- 말하려는 게 뭐죠? — What are you implying?
- 조금 더 구체적으로 말해 볼래요? — Can you be more specific?
- 조금만 더 자세히 말해 줄래요? — Can you give me more details?
  = Can you be a bit more precise?
- 예를 조금 들어줄 수 있나요? — Can you give me some examples?
- 선생님이 그걸 도와줬으면 좋겠다는 거예요? — Do you want me to help you with it?
- 중간고사가 언제인지 묻고 싶은 거죠? — You want to ask when the midterm will be?

다시 설명하도록 지도하기

- 이것을 설명할 수 있나요?   Can you explain this?
- 좀 더 자세히 설명해 볼래요?   Could you explain it in detail?
- 그게 무슨 의미인지 말해 보세요.   Tell me what it means, please.
- 마지막으로 한 번 더 설명해 볼래요?   Would you like to explain one last time?
- 선생님이 설명한 걸 다시 말해 주세요.   Please tell me what I just said.
- 선생님이 이야기한 걸 요약해 보세요.   Please summarize what I said.
- 다음에 해야 할 게 뭐죠?   What should you do next?
- 다른 말로 바꿔서 말해 보세요.   Please try to paraphrase it.
- 좀 더 쉬운 단어로 설명해 보겠어요?   Can you explain it with easier words?
- 예를 더 들어서 다시 설명할 수 있나요?   Can you explain it again with more examples?
- 이 이야기를 친구들에게 다시 해볼래요?   Would you like to retell the story to your friends?
- 지시 사항이 무엇이었나요?   What were the instructions?
- 꼭 지켜야 하는 지시 사항은 무엇이었죠?   What were some directions that you should follow?
- 지금 우리가 무엇을 할 건지 설명해 보세요.   Please explain what we are going to do now.
- 지금 짝에게 해야할 것을 설명해 주세요.   Please explain what you have to do now.

Useful Tip — Confirmation Checks 예시

영어수업 시간에 학생들과의 원활한 의사소통은 아이들의 영어 성취에 큰 영향을 줍니다. 간단한 확인 질문을 통해서 아이들이 말하고자 하는 바를 정확하게 파악하고 올바른 피드백을 주세요.

1 「**Do you mean ~?**」 그러니까 ~라는 건가요?

 - Ⓢ Never almost. 절대 거의 아니다.
 - Ⓣ Do you mean it never happens? 그러니까, 그건 절대 일어날 리가 없다는 건가요?
 - Ⓢ Right. Never. 네. 절대요.

2 「**Are you saying that ~?**」 ~라는 얘기인가요?

 - Ⓢ Mr. Jung, fast. 선생님, 빨라요.
 - Ⓣ Are you saying that I'm too fast? 선생님이 너무 빠르다는 얘기인가요?
 - Ⓢ Yes. 네.
 - Ⓣ Do you want me to slow down? 선생님이 속도를 늦춰주기를 원한다는 거예요?
 - Ⓢ Yes, please. 네, 부탁드려요.

3 「**So you are saying ~?**」 그러니까, 말하고자 하는 바가 ~인가요?

 - Ⓣ Where is Ji-ho? 지호는 어디에 있나요?
 - Ⓢ Sick and home. 아파 그리고 집에.
 - Ⓣ So you are saying he went home because he was sick.
   그러니까, 지호가 아파서 집에 갔다는 건가요?
 - Ⓢ Yes. 네.

4 「**~, is that right?**」 ~라는 것 맞나요?

 - Ⓢ I come Jeju. 저는 제주 왔어요.
 - Ⓣ You are from Jeju, is that right? 제주 출신이라는 거군요, 맞나요?
 - Ⓢ Yes. I am from Jeju. 네. 저는 제주 출신이에요.

Chapter 4 이해 점검 및 확인 요청

Chapter 5 원활한 의사소통

Unit 1 질의응답

영어수업에서 원활한 의사소통을 이끌어내기 위해서는 교사와 학생 간의 상호 작용이 필수적 입니다. 먼저 학생들 수준에 맞는 적절한 질문과 대답할 수 있는 충분한 여유 시간을 주고 학생들의 자발적인 참여를 이끌어 주세요. 실제 교실에서는 학생들에게 생각할 여유도 주지 않고 답을 요구한다거나 충분히 기다려주지 않고 다른 학생에게 질문을 하는 경우가 많습니다. 인내심을 가지고 학생들에게 대답할 시간과 여유를 충분히 주세요.

Classroom Situation

- **T**: How was that? Did you enjoy the video clip?
- **S1**: Yes, it was very interesting and shocking.
- **T**: Good. I gave you a question about it at the beginning of the class. Did you find the answer?
- **Ss**: Yes.
- **T**: Great. Su-ji, tell me your idea.
- **S2**: I think we can save the earth by saving electricity.
- **T**: Nice. Is there anyone who can tell me other idea? No one? Okay. Then, before answering the question, let's talk about how you feel about the pollution problem. Min-hee, how do you feel about it?
- **S3**: I didn't know that it was that bad before watching the video clip.

- **T**: 어땠나요? 동영상 잘 봤나요?
- **S1**: 네, 아주 흥미롭고 놀라웠어요.
- **T**: 좋아요. 선생님이 수업 시작할 때 여러분에게 먼저 질문을 하나 했었죠? 답을 찾았나요?
- **Ss**: 네.
- **T**: 좋아요. 수지의 생각을 말해 줄래요?
- **S2**: 전기를 절약함으로써 지구를 구할 수 있다고 생각합니다.
- **T**: 멋져요. 다른 해결 방법을 이야기할 사람 없나요? 없어요? 좋아요. 그럼, 질문에 답하기 전에 오염 문제에 대해 여러분이 느꼈던 감정을 이야기해 봅시다. 민희는 어떻게 느꼈나요?
- **S3**: 동영상을 보기 전에는 그렇게까지 심각하다는 걸 몰랐어요.

질문하기

- 선생님이 질문 하나 해볼게요.
  Let me ask you a question.
  = I have a question.
  = I'll ask you a question.

- 선생님이 몇 가지 질문을 할게요.
  I want to ask you some questions.

- 선생님이 알고 싶은 게 있어요.
  There's something I'd like to know.

- 이 단원에 대한 질문을 몇 개 할 거예요.
  I'll ask you some questions about this chapter.

- 무엇에 관한 이야기였나요?
  What was the story about?

- 마지막 질문입니다.
  This is the last question.

- 답을 알면 손을 들어주세요.
  If you know the answer, please raise your hands.

- 자, 대답해 보세요.
  Answer me, please.
  = Answer the question.
  = Please answer my question.

- 수지가 대답해 볼래요?
  Su-ji, will you answer me?

- 대답할 수 있겠어요?
  Can you answer it?
  = Could you answer the question?

- 답은 뭐가 될 수 있을까요?
  What could the answer be?

- 세호가 이 질문에 대답해 보세요.
  Se-ho, you answer the question.

- 답은 뭐죠?
  What's your answer?

- 모두 다 같이, 답은 뭘까요?
  Everyone, the answer is?

- 선생님이 셋을 세면 답을 말하세요.
  Tell me your answer on the count of three.

학생이 질문하도록 하기

- 질문 있는 사람?
  Who has a question?
  = Do you have anything to ask?
  = Any questions?
  = Are there any questions?

- 선생님에게 질문 있나요?
  Do you have any questions for me?

- 이 주제에 관해서 질문 있나요?
  Are there any questions on this topic?

- 뭐든 물어보세요. 설명해 줄게요.　　Ask me anything. I'll explain it to you.

- 이해가 안 되면 물어보세요.　　Ask me if there's anything you don't get.

- 어떤 질문이든 괜찮아요.　　Any question is fine.

- 부담 갖지 말고 무엇이든지 물어보세요.　　Feel free to ask anything.

- 짝에게 지난 주말에 무엇을 했는지 물어보세요.　　Ask your partner what he did last weekend.

- 이런 상황에서는 어떤 종류의 질문을 할 수 있을까요?　　What kind of questions can you ask in this situation?

- 남학생이 질문하고 여학생이 대답하세요. 그런 다음 역할을 바꿔서 하세요.　　Boys will ask and girls will answer. Then switch the roles.

의견 묻기

- 그것에 대해 어떻게 생각해요?　　What's your opinion on this?
  = What do you think about this?

- 여러분의 생각을 얘기해 보세요.　　Please tell me your ideas.

- 그 문제에 대해 어떻게 생각하나요?　　How do you feel about the problem?

- 그 이야기가 어떻다고 생각해요?　　How do you feel about the story?

- 이대로 만족하나요?　　Are you happy with it?
  = Are you satisfied with it?

- 다른 건요?　　Anything else?

- 다른 의견 덧붙일 것 있나요?　　Do you have anything to add?

- 여러분 모두 동의하나요?　　Are we all OK with it?
  = Is that OK with everybody?

- 이에 대해 다른 생각이 있는 친구 있나요?　　Anyone else with a different take on this?
  = Does anyone have a different idea?

Chapter 5 원활한 의사소통

Unit 2 요청 및 지시하기

수업을 하다 보면 교사가 학생에게 또는 학생이 교사에게 도움을 요청하고 허락을 구해야 하는 상황이 빈번하게 생깁니다. 학생들에게 이러한 경우 정중하게 도움을 요청하고 허락을 구하는 방법을 알려주세요. 이후 역할극을 통해 요청과 허락을 구하는 연습을 직접 해보면 보다 쉽고 자연스럽게 표현을 익힐 수 있습니다.

Classroom Situation

- S1: Oh!
- S2: Oh, dear!
- T: What's the matter?
- S1: Mr. Lee, Ga-hee's nose is bleeding.
- T: Does anyone have a tissue?

- Ss: We don't have any.
- T: I see. Se-ho, can you walk with her to the nurse's office?
- S2: Sure.

- S3: I have one.
- T: Can you pass the tissue, please?
- S3: Of course. Here you are.

- S1: 헉!
- S2: 어머나!
- T: 무슨 일이에요?
- S1: 선생님, 가희 코에서 코피가 나요.
- T: 휴지 있는 사람?

상황1
- Ss: 없는데요.
- T: 알겠어요. 세호가 가희를 보건실에 데려다줄래요?
- S2: 네.

상황2
- S3: 저 있어요.
- T: 휴지 좀 전달해 줄래요?
- S3: 네. 여기요.

도움 요청하기

- 선생님을 좀 도와주세요.
  Help me, please.
  = I need some help.
  = I need your help.
  = Can you help me, please?

- 선생님 부탁 좀 들어줄래요?
  Would you do me a favor?

- 쉬는 시간에 심부름 하나만 해줄래요?
  Can you run an errand for me during the break?

- 선생님을 위해서 해줬으면 하는 게 있어요.
  There's something I want you to do for me.

- 선생님 도와줄 수 있는 사람 있나요?
  Is there anyone who can help me?

- 누가 선생님을 도와주면 참 좋을 것 같은데.
  I would be very happy if someone would help me.

- 이 박스들 옮기는 걸 도와줄래요?
  Could you give me a hand with these boxes?

- 이 책들 좀 같이 들어줄래요?
  Would you lend me a hand with these books?

- 휴지 좀 전달해 줄 수 있어요?
  Can you pass the tissue, please?

- 이 테이블 옮기는 걸 도와줄래요? 이걸 교실 저쪽으로 옮겨야 해요.
  Could you lend me a hand with this table? I need to move it across the room.

도움 요청 지도하기

- 선생님 도움이 필요한 사람?
  Anyone need my help?
  = Who needs my help?
  = Does someone need my help?

- 어떻게 도와줄까요?
  How can I help you?

- 도움이 필요하면 언제든지 말하세요.
  Feel free to ask for help.

- 도움이 필요하면 부탁을 해야 해요.
  When you need some help, you have to ask for it.

- 문제가 생기면 도움을 요청하세요.
  When you are in trouble, ask for some help.

- 도움이 필요할 때는 어떻게 말하죠?
  What do you say when you need help?

- Help me, please.라고 말하면 돼요.
  You can say, "Help me, please."

• 도움을 요청할 때는 공손하게 말해야 합니다.	You must speak politely when you ask for some help.
• 도움을 요청할 때는 would나 could를 사용할 수 있어요.	You can use *would* or *could* when asking for help.
• 뭔가를 요청할 때에는 please를 붙이도록 하세요.	Use *please* when you ask for something.
• please는 요청할 때 사용할 수 있는 참 좋은 말이에요.	*Please* is a good word to say when you ask for.
• please라고 말하는 것은 도움을 요청할 때 여러분이 상대방을 존중한다는 걸 보여주세요.	Saying "please" shows your respect for the person you are asking.
• 자, 곤경에 처해 있다고 한번 상상해 보세요. 그리고 친구에게 도움을 요청해 보세요.	Let's imagine you're in trouble. And ask your friends for help.

Useful Tip — 공손한 표현 설명하기

학생들에게 부탁하는 법을 알려줄 때는 약간의 연기와 함께 공손한 표현 방법의 중요성을 알려주세요. 이 때 일반적으로 표현의 길이가 길수록 그리고 더 간접적으로 돌려 말할수록 정중하고 형식적인 의미가 된다는 것도 함께 설명해 주세요.

- Give me an eraser. 지우개 좀 줘.
- Can I borrow an eraser? 지우개 좀 빌려줄래?
- Could I borrow an eraser? 지우개 좀 빌릴 수 있을까?
- Could I borrow an eraser, please? 내가 지우개 좀 빌릴 수 있겠니?

이러한 방식으로 예문들을 배치해서 보여주면, 학생들은 문장이 길어질수록 더욱 간접적이고 공손한 표현이 된다는 것을 쉽게 배울 수 있습니다.

For Students

학생들이 도움이나 허락을 구할 때 쓸 수 있는 표현

- Help me, please. 도와주세요.
- I need some help. 도움이 좀 필요해요.
- Would you help me, please? / Can you help me, please? 도와주실래요?
- Can I have a pen? 펜 하나만 주시겠어요?
- Do you have an extra book that I can borrow? 남는 책이 있으면 제가 빌릴 수 있을까요?
- Can I have an extra handout? 여분의 유인물을 주시겠어요?
- Please lend me a dictionary. 사전 좀 빌려주세요.
- May I sharpen my pencil? 연필 좀 깎아도 될까요?
- Could you please lend me an eraser? 지우개 좀 빌려주시겠어요?
- May I move to the front? 앞쪽으로 자리 옮겨도 될까요?
- Can I move the desk? 책상을 옮겨도 될까요?
- May I change my seat? 자리를 바꿔도 될까요?
- Would it be OK if I change my partner? 짝을 바꿔도 될까요?
- Is it OK if I work with the student sitting behind me? 뒤에 앉아 있는 친구와 함께해도 될까요?
- Can we work in a team? 팀을 만들어서 해도 될까요?
- Can I come in? 들어가도 될까요?
- May I go to the restroom? 화장실에 가도 돼요?
- May I visit the nurse's office? / Can I go to the nurse's office? 양호실에 다녀와도 돼요?
- Can I be excused for a minute? / Can I go out for a second? 잠깐 나갔다 와도 돼요?
- Can I go now? 이제 가도 되나요?
- Can we eat snacks during the break? 쉬는 시간에 간식 먹어도 되나요?
- Can I use the dictionary in my cell phone? 휴대전화에 있는 사전을 사용해도 될까요?
- Can I call my mother? 엄마에게 전화를 해도 될까요?
- Can I get my cell phone back now? 이제 제 휴대전화를 돌려받을 수 있나요?
- Can I turn on the heater? 히터를 틀어도 될까요?
- Is it OK to turn off the air conditioner? 에어컨을 꺼도 될까요?

요청 수락 및 거절하기

- 물론이죠. Sure.
  = Of course.

- 좋아요. Fine.
  = That's fine.

- 그렇게 하세요. Go ahead.

- 원하는 대로 하세요. As you wish.

- 좋아요, 원한다면야. OK, if you want.

- 문제 없어요. No problem.
  = It's totally OK.

- 허락할게요. I'll accept it.
  = It's acceptable.

- 이번에는 그냥 넘어가도록 하죠. I'll let you go this time.

- 이번 한번만이에요. 다시는 안 돼요. It's OK, but just this once. Not again.

- 안 돼요. I have to say no.
  = My answer is no.

- 미안하지만 안 되겠네요. Sorry, I can't.

- 이번에는 선생님이 안 도와줄 거예요. I won't help you this time.

- 그건 도와줄 수 없네요. I can't help you about that.

- 이번 부탁은 들어줄 수 없겠네요. I have to turn down this asking.

- 미안하지만 그건 허락할 수 없겠네요. I'm sorry, but it's not acceptable.

- 선생님이 그걸 해줘야 할 이유는 없어요. There's no reason for me to do it for you.

- 미안하지만 선생님이 해줄 수 있는 건 없네요. I'm sorry to say this, but there's nothing I can do.

- 미안한데 선생님이 지금은 바빠요. Sorry, I'm busy now.

강한 요청 및 지시하기

- 선생님이 말하는 대로 하세요. Do as I say.
  = Do as I tell you.

- 선생님이 하는 대로 하세요. Do what I'm doing.

- 선생님 지시를 따르세요. Follow my instructions.
  = Follow my directions.

- 선생님을 따라하세요. Repeat after me.

- 이것을 연습하세요. Practice this.

- 이것 좀 하세요. Please do this.

- 이건 꼭 해야 해요. You have to do this.

- 그건 의무예요. It's your duty.

- 이건 선택 사항이 아니에요. 반드시 해야 해요. It's not an option. You must do it.

- 이건 명령입니다. This is an order.

- 지금 바로 시작하세요. Start it right away.

- 공책에 이걸 적으세요. Write this down in your notebook.

- 이제 쓰는 걸 멈추고 연필을 놓으세요. Stop writing and put your pencils down.

- 정답을 알면 손을 드세요. Raise your hand if you have an answer.

- 시험 중에는 말하지 마세요. No talking during the test.

- 자기 순서가 아니면 말하지 마세요. Don't speak out of turn.

- 지금 당장 끝내세요! Get it done now!

- 지금 당장 책을 덮으세요. Close your books right now.

- 즉시 자기 자리로 돌아오세요. Come back to your seats right away.

Useful Activity 　지시문 게임

1. 학생들에게 빙고 게임판을 나눠주세요.
2. 나눠준 게임판에 몸으로 할 수 있는 동작 지시문을 써넣도록 안내해 주세요.
3. 각자 개인 판을 완성한 다음 게임을 진행할 수 있도록 짝을 지어주세요.
4. 가위바위보를 한 후 이긴 사람의 게임판을 사용합니다.
5. 주사위를 굴려서 나온 칸에 쓰여 있는 동작 지시를 따라하도록 합니다.
6. 주사위를 굴리면서 결승점에 먼저 도착한 사람이 이기게 됩니다.

Expressions

- 이게 뭘까요? 맞아요, 이것은 빈 게임판이에요. What is this? Right, it is a blank game board.
- 이제 각 그룹에게 빈 게임판을 나눠줄 거예요. I'm going to give each pair a blank game board.
- 각 네모 칸 안에 명령문을 써 넣으세요. Write a command in each square.
- 어떤 명령문이든지 쓸 수 있어요. 예를 들어 "세 번 일어나." 혹은 "손을 머리 위로 올려."처럼요.
  You can write any command, such as "Stand up three times." or "Put your hands on your head."
- 네모 칸 안에 문장을 확실히 다 채워 넣었나요? 다 끝났나요?
  Make sure you fill in each square with your command. Are you finished?
- 이제, 짝과 얼굴을 마주보세요. 가위바위보를 하세요. 그리고 이긴 사람의 게임판을 사용하세요.
  Now, turn to face your partner. Do rock, scissors, paper. Use the winner's game board.
- 주사위를 던진 결과에 따라 각 칸에 쓰여진 명령을 따라하세요.
  As the fall of the dice, you have to follow the command written on each squares.
- 만약 동작 지시를 따라하지 못한 경우에는 다음 칸으로 이동할 수 없어요.
  If you can't move your body as the command, you can't move up to the next space.
- 이 주사위들을 가지고 게임을 하세요. Take these dice and play the game.
- 결승점에 먼저 도착한 사람이 이기는 거예요. The person who first reaches the finish line is a winner.

Chapter 5 원활한 의사소통

Unit 3 감정 표현하기

학생들과 원활한 소통을 하기 위해서는 선생님 역시 학생에게 고마운 마음, 기쁜 마음 혹은 실망한 마음 등을 적절히 표현해야 합니다. 선생님이 감정과 의견을 적절하게 표현할 때, 학생들도 자연스럽게 자신의 감정을 교사에게 표현할 수 있거든요. 교실 안에서 감정 표현이 원활하게 이루어지면 아이들이 받는 스트레스는 줄어들고 선생님도 학생들의 상황을 더욱 잘 이해할 수 있답니다.

Classroom Situation

- T: Se-ho, that was the last warning. Red card for you.
- S: What?
- T: Everyone can leave except Se-ho.
- S: Why? It's not fair. I think you are picking on me. Why?

- T: How many times have I told you not to do it?
- S: Everyone else was doing it.
- T: That's enough. I'm starting to get angry now.

- T: Don't be upset and listen to me. I'm not picking on you. I gave you red card because you chose to break the rules more than three times.

- T 세호, 그게 마지막 경고였어요. 레드 카드입니다.
- S 네?
- T 세호만 빼고 모두 가도 좋습니다.
- S 왜요? 불공평해요. 선생님은 저한테만 뭐라고 하는 것 같아요. 왜 그러시는 거예요?

상황1
- T 하지 말라고 선생님이 몇 번이나 얘기했죠?
- S 다른 애들도 그랬는데요.
- T 그만. 선생님도 이제 화가 나네요.

상황2
- T 화내지 말고 잘 들으세요. 세호한테만 이러는 게 아니에요. 세호가 규칙을 세 번 이상 지키지 않아서 레드 카드를 준 거예요.

고맙거나 기분이 좋을 때

- 고마워요.
  Thanks.
  = I appreciate it.

- 정말 고마워요.
  Thanks a lot.
  = Thank you very much.
  = I deeply appreciate it.

- 도와줘서 고마워요.
  Thank you for your help.
  = I appreciate your help.

- 참 친절하네요!
  How sweet!

- 정말 친절하군요.
  Thanks for your kindness.
  = Thanks for your generosity.
  = That's very nice of you.

- 노력해 줘서 고마워요. 도움이 많이 되었어요.
  Thank you for trying. You were very helpful.

- 큰 도움이 되었어요.
  You've been a great help.

- 감동 받았어요.
  I'm touched.
  = I'm moved.

- 선생님에겐 정말 큰 의미예요.
  It means a lot to me.

- 열심히 해줘서 고마워요.
  Thanks for all of your hard work.

- 물어봐줘서 고마워요.
  Thank you for asking.

- 선물 줘서 다시 한번 고마워요.
  Thank you again for the gift.

- 기분이 아주 좋네요.
  I'm so glad.
  = I feel great.

- 여러분 덕분에 기분이 좋네요.
  I feel great thanks to you.

- 여러분이 자랑스럽고 덕분에 행복하네요.
  I'm proud of you and happy for you.

- 여러분이 선생님을 웃게 하네요.
  You make me smile.

- 질문에 답을 해준 여러분께 고맙다고 말하고 싶네요.
  I wanted to thank everyone for answering questions.

- 여러분같이 훌륭한 학생들을 가르칠 수 있어서 기뻐요.
  It's a pleasure to teach great students like you.

기분이 좋지 않을 때

- 선생님은 기분이 좋지 않아요. I'm not in a good mood.
  = I don't feel good.
- 선생님은 지금 화가 났어요. I'm upset.
- 선생님은 지금 정말 화가 났어요. I'm really angry now.
- 화가 나기 시작하는군요. I'm starting to get angry.
- 여러분의 행동이 맘에 들지 않아요. I'm not happy with your behavior.
- 여러분의 태도가 선생님을 슬프게 하네요. Your attitude makes me sad.
- 그게 선생님을 속상하게 하네요. It hurts my feelings.
- 선생님은 여러분에게 실망했어요. I'm disappointed in you.
- 그만하세요. 거슬리네요. Stop it. It's annoying.
- 이미 그걸로 충분해요. Enough already.
- 더 이상 못 참겠어요. I can't stand it any more.
- 이번엔 도가 지나쳤어요. You've crossed the line this time.

미안함을 느낄 때

- 그건 선생님이 미안해요. Sorry about that.
  = I'm really sorry about that.
- 선생님 실수예요. It's my mistake.
  = That's my fault.
- 미안해요, 선생님 잘못이에요. I'm sorry, my bad.
- 미안해요. 헷갈렸어요. I'm sorry. I got confused.
- 미안한데, 이름이 뭐였죠? Sorry, what was your name again?
- 미안해요. 일부러 그런 건 아니에요. Sorry, I didn't mean it.
- 기분 나빴다면 미안해요. I'm sorry if it offended you.
- 미안해요. 선생님이 오해했네요. Sorry, I misunderstood what you meant.

- 선생님이 완전히 오해한 것 같네요.   Maybe I misunderstood what you meant completely.
- 선생님도 마음이 너무 안 좋고 사과하고 싶네요. 미안해요.   I feel bad and I want to apologize. I'm sorry.
- 미안해요. 학생 발을 밟으려던 건 아니었어요.   Sorry, I didn't mean to step on your foot.

놀랐을 때

- 세상에나!   Oh my gosh!
  = What a surprise!
  = It's surprising.
- 선생님을 놀라게 하는군요.   You surprised me.
- 믿어지지 않는데요.   Unbelievable.
  = It's incredible.
- 상상 이상인데요.   It's far beyond my imagination.
- 선생님이 기대한 것 이상인데요.   It's much more than I have expected.
- 와, 어떻게 그렇게 했어요?   Wow, how did you do that?
- 무슨 일이죠? 다쳤나요?   What happened? Are you hurt?
- 어머, 저런! 괜찮아요?   Oh, poor thing! Are you OK?
- 이런, 어쩌다 다쳤어요?   Oh dear, how did you get hurt?

For students — 학생들이 감정을 표현할 때 쓸 수 있는 표현

- **Thanks.** 감사합니다.
- **Thank you very much. / I deeply appreciate it.** 정말 고맙습니다.
- **Thank you for your help.** 도와주셔서 감사합니다.
- **I don't know how to thank you.** 어떻게 감사드려야 할지 모르겠어요.
- **It's my pleasure.** 제가 좋아서 한 거예요.
- **You're welcome. / Don't mention it. / Not at all.** 천만에요.

Part 3
수업 활동 지도

Chapter 1　개별 활동 및 그룹 활동
Chapter 2　초급자를 위한 활동
Chapter 3　게임 활동
Chapter 4　예능 활동
Chapter 5　시험

Chapter 1 개별활동 및 그룹활동

Unit 1 개별 활동 및 짝 활동

혼자 힘으로 문제를 해결하는 개별 활동도 중요하지만 다른 사람과 함께 의견을 나누며 문제를 해결하는 짝 활동도 중요합니다. 간단한 패턴 연습이나 대화 연습 등을 짝 활동으로 제시하여 수업 중간마다 적절히 섞어 지도해 주세요. 짝 활동을 할 때는 항상 같은 짝과 하지 않도록 해주는 것도 중요합니다. 특히 학습 수준 차이가 너무 많이 나는 학생들이 항상 같이 활동하지 않도록 다양한 짝 고르기 방법을 활용해 신경 써주세요.

Classroom Situation

- **T** For the next task, you're going to work with a partner. I will pass out a paper to everyone. Does everyone have a paper?
- **Ss** Yes.
- **T** Show me your papers. Great. Each paper has one shape on it. Does everyone see the shape?
- **S** Yes. I have a circle.
- **T** Shh. Let me finish it.
- **S** Sorry.
- **T** Now, everyone stand up, walk around and find your partner. The person who has the same shape as you is your partner.

- **T** 다음 활동은 짝과 함께하는 활동이에요. 여러분 모두에게 종이를 나눠줄 거예요. 모두 종이를 받았나요?
- **Ss** 네.
- **T** 여러분이 받은 종이를 보여주세요. 좋아요. 각각의 종이에는 하나의 모양이 있어요. 모두 모양이 보이나요?
- **S** 네. 전 원 모양을 가졌어요.
- **T** 쉿. 선생님 설명을 끝까지 들어주세요.
- **S** 죄송해요.
- **T** 이제 모두 일어나서 자기 짝을 찾으세요. 자기와 같은 모양을 가진 사람이 바로 자기 짝이에요.

개별 활동

- 이건 개별 활동이에요. This is individual work.
- 혼자 하세요. Work by yourself.
  = Work alone.
- 이 활동은 혼자 해보세요. Do this task alone.
- 혼자 하도록 노력해 보세요. Try to do it on your own.
- 혼자서도 할 수 있다는 것 알아요. I know you can do it alone.
- 다른 친구들에게 물어보지 마세요. Don't ask other friends.
- 다른 친구와 상의하지 마세요. You can't talk about this with others.
- 짝의 정답을 베끼지 마세요. Don't copy your partner's answers.
- 다른 친구가 한 것을 보지 마세요. Don't look at your classmates' work.
- 친구들에게 묻지 말고 스스로 해보세요. Don't ask your friends and try to do it yourself.
- 자기가 한 것을 친구들에게 보여주지 마세요. Do not show yours to your friends.
- 친구들에게 답을 알려주면 안 됩니다. 혼자만 알고 있으세요. You should not share your answers. Keep it to yourself.

짝 활동

- 다음 활동은 짝과 함께 할 거예요. For the next task, you're going to work with a partner.
- 짝이랑 같이 하세요. Work in pairs.
  = Work with your partner.
- 혼자서 하지 말고 짝과 함께 활동하세요. I want you to work with your partner not alone.
- 이 연습 문제는 짝과 함께 하세요. I want you to do this exercise in pairs.
- 처음에는 혼자서 해보고 그 다음엔 짝과 함께 하세요. First, you'll work by yourself and then with a partner.
- 두 명씩 짝을 지으세요. Please get into pairs.
  = Please pair up.
- 앞 사람과 짝을 하세요. Pair up with your friend in front of you.

- 옆 사람과 하세요. Work with your friend sitting next to you.

- 짝을 찾아보세요. Find your partner.
  = Get your partner.

- 이 활동을 위해선 짝이 있어야 해요. You need a partner for this activity.

- 모두 짝이 있나요? Do you all have your partners?

- 짝 없는 사람? Who hasn't got a partner?

- 짝 없는 사람은 손을 드세요. If you don't have your partner, please raise your hand.

- 걱정 말아요. 선생님이 짝이 되어줄게요. Don't worry. I'll be your partner.

- 이 문장들을 짝과 함께 연습하세요. Let's practice these sentences with your partner.

- 한 명은 손님 역할을 하고 다른 사람은 점원 역할을 하세요. One student will be a customer and the other will be a clerk.

- 역할을 바꾸세요. Switch the roles, please.
  = Let's change the roles.

For students
학생들이 짝 활동 시 쓸 수 있는 표현

- Do we work in pairs? 짝 활동이에요?
- Who is my partner? 제 짝은 누구예요?
- Who do I work with? 저는 누구랑 해요?
- I don't know who my partner is. 제 짝이 누군지 모르겠어요.
- My partner is not here today. 제 짝은 오늘 결석했어요.
- Can I change my partner? 짝 바꿔도 되나요?
- I don't have a partner. 전 짝이 없어요.

Useful Activity — 연결 문장으로 짝 찾기 활동하기

1. 영어 문장이 적힌 종이를 절반으로 자릅니다.
2. 학생들에게 절반으로 잘라진 문장을 랜덤으로 나눠줍니다.
3. 학생들은 돌아다니면서 친구들과 문장을 비교해 보고 자신의 문장과 합쳐졌을 때 완전한 문장이 되는 친구를 찾습니다.
4. 짝을 찾은 학생들은 손을 들고 선생님에게 완성된 문장을 읽습니다.
5. 가장 먼저 짝을 찾은 순서대로 원하는 자리에 앉습니다.

Expressions

- 여러분 모두 일어나세요. Everyone, please stand up.
- 여러분 각자에게 종잇조각을 줄 거예요. I will give each of you a piece of paper.
- 그 종이는 문장을 절반으로 나눈 거예요. That paper is one half of a sentence.
- 교실을 돌아다니면서 문장의 나머지 반을 찾으세요.
  You must walk around the room and try to find the other half of the sentence.
- 짝을 찾았으면 자리에 앉으세요. When you find your partner, please have a seat.
- 좋아요. 모두 끝났나요? OK, is everyone finished?
- 짝이 없으면 손을 드세요. Raise your hand if you don't have a partner.
- 좋아요. 문장을 다시 확인해 보세요. Good, let's check the sentences.
- 가희와 세호, 두 사람 문장은 뭐죠? 더 크게 말해 줄래요?
  Ga-hee and Se-ho, what is your sentence? Can you speak up?
- 잘했어요. 두 사람은 어디 앉을지 골라 보세요. Great. You two can choose where to sit.

Chapter 1 개별활동 및 그룹활동

Unit 2 그룹 활동

그룹 활동을 할 때는 상황에 따라 수준이 다른 학생들이 적절히 섞이도록 하는 이질 그룹 활동과 같은 수준의 학생별로 모아서 하는 동질 그룹 활동을 구분하여 시행하는 것이 중요합니다. 학습 내용과 목표에 따라 수준별 학습이 독이 될 수도 득이 될 수도 있거든요. 또한 학급 특성에 맞는 팀 정하기와 그룹 활동으로 수업에 활기를 불어넣어 주세요. 그룹을 정할 때 다양한 활동을 병행해서 진행한다면 수업 전 분위기를 고취시킬 수 있습니다.

Classroom Situation

- **T**: Class, do you want to play a game?
- **Ss**: Yeah!
- **T**: Great, everyone can play this game. This is a fun group game.

상황1
- **T**: Count off your numbers. You are 1, and 2,3, and 4. You are 1, 2, 3, and 4.
- **Ss**: 1, 2, 3, 4, 1, 2, 3, 4…
- **T**: Sit with your group. Number 1 students come here. Number 2 students are here.

상황2
- **S**: Can I choose where to join?
- **T**: I'm sorry but you can't. This row will be team 1. This row will be team 2.

- ⓣ 여러분, 게임하고 싶나요?
- ⓢ 네!
- ⓣ 좋아요. 누구나 할 수 있는 게임이에요. 재미있는 그룹 게임입니다.
- [상황1] ⓣ 자기 번호를 부르세요. 학생은 1, 그리고 2, 3, 그리고 4입니다. 학생도 1, 2, 3, 그리고 4입니다.
- ⓢ 1, 2, 3, 4, 1, 2, 3, 4…
- ⓣ 여러분의 그룹과 함께 앉으세요. 1번 학생들은 이리로 오세요. 2번 학생들은 여기입니다.
- [상황2] 함께 할 팀을 제가 선택할 수 있나요?
- ⓣ 미안하지만 안 돼요. 이 줄은 1번 팀이 될 거고, 이 줄은 2번 팀이 될 겁니다.

그룹 구성하기

- 그룹 활동 시간입니다. — This is group work.
- 그룹 활동을 할 거예요. — We're going to work in groups.
  = We'll do group work next.
- 이번 과제는 조별로 해야 해요. — For this task, you have to work in groups.
- 반을 두 개의 그룹으로 나눌 거예요. — I'll divide the class into two groups.
  = I'll split the class in half.
- 이쪽은 A팀이고, 이쪽은 B팀입니다. — This side of room is team A, and this side is team B.
- 수지부터 세호까지가 A팀입니다. — From Su-ji to Se-ho, you are team A.
- 이 줄은 A팀이 될 거예요. — This row will be team A.
- 여기 이 줄은 한 팀입니다. — This row here, you're one team.
- 1번부터 4번까지 B팀입니다. — Number 1 to 4 are in team B.
- 네 명씩 조를 만드세요. — Get into groups of 4.
- 네 개의 조를 만드세요. — Get into 4 groups.
- 세 명이 한 조가 되어 활동하도록 하세요. — I want you to work in groups of three.
- 네 명 또는 다섯 명이 한 조가 되어야 합니다. — I need you to get into groups of four or five.
- 세호는 뒤로 돌아서 뒤의 두 사람과 같이 하세요. — Se-ho, you turn around and work with the pair behind you.
- 자신의 그룹을 찾아가세요. — Go and find your groups.
- 같은 색을 가지고 있는 친구들을 찾으세요. — Find classmates with the same color.
- 앗, 이 그룹에는 두 명이 모자라네요. — Oh, this group is short two people.
- 이 그룹과 같이 할래요? — Would you like to join this group?

For students

학생들이 그룹 구성 활동을 할 때 쓸 수 있는 표현

- Which group am I in? / Which team should I join? 저는 어느 그룹인가요?
- Can I choose where to join? 함께 할 팀을 제가 선택할 수 있나요?
- Can I join that group? / Can I work with them? 저 그룹과 함께 해도 될까요?
- How many people should be in each team? 각 팀에는 몇 명이 있어야 하나요?
- I don't belong to a group. 저는 그룹이 없어요.
- I don't want to work with them. 쟤들하고 하기 싫어요.
- Please let me be in another group. 다른 그룹에 넣어주세요.
- We worked together last time, too. 저희 지난번에도 같이 했었는데요.
- There are only four of us. We need one more team member. 저희는 네 명 밖에 없어요. 팀원이 한 명 더 필요해요.
- We have two more players than other teams. 저희 팀은 다른 팀들보다 두 명이나 많은데요.

그룹별 자리 배치하기

• 모두 자기의 그룹과 함께 앉으세요.	Sit with your group.
• 책상을 같이 옮기세요.	Move your desks together.
• 자리를 그룹별로 배열하세요.	Please arrange your seats in groups.
• 그룹별로 네 개의 책상이 필요해요. 지금 책상을 옮기세요.	Each group has four desks. Move them now.
• 책상 두 개를 같이 밀어서 서로 마주볼 수 있도록 하세요.	Push two desks together so that you face each other.
• 책상을 돌려서 나미와 얼굴을 마주보세요.	Turn your desks around so that you face Na-mi.
• 책상을 붙여주세요.	Please put the desks together.
• 각 모둠 사이에 공간을 남겨서 사람들이 돌아다닐 만한 공간을 확보해 주세요.	Leave space between each cluster so that people can move around.
• 책상을 U자 대형으로 만듭시다.	Make a horseshoe shape with your desks.
• 원형으로 앉으세요.	Let's sit in a circle. = Let's make a circle.
• 의자를 이쪽으로 옮겨줄래요?	Can you move your chairs this way, please?

- 책상이 칠판 쪽을 향하도록 옮겨주세요. Move the desk so it is facing forward toward the board.
- 책상을 돌려주세요. Turn your desks around.
- 책상으로 세 줄을 만드세요. Please make three rows with your desks.
- 1번 학생들은 여기 와서 앉으세요. Number 1 students come and sit over here.
- 2번 학생들은 여기로 오세요. Number 2 students are here.
- 너무 뒤쪽으로 가지 마세요. Don't move too far back.
- 모둠 대형이 너무 뒤쪽에 있지 않게 교실 앞쪽으로 배치하세요. Make groups at the front of the room and not the back.

그룹 활동 안내하기

- 팀워크는 정말 중요해요. Teamwork is very important.
- 팀원들과 의논해서 가장 좋은 답을 찾으세요. Discuss with your team members and find the best answer.
- 순서대로 하세요. Take turns.
- 다른 사람의 의견을 존중하면서 들으세요. Everyone should listen respectfully to the other.
- 모든 구성원이 함께 해야 합니다. Every member should work together.
- 가장 잘한 팀원들에게는 각자 착한 어린이 쿠폰을 주겠어요. I'll give a good kid coupon to each member of the best team.
- 앞줄부터 먼저 하세요. Front rows first.
- 3조부터 시작해 볼까요? Shall we start with group 3?
- A팀, 정답을 다른 친구들에게도 알려주세요. Team A, please share your answers with the rest of the class.
- 이번에는 이쪽에 있는 사람들만 해보세요. This time, just this side of the room.
- 남학생들이 A파트를 하겠습니다. Boys will do part A.

Vocab · 그룹 이름

- 강아지 무리 — litter of puppies
- 고양이 무리 — kittens
- 사자 떼 — pride of lions
- 새 떼 — flock of birds
- 벌 떼 — swarm of bees
- 소 떼 — herd of cattle
- 물고기 떼 — school of fish
- 이리 떼 — pack of wolves

Episode

그룹 활동으로 발표력 향상시키기

제가 가르치던 학생 중에 평소 자기표현을 잘하지 못하던 학생이 있었습니다. 수업시간에 어쩌다 질문을 하면 아는 대답도 어쩔 줄 모르는 표정으로 우물쭈물하곤 했었지요. 그래서 이 학생의 발표력을 높일 수 있는 방법이 없을까 고민을 하다가 소규모 그룹 활동을 생각해냈습니다.

먼저, 처음에는 짝 활동으로 한 단어씩 주고받으며 문장을 완성하는 활동 등에 익숙해지게 했습니다. 그런 후에, 3~4명씩 그룹을 지어 He/She said를 넣어 문장 전달하기 활동 등을 하고, 5~6명씩 그룹을 지어 말 잇기 활동을 통해 점차 그룹 인원을 늘려가는 방식으로 진행했습니다. 점차 그룹 인원을 늘려가는 방식으로 활동을 진행하니 친구들 앞에서 발표하는 것을 부담스러워했던 그 학생은 본인도 모르게 점점 많은 친구들 앞에서 발표하는 것에 자연스레 익숙해졌습니다. 학기가 끝날 즈음엔 칠판 앞에서 발표까지 할 정도로 자신감이 많이 생겼습니다. 평소에는 밝은 성격인데 발표 시간만 되면 소심해지는 학생이 있다면 점진적으로 그룹원을 늘려가며 발표 경험을 쌓을 수 있도록 환경을 마련해 주세요. 발표 경험이 많아질수록 자신감도 함께 성장됩니다.

Chapter 2 초급자를 위한 활동

Unit 1 알파벳·파닉스 지도

알파벳과 파닉스 공부는 영어 공부의 첫걸음입니다. 파닉스 교육을 통해 26개의 알파벳이 각각 어떤 소리를 대표하는지 확실히 알려주세요. 기초가 탄탄해야 아이들이 거부감 없이 새로운 단어도 읽고 쓸 수 있거든요. 또한 재미있고 신나는 교육 방법을 통해 아이들이 영어 학습에 흥미를 잃지 않도록 도와주는 것도 좋은 지도 방법입니다.

Classroom Situation

- **T**: Do you remember what we learned last time?
- **Ss**: Yeah, we learned how to write small letters.
- **T**: Small letters are also called…
- **Ss**: Lowercase letters.
- **T**: Good. All of you remember very well. Who can write lowercase letters on the board?
- **S**: I can.
- **T**: Okay. Please write lowercase letters on the board.

- **S**: a, b, c, d, e…
- **T**: Great. There are no mistakes, and you have nice handwriting.

- **S**: a, d, c, b, e…
- **T**: I think you'd better check *b* and *d* again because the small letter *b* and *d* look similar.

- 우리 지난 시간에 무엇을 배웠는지 기억하나요?
- 네, 지난 시간에 소문자 쓰는 법을 배웠어요.
- small letters는 또 다른 말로 뭐라고 부르죠?
- lowercase letters라고 해요.
- 좋아요. 모두 잘 기억하고 있네요. 누가 칠판에 나와서 소문자 한번 써볼까요?
- 제가 해볼게요.
- 좋아요. 칠판에 나와서 소문자를 써주세요.

상황1
- a, b, c, d, e …
- 훌륭해요. 실수도 없고 글씨도 예쁘게 잘 썼어요.

상황2
- a, d, c, b, e …
- 선생님이 보기엔 b와 d를 한 번 더 확인하는 게 좋을 것 같아요. b와 d가 비슷하게 생겼잖아요.

알파벳 지도하기

- 알파벳은 총 26글자입니다.
  The English alphabet has 26 letters.

- 영어에는 두 가지 종류의 문자가 있어요.
  There are two kinds of letters in English.

- 알파벳은 소문자로 쓸 수도 있고, 대문자로도 쓸 수 있습니다.
  The alphabet can be written as a small letter or as a large letter.
  = The alphabet is written using small letters, and also written using capital letters.

- 대문자는 capital letters, capitals 또는 uppercase letters라고도 해요.
  Large letters are also called capital letters, capitals or uppercase letters.

- 소문자는 lowercase letters라고도 해요.
  Small letters are also called lowercase letters.

- 대문자를 배워 봅시다.
  Let's learn uppercase letters.
  = Let's learn capital letters.
  = Let's learn capitals.

- 소문자를 배워 봅시다.
  Let's learn lowercase letters.
  = Let's learn small letters.

- 이것은 대문자 A입니다.
  This is a capital letter *A*.

- 이것은 소문자 a입니다.
  This is a small letter *a*.

- /a/라고 읽습니다.
  You read it /a/.

- 선생님을 따라 읽어 보세요, /a/.
  Repeat after me, /a/.

- Apple은 A로 시작합니다.
  Apple starts with *A*.

- 대문자와 소문자를 짝지어 보세요.
  Please match the uppercase letters to the lowercase letters.

- 대문자와 소문자 차이를 알겠나요?
  Do you understand what is the difference between uppercase letters and lowercase letters?

- 여기에서 대문자만 골라낼 수 있겠어요?
  Can you sort out capital letters from here?

- 이건 대문자일까요, 아니면 소문자일까요?
  Is this a capital letter or a small letter?

- 문자들을 알파벳 순서대로 정리할 수 있나요?
  Can you arrange these letters into alphabetical order?

- c 앞에 오는 것은 뭐죠?
  What comes before *c*?

- 어떤 글자가 b 뒤에 오나요?
  Which letters come after *b*?

• 소문자 b와 d는 비슷하게 생겼어요.	Small letter *b* and *d* look similar.
• 많이 헷갈리죠?	It's very confusing, right?
• b와 d, p와 q를 헷갈리지 마세요.	Don't get confused with *b* and *d*, and *p* and *q*.
• U를 보세요. 혀 모양과 닮지 않았나요?	Look at the letter *U*. It resembles a shape of a tongue, doesn't it?

Episode — 파닉스 수업의 효과

수업 태도에 비해 유난히 영어 성적이 저조한 5학년 학생들을 방학 3주 동안 가르친 적이 있었습니다. 저학년에 비해서도 유난히 기초가 부족해 보여, 수업 첫날 간단한 평가를 해보았더니 처음 보는 단어는 전혀 읽지도 못하는 수준이었습니다. 즉, 파닉스의 기본기가 없었습니다. 그래서 저는 3주간 아주 기본적인 파닉스 교재와 다양한 온라인 파닉스 게임을 병행하면서 수업을 진행했습니다. 수업이 끝나갈 즈음엔 외운 단어가 아니면 제대로 읽지도 못하던 아이들이 시간이 좀 걸려도 처음 보는 단어도 소리 내어 읽고 단어를 들은 후 스펠링까지 추측해 쓸 수 있을 정도로 실력이 향상됐습니다. 고학년 학생이더라도 영어 학습 성취도가 평균 이하라면 파닉스 지도를 통해 아이들 스스로 읽고 쓸 수 있도록 기초부터 차근차근 다져주세요. 일단 기초가 튼튼해지면 학습 성과는 금방 오른답니다.

알파벳 쓰기 및 노래 지도하기

• 오늘은 알파벳 쓰기를 배울 거예요.	You'll learn about writing the alphabet today.
• 알파벳 쓰기는 정확하게 배워야 해요.	You should learn to write the alphabet correctly.
• 함께 알파벳을 써 봅시다.	Let's write the alphabet.
• 대문자는 이렇게 써요.	This is how you write capital letters.
• 대문자를 따라 써보세요.	Trace the uppercase letters.
• 연습지의 점선을 따라서 알파벳을 써보세요.	Please trace the dots on the worksheet to write the alphabet.
• 학습지에 있는 대문자를 따라 써보세요.	Trace uppercase letters on the worksheet.
• 소문자는 대문자보다 작게 써야 해요.	Small letters should be written smaller than capital letters.
• 이제 공책을 꺼내서 글자 쓰기를 연습하세요.	Now take out your notebook and practice writing this letter.
• 칠판에 나와서 소문자를 써볼 수 있는 친구?	Who can write lowercase letters on the board?

- 알파벳 쓰기를 매일 연습하세요. Practice writing the English alphabet every day.

- 오늘 숙제는 대문자를 세 번 쓰는 거예요. Your homework for today is writing capital letters three times.

- 오늘은 알파벳 노래를 배울 거예요. Today we're going to learn the alphabet song.

- 선생님이 알파벳 노래를 틀어줄게요. I'll play the alphabet song.

- 먼저, 알파벳 노래를 들어 보세요. First, just listen to the alphabet song.

- 함께 알파벳 노래를 불러 봅시다. Let's sing along to the alphabet song.

- 알파벳 노래를 부르면서 손가락으로 글자를 짚으세요. Please point at the letters as you sing the alphabet song.

Useful Activity — 알파벳 빙고

1. 학생들에게 5×5 빙고판을 나눠주세요.
2. 대문자와 소문자를 섞어서 빈칸을 채우도록 해주세요.
3. 대문자, 소문자 알파벳 카드를 상자 안에 넣습니다.
4. 하나씩 알파벳 카드를 뽑아 불러준 후 칠판에 적어주세요.
5. 선생님이 칠판에 적은 알파벳이 자신의 빙고판에 있으면 선을 그어 지우라고 알려주세요.
6. 두 줄을 먼저 지운 학생이 Bingo! 하고 외치면 이기는 게임입니다.

Expressions

- 이게 뭘까요? 그래요, 이건 빙고 게임판이에요. What is this? Right, it is a blank bingo board.
- 모두 빈칸으로 된 빙고 게임판을 받을 거예요. Everyone will get a blank bingo board.
- 각 칸에 대문자나 소문자를 쓰세요. Write uppercase letters or lowercase letters in each square.
- 각 칸을 모두 채우세요. 다 했나요? Make sure you fill in each square. Are you done?
- 이제 선생님이 하나의 알파벳 카드를 꺼내고, 꺼낸 알파벳을 말한 다음 칠판에 적을 거예요.
  I'll draw out an alphabet card, say the letter and write it on the board.
- 선생님이 꺼낸 알파벳은 선을 그어 지우세요. 만약 두 줄을 지웠다면 Bingo! 하고 외치세요.
  You will cross out the chosen letter. If you complete two lines, you have to say "Bingo!"

모음 지도하기

- 모든 글자에는 소리가 있어요.

  Every letter makes a sound.

- 영어에는 다섯 개의 모음이 있어요. /a/, /e/, /i/, /o/ 그리고 /u/입니다.

  There are five vowels in English. They are /a/, /e/, /i/, /o/ and /u/.

- 모음을 전부 다 말해 볼래요?

  Would you like to list all the vowels?

- 각각의 모음의 소리를 하나씩 들어 봅시다.

  Let's listen to the sound of each vowel.

- 각각의 모음은 단모음과 장모음으로 나눌 수 있어요.

  Each vowel can be classified into short vowel and long vowel.

- 장모음과 단모음은 구별해야 합니다.

  You have to tell the difference between long and short vowels.

- 단모음은 장모음과 다른 소리가 납니다.

  The short vowels sound differently from the long vowels.

- 장모음은 길게 발음하고, 단모음은 짧게 발음하세요.

  Pronounce long vowels long and short vowels short.

- 단모음 /i/와 장모음 /iː/를 발음해 보세요.

  Pronounce the short /i/ and long /iː/ sound.

- 장모음이 들어가 있는 단어를 고르세요.

  Pick out a word that has a long vowel.

- 장모음 /u/ 소리는 rude나 tune을 발음할 때 나는 소리예요.

  The long form of /u/ sounds as it is in the words *rude* and *tune*.

- 이 글자는 무슨 소리가 나죠?

  What sound does this letter make?

- e는 /e/ 소리가 나요.

  This *e* has an /e/ sound.

- /e/ 소리로 시작하는 단어를 찾아보세요.

  Find the words that start with an /e/ sound.

- /i/ 소리가 들어 있는 단어는 또 어떤 것들이 있나요?

  What words have an /i/ sound?

- dig, fit, hit에는 /i/ 소리가 들어 있어요.

  There is an /i/ sound in *dig*, *fit*, and *hit*.

- mom에 있는 모음 소리는 무엇인가요?

  What's the vowel sound in *mom*?

- apple에 있는 a는 /a/ 소리가 아니고 /æ/ 소리예요.

  The *a* in *apple* is not an /a/ sound but an /æ/ sound.

 **Vocab** 파닉스 수업에 유용한 단모음 단어

알파벳 a

- act
- ask
- bad
- cat
- cab
- dab
- fat
- gas
- has
- hat
- lab
- man
- mat
- nap
- pad
- rat
- sat
- tan
- tap
- vat
- zap

- apt
- bat
- bag
- cap
- dad
- fan
- gap
- ham
- had
- jam
- lap
- mad
- map
- pan
- ran
- sad
- tab
- tag
- van
- yam

알파벳 e

- bed
- fed

- beg
- get

- gel
- jet
- let
- met
- pen
- red
- ten
- wet

- hen
- leg
- men
- net
- pet
- set
- yet

알파벳 i

- bin
- bit
- dig
- fin
- gig
- his
- hip
- kit
- lit
- pig
- sin
- sip
- tip
- wit
- zit

- big
- did
- dip
- fit
- him
- hit
- kid
- lid
- pin
- rim
- sit
- tin
- win
- zip

알파벳 o

- con
- dog
- fog
- got
- jog
- mom
- nod
- pot
- ton
- won

- cop
- dot
- God
- hot
- lot
- mop
- not
- son
- top

알파벳 u

- bun
- bug
- cut
- fun
- gum
- hug
- jug
- nun
- rub
- rug
- sun
- tug

- bus
- but
- cup
- gun
- gut
- hut
- mug
- nut
- run
- sub
- sum

자음 지도하기

- 이제 자음을 배울 거예요.
- 영어에는 21개의 자음이 있어요.
- 자음을 전부 다 말해 볼래요?
- 각각의 자음 소리를 하나씩 들어 봅시다.

Let's learn about consonants.

There are 21 consonants in English.

Could you list all of the consonants?

Listen to the sound of each consonant.

- g는 soft g와 hard g, 두 개의 소리를 가지고 있어요.
- 글자 m은 어떤 소리를 내죠?
- m이 단어 끝에 올 때는 /m/ 소리가 나요.
- /v/ 소리와 /f/ 소리를 발음할 때는 윗니로 아랫입술을 살짝 깨물어야 해요.
- /p/와 /b/ 소리는 같은 위치에서 소리가 납니다.
- 단어 속 자음들을 살펴보도록 해요.
- 이 단어는 어떤 소리로 시작하죠?
- /d/ 소리로 시작하는 단어는 뭐가 있을까요?
- dog는 /d/ 소리로 시작해요.
- 또 어떤 게 있죠?
- /t/ 소리로 시작되는 단어는 turtle, time, teeth입니다.
- 들어보고 어떤 소리를 들었는지 얘기해 주세요.
- 선생님이 cat이라고 말할 때 여러분은 /c/, /a/ 그리고 /t/의 세 가지 다른 소리를 듣는 거예요.
- /f/ 소리가 들리면 왼손을 드세요.
- /b/ 소리가 들리면 오른손을 드세요.
- 영어 이름이 /t/ 소리로 시작되는 사람은 일어나세요.
- /b/ 소리가 있는 단어의 그림을 색칠하세요.
- 어떤 단어들은 자음 두 개가 함께 있어요. 이러한 단어들을 이중 자음이라고 부릅니다.
- 이중 자음이 있는 단어를 찾아보세요.
- /p/와 /h/가 만나면 어떤 소리가 날까요?

G has two different sounds: soft g and hard g sound.

What sound does the letter *m* make?

When an *m* comes at the end of a word, it has an /m/ sound.

When you pronounce the /v/ and /f/ sound, you have to slightly bite your lower lip with your upper teeth.

The /p/ and /b/ sounds use the same mouth position.

Let's have a look at the consonants in words.

What sound does this word start with?

What is a word that begins with the /d/ sound?

Dog starts with the /d/ sound.

Anything else?

Turtle, *time*, and *teeth* start with the /t/ sound.

Listen and tell me the sounds you heard.

When I say *cat*, you hear three different sounds: /c/, /a/, and /t/ sound.

When you hear the /f/ sound, put your left hand up.

If you hear /b/ sound, raise your right hand.

If your name begins with /t/, stand up.

Color the pictures with the /b/ sound in the word.

Some words have two consonants. These words are called double consonants.

Find the words with double consonants.

When a *p* meets an *h*, what sound will it make?

- /ph/는 /f/와 같은 소리가 나요.   ph sounds like f.
- 이 단어들을 보세요. 이중 자음이 어떤 것이죠?   Look at these words. What are the double consonants?
- chicken, chair, chin은 ch로 시작해요.   Chicken, chair, and chin begin with ch.
- cl은 어떤 소리가 날까요?   What do you think cl will sound like?
- pr로 시작하는 단어를 3개만 써보세요.   Please write down three words beginning with pr.

Useful Tip 　알파벳 · 숫자 학습 사이트

영어 알파벳과 숫자는 영어 학습에서 기초 과정인 만큼 아이들 수준에서 재미있고 쉽게 학습을 진행해야 합니다. 충분한 시간을 주지 않고 선생님 혼자 진도를 빨리 나가거나 아이들에게 외울 과제만 잔뜩 준다면 아이들은 영어에 대한 흥미를 금방 잃어버리거든요. 따라서 재미있는 게임과 다양한 시각 자료를 준비해 아이들이 즐겁게 수업에 참여할 수 있도록 해주세요.

- www.fisher-price.com/us/fun/games/abc
  알파벳을 익히기에 좋은 사이트입니다.
- www.learnenglish.org.uk/kids/antics/index.html
  3단계의 알파벳 게임을 통해 대문자와 소문자를 함께 학습할 수 있습니다.
- www.abcya.com
  알파벳 매칭 게임 등 학년별로 구분된 다양한 게임을 할 수 있습니다.
- www.sesamestreet.org
  다양한 게임을 통해 주제별로 학습할 수 있습니다.
- www.youtube.com/watch?v=pLJe7IQtoeMandfeature=related
  파닉스 교수법을 참고할 수 있습니다.

Chapter 2 초급자를 위한 활동

Unit 2 동화 지도

동화 지도를 통한 영어수업은 정서 발달은 물론, 아이들의 영어에 대한 흥미와 어휘력을 자연스럽게 높여줄 수 있습니다. 또한, 반복적인 패턴 연습을 통해 문장 구조의 기본까지 익힐 수 있다는 장점이 있습니다. 학습 연령이 낮거나 영어 실력이 부족한 학생인 경우에는 그림 비중이 큰 동화책에서 점차 문자 비중이 높은 책으로 천천히 단계를 높여가며 지도해 주세요.

Classroom Situation

- T: It's story time. Are you excited?
- Ss: Yeah!
- T: Today we're going to read the book 「*Stellaluna*」, by Janell Cannon. Before reading the story, let's look at the cover. What do you see on this cover?
- Ss: I see a bat.

- T: That's right. There's a bat. What's the bat doing?
- S1: The bat is hanging from a tree.

- T: Can you guess what this story is about?
- S2: I don't know.
- T: Use your imagination.

- T 자, 이야기 시간이에요. 다들 신나나요?
- Ss 네!
- T 오늘 우리는 Janell Cannon이 쓴 「Stellaluna」를 읽을 거예요. 책을 읽기 전에 표지를 봅시다. 표지에서 뭐가 보이죠?
- Ss 박쥐가 보여요.

[상황1]
- T 맞아요. 박쥐가 한 마리 있네요. 박쥐가 무엇을 하고 있죠?
- S1 나무에 매달려 있어요.

[상황2]
- T 무엇에 관한 이야기 같나요?
- S2 모르겠는데요.
- T 상상력을 발휘해 보세요.

책 소개 및 그림 살펴보기

- 이야기 시간이에요. — It's story time.
- 오늘 우리가 읽을 책은 이 책이에요. — This is the book that we're going to read today.
- 책의 표지를 보세요. — Let's look at the book cover.
- 표지에 뭐가 보이나요? — What do you see on the cover?
- 큰 목소리로 제목을 읽어 봅시다. — Let's read the title out loud.
- 오늘의 책은 「The very hungry caterpillar」입니다. — Today's book is 「The very hungry caterpillar」.
- 이 책 읽어 본 사람? — Has anyone read this book already?
- 작가는 이야기와 책을 쓰는 사람들입니다. 저자라고도 해요. — Authors are people who write stories and books. They're also called writers.
- 이 책의 작가는 누구죠? — Who is the author of this book?
- 이 이야기의 작가는 Eric Carle입니다. — The author of this book is Eric Carle.
- 「Charlie and the Chocolate Factory」는 Roald Dahl의 가장 유명한 책 중 하나예요. — 「Charlie and the Chocolate Factory」 is the one of Roald Dahl's most famous stories.
- 오늘 우리는 「The Magic Finger」 책에서 두 챕터를 읽을 거예요. — Today, we'll read two chapters of 「The Magic Finger」.
- 이 이야기를 쓴 사람은 Roald Dahl입니다. — It is written by Roald Dahl.
- 이 작가에 대해서 들어 본 적 있나요? — Have you ever heard of this writer before?
- 이 작가는 다른 유명한 이야기들도 썼는데 뭐였죠? — This writer has written many famous stories. What were they?
- 누가 그림을 그렸는지 알겠어요? — Can you guess who drew the pictures?
- Quentin Blake가 그림을 그렸어요. — It's illustrated by Quentin Blake.
- 무엇에 관한 이야기인가요? — What is this story about?
- 이 책이 어떤 내용일 것 같아요? — What do you think this book is about?
- 상상력을 발휘해 보세요. — Use your imagination.
- 이 그림을 보세요. — Look at this picture.
- 뭐가 보여요? — What can you see?
  = What do you see?

- 배경을 보세요. Have a look at the background.
- 이 이야기는 언제 일어난 일인가요? When is this story taking place?
- 이 이야기가 어떻게 끝날 것 같나요? How do you think this story is going to end?
- 남자는 지금 뭐하고 있죠? What's he doing?
- 무슨 일이 일어나고 있죠? What is happening?
- 이건 누구예요? Who is this?
- 기사는 어떻게 생겼어요? What does the knight look like?
- 누가 나쁜 사람일 것 같아요? Who do you think is the bad guy?
- 이 사람의 옷차림을 보세요. Look at this man's dress.
- 주인공이 왜 이렇게 신났을까요? Why does the character look so excited?
- 어떤 이야기인지 함께 확인해 봅시다. Let's check what it's about.

> **Useful Tip** **Picture Walk**
>
> Picture Walk는 책을 읽기 전에 학생들의 호기심을 자극함으로써 스토리텔링에 더욱 몰입할 수 있도록 만들어주는 읽기 단계입니다. 먼저 학생들에게 표지를 보여주고 제목을 읽어주세요. 그리고 표지를 보면서 학생들과 함께 무슨 내용일지 추측해 보는 시간을 갖습니다. 그 다음에 책을 읽지 않고 훑어보는 식으로 한 장씩 페이지를 넘기면서 그림에 관련된 다양한 질문을 해주세요. 이러한 과정을 통해 학생들은 자신이 추측한 내용들이 맞는지 관심을 기울이며 스토리텔링을 즐길 수 있게 됩니다.
>
> **Picture Walk의 단계**
>
> 1. Look at the book cover. 책의 표지 보기.
> 2. Read the title. 제목 읽기.
> 3. Turn the pages and look at the pictures. 책장을 넘기며 그림 보기.
> 4. Ask questions about the pictures. 그림에 관련된 질문하기.
> 5. Give responses based on the pictures. 그림을 바탕으로 응답해 주기.

스토리텔링 및 독후 활동

- 오늘 읽은 이야기 어땠나요? How did you like the story you read today?
- 이 이야기의 교훈은 뭐죠? What's the moral of this story?

- 이 이야기가 우리에게 주는 교훈은 무엇인 것 같아요?

  What do you think this story is trying to teach us?

- 이 책의 교훈은 거짓말쟁이는 신뢰를 받을 수 없다는 거예요.

  The moral of this book is that liars can't be trusted.

- 이 책은 우리에게 정직해야 한다고 얘기하고 있어요.

  This book tells us that we have to be honest.

- 여러분이 개미라면 베짱이를 도와주겠어요?

  If you were the ant, would you help the grasshopper?

- 여러분이 아는 사람 중에 베짱이나 개미 같은 친구가 있나요?

  Do you know any people like the grasshopper or the ant?

- 이해하지 못한 단어가 있었나요?

  Were there any words you didn't understand?

- 이제 주인공과 인터뷰를 해볼 거예요.

  Let's have interviews with the main characters.

- 누가 주인공 역할을 해볼까요?

  Who wants to play the role of the character?

- 누가 Mr. Wolf가 되어 볼까요?

  Who wants to be Mr. Wolf?

- 좋아요. 세호가 Mr. Wolf입니다. Mr. Wolf에게 질문해 보세요.

  Good. Se-ho is Mr. Wolf. You can ask him some questions.

- 짝과 함께 이야기를 다시 말해 보세요.

  Please re-tell the same story in pairs.

Useful Tip — 온라인 스토리 사이트

- www.storytimeforme.com
  움직이는 동화책을 볼 수 있는 스토리 사이트입니다.

- www.storylineonline.net
  유명한 동화책을 배우들이 실감나게 읽어주는 스토리 사이트입니다.

For Students — 학생들이 동화 수업시간에 쓸 수 있는 표현

- I really felt sad when the father went away. 저는 아빠가 떠나갔을 때 정말 슬펐어요.
- I was very happy when the ugly duckling turned into a beautiful swan.
  미운 오리새끼가 예쁜 백조가 되었을 때 정말 행복했어요.
- I liked the story because the main character is really cute. 주인공이 정말 귀여워서 그 이야기가 맘에 들어요.
- This story made me feel good. 이야기를 읽으니 기분이 좋아졌어요.
- I really understood how the character felt. 주인공의 기분이 정말 이해가 됐어요.

Chapter 2 초급자를 위한 활동

Unit 3 TPR

TPR (Total Physical Response) 활동은 신체를 활용한 학습 방법으로 움직이기를 좋아하는 저학년과 영어로 말하는 것을 꺼려하는 학생들에게 좋은 학습법입니다. 또한, 학생들은 교사의 지시를 정확히 듣고 행동으로 보여줘야 하기 때문에 수업에 대한 집중력도 기를 수 있어요. 처음에는 교사가 명령을 하고 학생이 수행하는 형식으로 진행하되, 차츰 수업 방식에 익숙해지면 학생에게도 명령을 내릴 기회를 주세요. 아이들은 직접 참여하고 영어를 행동으로 익힐수록 배운 내용을 더 오래 기억할 수 있답니다.

Classroom Situation

T So now you understand what TPR is, right?
Ss Yes.
T Good. As a closing activity, we are going to play *Simon Says*. Does anyone know this game?

상황1
S1 I know.
T Come to the front. I need you to help me demonstrate it.

상황2
S2 I don't know.
T That's okay. I will tell you how to do it. First, I will tell you to do something. If I say "Simon says" first, you must do it quickly. If I don't say *Simon says*, ignore the command.

T 그럼 이제 TPR이 뭔지 모두 잘 알겠죠?
Ss 네.
T 좋아요. 마무리 활동으로 Simon Says를 할 거예요. 이 게임 아는 사람?

상황1 **S1** 저 알아요.
T 앞으로 나오세요. 선생님이 시범 보여주는 걸 도와주세요.

상황2 **S2** 몰라요.
T 괜찮아요. 선생님이 어떻게 하는지 알려줄게요. 먼저, 선생님이 여러분에게 어떤 동작을 하라고 말할 거예요. 선생님이 Simon says를 먼저 말하고 나서 명령을 하면, 여러분은 빨리 그 동작을 해야 합니다. 하지만 선생님이 Simon says라고 얘기하지 않으면 그 명령은 무시하세요.

TPR 활동 소개하기

- 이 활동은 TPR이라고 합니다.
  This activity is called TPR.

- 이 활동을 하려면 여러분이 직접 몸을 움직여야 해요.
  You have to move your body for this activity.

- 선생님이 말하는 것을 주의 깊게 들어야 합니다.
  You have to listen carefully what I'm saying.

- 선생님이 말하는 걸 그대로 하세요.
  You have to do what I say to you.

- 선생님이 명령을 하면 여러분은 지시를 따라야 해요.
  I'll give you orders and you have to follow the directions.

- 우리 재미있게 TPR 활동을 해봅시다.
  Let's have some fun with TPR.

- 선생님이 뭘 하고 있나 보세요.
  Look what I am doing.

- 각 명령에 대한 동작을 보여줄게요.
  I'll show you the action for each command.

- 선생님이 Sit down.이라고 하면 여러분은 이렇게 앉아야 해요.
  When I say, "Sit down.", you have to sit down like this.

- 선생님의 말을 따라 말하면서 동작을 하세요.
  Do as I say and repeat what I say.

TPR 활동 해보기

- 일어서세요.
  Stand up.

- 앉으세요.
  Sit down.

- 바닥에 앉으세요.
  Sit on the floor.

- 선생님을 중심으로 동그랗게 모이세요.
  Gather and stand in a circle around me.

- 뒤로 도세요.
  Turn around.

- 한 바퀴 도세요.
  Turn all the way around.
  = Spin around.

- 앞으로 오세요.
  Come to the front.

- 뒤로 가세요.
  Go to the back.

- 책상을 옆으로 미세요.
  Push your desks to the side.

- 줄을 서세요.
  Line up.

- 코를 만지세요. Touch your nose.
- 머리를 긁으세요. Scratch your head.
- 두 눈을 깜빡이세요. Blink both your eyes.
- 선생님에게 손을 흔드세요. Wave at me.
- 팔짱을 끼세요. Fold your arms.
- 손뼉을 세 번 치세요. Clap your hands three times.
- 한 번 점프하세요. Jump once.
- 허리에 손을 얹으세요. Put your hands on your waist.
- 손을 등 뒤로 하세요. Put your hands behind your back.
- 손을 드세요. Put your hands up.
- 손을 내리세요. Put your hands down.
- 오른발로 서세요. Stand on your right foot.
- 왼발을 드세요. Lift your left foot.
- 팔을 옆으로 딱 붙이세요. Stick out your arms to the side.
- 한 걸음 앞으로 나오세요. Step forward.
- 여러분의 자리로 돌아가세요. Go to your place.
- 몸을 길게 늘여 보세요. Stretch your body.
- 손가락을 튕겨 소리를 내세요. Snap your fingers.
- 교실을 가로질러 걸어가세요. Walk across the classroom.
- 몸을 앞으로 굽혀서 발목을 잡으세요. Bend your body forward and hold your ankles.
- 발을 구르세요. Stamp your feet.
- 짝을 간질여주세요. Tickle your partner.
- 한 줄로 서주세요. I want you to get into a line.
- 원을 만들고 한 명이 가운데 들어가서 서세요. Make a circle and one student should stand in the middle.
- 책상을 두드리세요. Tap the desk.
- 책을 펴세요. Open your books.

- 마커를 집으세요. Pick up the marker.
- 사자처럼 걸으세요. Walk like a lion.
- 코끼리처럼 행진하세요. March around like an elephant.
- 코끼리 코처럼 팔을 앞뒤로 흔드세요. Swing your arm back and forth like an elephant trunk.
- 캥거루처럼 교실을 껑충껑충 뛰어다니세요. Hop around the room like a kangaroo.
- 아기 고양이처럼 사뿐사뿐 걸어다니세요. Take small quiet steps like a kitty cat.
- 칠판에 답을 적으세요. Write your answers on the board.
- 그것을 상자 안에 넣으세요. Put it in the box.

Useful Activity — Simon Says

TPR 활동에 가장 어울리는 게임으로 Simon Says를 추천합니다. 게임 방법은 Simon Says라고 말하고 난 뒤의 지시만 따라하는 게임입니다. Simon Says라고 말하지 않았는데 움직이거나 늦게 움직이면 자리에 앉아야 합니다.

Expressions

- 여러분 모두 일어서세요. Everybody, stand up.
- Simon Says 게임을 할 거예요. 선생님이 Simon이에요.
  We are going to play *Simon Says*. I'll be a Simon.
- 선생님이 여러분에게 무엇을 하라고 말할 거예요. I will tell you to do something.
- 선생님이 Simon says를 먼저 말하면 여러분은 빨리 그것을 해야 합니다.
  If I say "Simon says" first, you must do it quickly.
- 선생님이 Simon says라고 얘기하지 않으면 그 지시는 무시하세요.
  If I don't say "Simon says", ignore the command.
- 선생님이 Simon says라고 말하지 않았는데 움직이면 자리에 앉아야 합니다.
  If I don't say "Simon says" and you move, you have to sit down.
- 너무 늦게 움직이는 사람도 자리에 앉아야 해요. Also, if you don't move quickly, you have to sit down.
- 질문 있나요? Are there any questions?
- 좋아요. 시작합시다. Great. Let's start.

Vocab · TPR 관련

신체 관련

- 팔꿈치   elbow
- 손목   wrist
- 발목   ankle
- 허리   waist
- 무릎   knee
- 엉덩이   hips
- 등   back

방향 관련

- 교실 앞 쪽   front of the classroom
- 교실 뒤 쪽   back of the classroom
- 교실의 구석   corner of the classroom
- 왼쪽으로   to the left
- 오른쪽으로   to the right
- 왼쪽에   on your left
- 오른쪽에   on your right

Chapter 3 게임활동

Unit 1 게임하기

게임을 할 때는 학생들이 이해하기 쉽도록 짧고 쉬운 말로 게임 규칙을 설명해 주세요. 그리고 설명 후 단계별로 시범을 보여주면 게임 중간에 다시 게임을 설명해야 하는 번거로움을 줄일 수 있습니다. 또한 학생들이 게임에 즐겁게 참여하도록 하되 게임의 승패에 너무 연연하지 않도록 페어 플레이 정신과 팀웍의 중요성을 알려주세요. 가끔 승부욕이 강한 학생들이 반칙을 하거나 게임을 못한 친구를 비난하는 경우가 있기 때문입니다.

Classroom Situation

- **T**: In your groups, choose one actor. The actor will come to the front of the class and act out a situation I show him.
- **S1**: Then, what will the rest of the group do?
- **T**: It's a good question. The rest of the group will guess what the actor is doing. Are you with me?

- **Ss**: Yes.
- **T**: Good. Group 1, who is your first actor?
- **S2**: Our first actor is Ji-ho.
- **T**: Ji-ho, please come up here. I will show him a situation. He can't speak, but he has to make motions.

상황2
- **S3**: Yes, but is there a time limit for playing the game?
- **T**: Each team will have 5 minutes. Now, decide your team's first actor.

- ❶ 여러분 그룹 안에서 연기자를 정해야 해요. 연기자는 교실 앞으로 나와서 선생님이 연기자에게만 보여준 상황을 몸으로 연기할 거예요.
- ⓢ 그럼, 나머지 사람들은 뭘 하나요?
- ❶ 좋은 질문이에요. 나머지 사람들은 연기자가 하는 동작을 추측하면 됩니다. 이해했나요?

[상황1] ⓢ 네.
- ❶ 좋아요. 1번 그룹, 누가 첫 번째 연기자인가요?
- ⓢ 저희 팀의 첫 번째 연기자는 지호예요.
- ❶ 지호, 여기로 나오세요. 선생님이 지호에게 어떤 상황을 보여줄 거예요. 지호는 말을 할 수 없고, 동작으로만 보여줘야 해요.

[상황2] ⓢ 네, 그런데 시간 제한이 있나요?
- ❶ 한 팀당 5분이에요. 이제, 자기 팀의 첫 번째 연기자를 정해 주세요.

게임 수업 제안하기

- 재미있는 게임 시간이에요.
  It's time to play a fun game.
  = It's a fun game time.

- 게임을 합시다.
  Let's play a game.

- 지금 게임을 하고 싶나요?
  Do you want to play a game now?
  = Do you feel like playing a game now?

- 오늘은 아주 재미있는 게임을 할 거예요.
  We'll play a very interesting game today.
  = We're going to play a fun game today.

- 이건 아주 신나는 게임이에요. 여러분들이 좋아할 거예요.
  This is an exciting game. You will love it.

- 보드 게임 할까요?
  Would you like to play a board game?

- 숨바꼭질을 합시다.
  Let's play a hide-and-seek.

- 스무고개 놀이를 할 거예요.
  We'll play 20 questions.

- Simon Says 게임을 하는 게 어때요?
  What about a game of *Simon Says*?

- 2인 1조 게임을 할 거예요.
  We'll play a game in pairs.

- 이건 재미있는 그룹 게임입니다.
  This is a fun group game.

- 5명이 한 팀이 되세요.
  Get into groups of five.

- 이제 시작합시다.
  Let's get started.

- 준비됐나요?
  Are you ready?

- 좋아요. 다른 게임을 합시다.
  OK, let's play another game.

- 한 번 더 하도록 해요.
  Let's play it again.

- 여러분, 한 번 더 하고 싶나요?
  Do you want one more round?

규칙 설명 및 시범 보이기

- 이 게임 규칙을 알고 있나요?
  Do you know the rules of this game?

- 이 게임 어떻게 하는지 알아요?
  Do you know how to play this game?

- 선생님이 게임을 어떻게 하는지 설명해 줄게요.
  I'll explain how to play this game.

- 먼저, 게임 방법을 말해 줄게요.
  First, I'll tell you how the game works.

- 선생님이 시범을 보여줄게요.

  Let me show you.
  = I will show you how to do it.

- 선생님이 Freeze!라고 하면 행동을 멈추고 선생님의 지시를 들으세요.

  When I say "Freeze!", please stop and listen to my instructions.

- 여러분 그룹 안에서, 연기자를 정해야 해요.

  In your groups, you have to choose an actor.

- 연기자가 동작을 하는 동안 다른 사람들은 그 상황을 추측하면 됩니다.

  As the actor acts, everyone else guesses the situation.

- 정확하게 맞춘 사람은 1점을 얻습니다.

  The people who guess correctly get one point.

- 답을 맞출 때마다 1점을 얻습니다.

  Every time you answer correctly, you get one point.

- 답이 틀리면 1점 감점이에요.

  You'll lose one point if you answer wrong.

- 답이 틀리면 다음 순서를 기다려야 해요.

  If your answer is not right, you'll miss a turn.

- 가능한 한 많은 점수를 따려고 노력하세요.

  Try to score as many points as you can.

- 점수가 가장 높은 팀이 승리하는 겁니다.

  The group with the highest score wins.

- 결승선에 제일 먼저 도착하는 사람이 이깁니다.

  The first person who gets to the finishing line wins.

- 제일 먼저 도착한 사람이 종을 치면 게임이 끝납니다.

  The game will end when the first arrivals rings a bell.

게임 진행하기

- 누가 먼저 할래요?

  Who would like to go first?

- 먼저 해볼래요?

  Do you want to go first?
  = Will you go first?

- 어서 해보세요.

  Go ahead.

- 누구 차례죠?

  Who's next?
  = Whose turn is it?

- 이런, 선생님 차례네요.

  Oh, it's my turn.

- 주사위를 굴리세요.

  Roll the dice.
  = Throw the dice.

- 한 번 쉬세요.   You'll lose a turn.
- 동전을 던지세요.   Toss the coin.
  = Flip the coin.
- 앞면이에요 뒷면이에요?   Heads or tails?
- 앞면이네요. B팀이 먼저 시작하세요.   Heads. Team B starts.
- A팀이 동전 던지기에서 이겼어요.   Team A won the coin toss.
- A팀이 먼저 하겠습니다.   Team A will go first.
- 가위, 바위, 보!   Rock, scissors, and paper!
- 제자리, 준비, 시작!   Ready, get set, go!
- 다시 해보세요.   Try again.
- 힌트를 줄게요.   I'll give you a clue.
- 셋을 셀게요. 하나, 둘, 셋!   On the count of three. One, two, three!
- 맞았어요.   You got it.

게임 역할 및 점수 안내하기

- 이 게임에는 심판이 한 명 필요해요.   We need a judge for this game.
- 심판 역할을 하고 싶은 사람?   Who wants to be the judge?
- 심판을 골라주세요.   Please choose a judge.
- 선생님이 심판을 볼게요.   I'll be the judge.
- 반칙하면 안 돼요.   You must not cheat.
- 뒤돌아보지 마세요.   Don't turn around.
- 상대팀의 답을 보지 마세요.   Don't look at the other team's answer.
- 심판은 게임 참가자들을 잘 지켜봐야 합니다.   Judges, keep your eyes on the players.
- 심판은 반칙하는 팀에게 경고를 주세요.   Judges, please give a warning to the cheating teams.
- 경고를 받은 팀은 1점 감점입니다.   The team that gets a warning will lose one point.
- 선생님이 점수를 기록할게요.   I'll keep score.

• 선생님이 점수 기록원을 할게요.	I'll be the scorekeeper.
• 누구 점수 기록원을 하고 싶은 친구 있나요?	Who wants to be the scorekeeper?
• 선생님을 도와 점수를 기록해 줄 친구?	Who will help me keep score?
• 수지가 점수 기록원을 해볼래요?	Su-ji, can you be the scorekeeper?
• 칠판에 점수를 기록해 주세요.	Please record the scores on the board.
• 이 팀에 2점을 줄게요.	Two points for this team.
• 각각 3점씩 줄게요.	I'll give you three points each.
• 지금 점수가 몇 점이죠?	What's the score?
• 지금까지의 점수를 확인해 봅시다.	Let's check the scores so far.
• 점수가 4대 0이네요.	The score is four to zero.

게임 결과 확인하기

• 최종 점수가 몇 점이죠?	What's the final score?
• 어느 팀의 점수가 가장 높나요?	Which team got the highest score?
• 어느 팀이 이겼는지 봅시다.	Let's see which team won.
• 승자가 나왔어요.	We've got a winner.
• A팀이 1등 했어요.	Team A came in the first place.
• B팀이 3등을 했어요.	Team B came in third.
• 가희가 제일 먼저 끝냈어요.	Ga-hee was the first to finish it.
• 네가 이겼어요.	You won.
• 동점으로 2대 2입니다.	It's a tied score, two-two.
• 정말 막상막하였어요.	It was very close.
• 또 비겼어요.	It's a draw again.
• 오늘의 승자는 세호입니다.	Today's winner is Se-ho.
• 다른 친구들의 카드를 모두 가져온 세호가 게임에서 이겼어요.	Se-ho won the game because he collected all the other players' cards.

- 축하해요. 여러분 팀이 이겼어요.   Congratulations. Your team won.
- 이 팀이 이겼어요.   This team is the winner.
- 이긴 팀은 Hurray!라고 외쳐요.   The winning team will say "Hurray!"
- 이긴 팀에게 박수를 크게 쳐줍시다.   Let's give a big hand to the winning team.

Vocab · 게임 역할 관련

· 게임 참가자	player	· 심판	judge
· 점수 기록원	scorekeeper	· 기록하는 사람	note-taker
· 동작으로 연기하는 사람	actor ǀ mime	· 팀의 대표	captain ǀ team leader

Chapter 3 게임 활동

Unit 2 다양한 게임

게임을 선정할 때에는 학습 내용과 관련이 있는지, 학생들의 수준에 적절한지, 충분히 흥미로운 것인지, 적정 인원은 몇 명인지 등과 같은 상황들을 고려해야 합니다. 아무리 재미있는 게임이라도 학습적인 측면에서 도움이 되지 않는다면 게임 선정을 다시 하는 것이 좋습니다. 또한 학생들이 자율적으로 게임에 참여하도록 하되, 수업과 연계된 학습 효과를 높일 수 있도록 필요 시 게임 내용을 수정해 주세요.

Classroom Situation

- T: Let's play 20 questions. Do you know how to play it?
- Ss: No.
- T: I will show you how to do it. I'm thinking of something and it's an animal. Se-ho, please ask me yes or no question.

상황 1
- S: Is it a mammal?
- T: Yes. As you see, I can only answer the question with a yes or no. Ji-ho, please ask me another yes or no question.

상황 2
- S: Where does it live?
- T: You should ask yes or no questions because I can only answer yes or no.

- T: 스무고개 게임을 해봅시다. 다들 어떻게 하는지 아나요?
- Ss: 아니요.
- T: 어떻게 하는지 선생님이 시범을 보여줄게요. 선생님은 지금 뭔가를 생각하고 있고, 그건 동물이에요. 세호가 yes나 no로 대답할 수 있는 질문을 해주세요.

상황 1
- S: 포유류인가요?
- T: 네, 보다시피 질문에는 yes나 no라고만 대답할 수 있어요. 세호가 yes나 no로 대답할 수 있는 또 다른 질문을 해줄래요?

상황 2
- S: 그건 어디에서 살아요?
- T: 선생님은 yes나 no로만 대답할 수 있기 때문에 yes나 no로 답할 수 있는 질문을 해줘야 해요.

카드 게임

• 카드를 가지고 게임을 할 거예요.	We're going to play a game with some cards.
• 가장 큰 숫자를 가지고 있는 사람이 딜러입니다.	The person with the highest number is the dealer.
• 가위, 바위, 보로 첫 번째 참가자를 정하세요.	Do rock, scissors, paper to decide the first player.
• 카드를 섞어주세요.	Please shuffle the cards.
• 모든 게임 참가자들에게 카드 전부를 뒤집은 채로 나눠주세요.	Please deal out all the cards face down to everyone.
• 모두 카드를 7장씩 가지세요.	Everybody, take seven cards each.
• 그룹의 모든 게임 참가자들에게 5장의 카드를 뒤집어서 주세요.	Pass out five cards face down to each player in your group.
• 몇 장의 카드를 받았는지 확인해 보세요.	Check how many cards you have.
• 남은 카드는 테이블 가운데에 뒤집어 놓으세요.	Place remaining cards face down in the middle of the table.
• 각자 자신의 카드를 집어드세요.	Pick up your cards.
• 다른 사람이 카드를 볼 수 없도록 하세요.	Don't let anyone else see them.
• 시계 방향으로 진행하세요.	Go clockwise around the table.
• 카드 더미에 있는 맨 위의 카드를 뒤집으세요.	Turn the top card of the draw pile over.
• 카드를 뒤집으세요.	Turn the card over.
• 카드 더미 위에서 카드 한 장을 가져가세요.	Take one card from the top of the draw pile.
• 카드 한 장을 버리는 카드 더미에 놓으세요.	Place one of your cards on the discard pile.
• 카드 더미에서 한 장을 가져가세요.	Take a card from the draw pile.
• 카드를 버릴 수 없으면 한 장 가져와야 합니다.	You should draw a card if you can't discard.
• 카드를 자기 앞에 놓으세요.	Put the card in front of you.
• 카드가 몇 장 남았나요?	How many cards do you have left?
• 카드가 한 장 남으면 One card!라고 외치세요.	If there's only one card left, shout "One card!"
• 그림과 카드를 맞춰 보세요.	Match the pictures with the right words.
• 각 카드의 위치를 기억해야 합니다.	Try to remember the location of each card.

- 일치하는 카드 쌍을 찾으세요. You should match up pairs.
- 카드를 가장 많이 가지는 사람이 이기는 거예요. The one who has the most cards is the winner.

 **카드 게임 관련**

· 카드 한 벌	a deck of cards / a stack of cards	· (필요 없어서) 버려진 카드 더미	discard pile
· 딜러	dealer	· (필요 없는 카드를) 버리다	discard
· 뽑는 카드 더미	draw pile	· (그림이 보이지 않게) 뒤집어서	face down
		· (그림이 보이게) 정면으로	face up

그림 및 단어 게임

- 그림에 번호를 매기세요. Number the pictures.
- 그림을 올바른 순서대로 놓으세요. Put the pictures in the correct order.
- 글자 게임이에요. This is a game with letters.
- 빈칸을 채우세요. Fill in the grid.
- 단어 맞추기 퍼즐을 하겠어요. Let's do a crossword puzzle.
- 아래에 있는 단어의 정의를 보고 퍼즐을 채우세요. Look at the definitions of the words below to fill in the puzzle.
- 답을 먼저 가로, 세로에 채우세요. Fill in the answers first, both cross and down.
- 힌트를 읽고 알맞은 단어를 퍼즐에 넣으세요. Read the clues and fill in the puzzle with the right words.
- 가로 질문과 세로 질문을 다시 보세요. Look at across questions and down questions again.
- 모르는 것은 건너뛰고 쉬운 것부터 채우세요. Skip the ones you don't know and fill in the easy ones first.

> **Useful Tip** ESL 게임에 유용한 사이트
>
> - www.eslgamesworld.com
>   파워 포인트 게임 템플릿을 포함한 다양한 ESL 게임을 제공하는 사이트입니다.
> - www.anglomaniacy.pl
>   다양한 워크시트와 표현, 게임 등을 제공하는 사이트입니다.
> - www.mes-english.com
>   다양한 플래시 카드와 게임, 워크시트를 제공하는 사이트입니다.
> - www.highlightskids.com
>   플래시 스토리와 숨은 그림 찾기 등의 다양한 게임 자료가 많은 사이트입니다.
> - www.raisingourkids.com
>   다양한 워크시트와 낱말 퍼즐 및 숨은 그림 찾기 등의 자료를 얻을 수 있는 사이트입니다.

보드 게임

- 출발 칸에 말을 놓으세요. Place your markers on Start.
- 주사위를 굴리세요. Roll the dice.
- 동전을 던지세요. Please flip a coin.
  = Please toss a coin.
- 뒷면이 나오면 한 칸 전진하세요. Tails, you move one space forward.
- 앞면이 나오면 두 칸 전진하세요. Heads, you move two spaces forward.
- 결승선에 가장 먼저 도착하는 사람이 이기는 거예요. The first player to reach the finish line wins.
- 여러분 각자 캐릭터의 이름과 얼굴이 있는 카드를 선택하세요. Each of you should choose a card with a character name and face on it.
- 순서를 지키며 yes와 no로 대답할 수 있는 질문을 하세요. You should take turns asking yes or no questions.
- 누구의 캐릭터인지 추측해 보세요. Guess who the character is.

 Vocab 　보드 게임 관련

· (게임의) 말	piece | marker		· 위치를 바꾸다	trace place | switch positions
· 칸	space | square		· 전진	go ahead
· 주사위를 굴리다	roll the die | dice		· 후진	go back
· 한 번 쉬다	lose a turn | miss a turn			

빙고 게임

- 빙고를 합시다. — Let's play *Bingo*.
- 가로 세로 3칸이 되는 표를 그리세요. — Please draw a table, three by three.
- 빙고 판을 나누어줄게요. — I'll give you a bingo board each.
- 선생님이 불러주는 단어는 선을 그어 지우세요. — Cross out the words I say.
- 선생님이 불러주는 번호에 색칠을 하세요. — Mark the numbers I call out.
- 선생님이 부른 번호를 기억하세요. — Remember the number I said.
- 세로 줄도 되고 가로 줄도 됩니다. — It can either be a vertical line or a horizontal line.
- 대각선도 됩니다. — Diagonal lines are also okay.
- 큰 소리로 Bingo! 하고 외치세요. — You should yell out "Bingo!"
- 선생님이 들을 수 있게 Bingo! 하고 크게 소리쳐야 해요. — You should yell "Bingo!" loudly so that I can hear you.
- Bingo! 하고 제일 먼저 외치는 사람이 이깁니다. — The person who shouts "Bingo!" first wins the game.
- 너희 두 사람이 동시에 Bingo! 하고 외쳤구나. — You two have shouted "Bingo!" at the same time.
- 미안해요. 지호가 조금 더 빨랐네요. — Sorry. Ji-ho was a bit faster.
- 정확하게 했는지 확인하기 위해 빙고판을 보겠어요. — Let me check your bingo board to see if you are right.
- 미안한데 이 번호는 안 불렀어요. — I'm sorry, but I didn't call out this number.
- 이 단어는 선생님이 안 불렀는데 학생이 실수한 것 같네요. — You made a mistake here because I didn't say this word.

- 선생님을 대신해서 숫자를 불러 볼 사람?
  Who wants to call out the number instead of me?

- 세호, 나왔던 번호 또 부르지 마세요.
  Se-ho, don't repeat the called numbers.

- 세 줄을 다 그어서 지우면 손을 들고 Bingo! 하고 소리치세요.
  Raise your hands and yell out "Bingo!" when you get three lines crossed out.

그림 보고 단어 맞히기 게임

- 짝에게 그림을 묘사해야 합니다.
  You should describe a picture to your partner.

- 짝이 설명하는 것을 주의 깊게 듣고 들은 대로 그리세요.
  You need to listen very carefully what your partner says and draw what you hear.

- Pictionary 게임을 하겠습니다.
  We're going to play *Pictionary*.

- 여러분을 네 팀으로 나눌게요.
  I'll divide you into four teams.

- picturist는 모든 힌트를 그림으로 그려서 팀에게 알려줘야 해요.
  The picturist should draw all the clues for the team.

- 주사위를 굴리세요.
  Please roll the die.

- 가장 높은 숫자가 나오는 팀이 먼저 시작합니다.
  The team that rolls the highest goes first.

- 첫 번째 picturist가 될 사람을 고르세요.
  Please choose the first person to draw.

- 각 팀에서 한 명씩 앞으로 나오세요.
  One person from each team, please come to the front.

- 단어에 대해 생각할 시간을 5초 주겠어요.
  You will have only five seconds to study the word.

- 5초 후에 그림을 그려야 합니다.
  You have to begin drawing after five seconds.

- 카드에 적힌 단어를 생각해낼 수 있는 그림을 그려서 팀에게 힌트를 주면 돼요.
  You can give clues by drawing some pictures which help your team to guess the word on the card.

- 60초 동안 힌트를 그리세요.
  You will have one minute to draw the clues.

- 제한 시간은 2분입니다.
  The time limit is two minutes.

- 나머지 팀원들은 그림이 설명하는 단어가 무엇인지 추측해야 합니다.
  The rest of the group should guess the word being drawn.

- 제한 시간 내에 가능한 한 많이 맞혀야 합니다. You have to guess as many as you can before the time stops.
- 답을 가장 많이 맞힌 팀이 게임에 이깁니다. The team getting most answers wins the game.
- 모르면 그냥 Pass!라고 하세요. If you don't know, just say "Pass!"
- Pass!라고 하고 다음 문제로 넘어가세요. Say "Pass!" and go on to the next question.

Useful Activity — Charade

Charade (제스처 놀이)는 팀 대항으로 이루어지는 추측 게임으로, 종이에 적힌 단어를 한 학생이 보고 몸으로 표현하면 다른 팀원들이 그것이 무엇을 설명하는 것인지 맞히는 게임입니다.

Expressions

- 여러분 그룹 안에서 연기자를 정하세요. In your groups, you have to choose an actor.
- 연기자는 교실 앞으로 나와서 단어를 몸으로 연기하세요. The actor will come to the front of the class and act out the word.
- 나머지 사람들은 자리에 앉아 있을 거예요. The rest of the group will stay seated.
- 연기자가 동작을 하는 동안 다른 사람들은 그 단어를 추측해서 알아맞히면 됩니다. The actor acts and everyone else guesses the word.
- 연기자는 말을 할 수 없고 동작으로만 설명해야 해요. The actor can't speak, but he has to make motions.

Episode

게임에 대한 오해

수업을 할 때 게임을 적절히 잘 활용하면 즐겁고 활기찬 수업 진행을 할 수 있어 좋은데요, 한 가지 잊지 말아야 할 것은 학생들의 성격이 다르듯 수업 방식에 대한 선호도 다르다는 점입니다. 학기말이 되어서 저는 그동안 배운 것을 복습한다는 차원에서 다양한 게임을 활용해서 수업을 진행했습니다. 아이들이 적극적으로 참여하고 즐거워해서 뿌듯해 하고 있었는데, 다음날 몇몇 여학생이 저를 찾아왔습니다. 게임을 하는 시간이 부담스럽고 좀 더 차분한 스타일의 공부를 하고 싶다는 이야기를 하더군요. '아이들은 당연히 게임을 좋아한다'라는 고정관념 때문에 다른 학생들의 성향은 고려하지 못했던 거예요. 이때부터 저는 학생들의 학습 성향에 대해 더 관심을 가지면서 수업 방식이 너무 한쪽으로 치우치지 않도록 주의를 기울이게 되었습니다. 학생들의 학습 성향 파악이 어렵다면, 수업이 끝날 즈음 설문지를 통해 아이들에게 선호도를 직접 듣는 방법도 있습니다. 학급의 전체적인 분위기와 교과 과정의 난이도, 개별 학생들의 성향 등을 파악하여 적절한 수업 방식을 선택하도록 노력하세요.

Chapter 4 예능활동

Unit 1 노래와 챈트

노래와 챈트는 노래와 율동을 좋아하는 어린 학생들에게 특히나 효과가 큰 수업 방법입니다. 딱딱한 수업보다는 아이들의 참여를 이끌어내기가 쉽고 공부에 대한 스트레스 없이 즐겁게 따라하다 보면 학습 내용까지 자연스럽게 익힐 수 있기 때문입니다. 챈트를 선택할 때는 흥겨운 멜로디와 재미있는 내용을 고르는 것이 좋습니다.

Classroom Situation

- **T** Do you know what we will do today?
- **Ss** Yes, we know. We'll learn a new song.
- **T** That's right. I'm going to teach you a song that teaches you how to make a contraction. The tune of this song is like *London Bridge*. Does everyone know that tune?

상황1
- **S1** Yes.
- **T** Good. Let's read through the words before we sing the song.

상황2
- **S2** No, I don't know.
- **T** It's okay. Let me play the song for you. First, just listen.

- **T** 오늘 우리가 무엇을 할지 알고 있나요?
- **Ss** 네, 알아요. 오늘 새로운 노래를 배우기로 했어요.
- **T** 맞아요. 축약형을 만드는 방법을 알려주는 노래를 가르쳐줄 거예요. 이 노래의 선율은 London Bridge와 같아요. 여러분 모두 이 멜로디를 아나요?

상황1
- **S1** 네.
- **T** 좋아요. 노래를 부르기 전에 가사를 읽어 봅시다.

상황2
- **S2** 아니요, 모르는데요.
- **T** 괜찮아요. 노래를 틀어줄게요. 먼저 들어 봅시다.

노래 안내 및 들려주기

- 노래 부르고 싶나요? — Do you want to sing now?
- 우리 같이 노래 불러 볼까요? — How about singing a song together?
- 노래 부르는 시간이에요. — It's time to sing a song.
- 여러분 노래하는 것 좋아하나요? — Do you like singing?
- 노래 부를 준비됐나요? — Are you ready to sing a song?
- 지난 시간에 배운 노래를 기억하나요? — Do you remember the song we learned last time?
- 어제 배운 노래 기억해요? — Do you remember the song from yesterday?
- Twinkle, Twinkle, Little Star 노래를 불러 봅시다. — Let's sing *Twinkle, Twinkle, Little Star*.
- Where Are You from? 노래를 불러 볼까요? — Why don't we sing *Where Are You from*?
- 새로운 노래를 배워 봅시다. — Let's learn a new song.
- 오늘은 노래 두 곡을 불러 볼 거예요. — We're going to do two songs today.
- 먼저 느린 박자로 부릅시다. — Let's begin slowly first.
- 이 노래의 선율은 London Bridge와 같아요. — The tune of this song is like *London Bridge*.
- 여러분 모두 그 선율을 아나요? — Does everyone know this tune?
- 시간이 조금 남았네요. 영어 노래를 한 곡 불러 볼까요? — We have a little time left. Shall we sing one English song?
- 신나는 챈트를 들려줄게요. — I'll let you hear an exciting chant.
- 재미있는 챈트를 틀어줄게요. — I'll play a fun chant for you.
- 리듬이 아주 신나죠? — The rhythm is very exciting, isn't it?
- 챈트에서는 리듬이 정말 중요해요. — Rhythm in a chant is very important.
- 칠판에 챈트를 써볼게요. — I'll write the chant on the board.
- 일단, 그냥 들어 봅시다. — First, just listen.
- 이제 이 곡을 들어 봅시다. — Now listen to the tune.
- 멜로디를 먼저 들어 보세요. — Listen to the music first.
- 지금 노래를 틀어줄게요. 잘 들어 보세요. — I'll play it now. Listen carefully.

- 자, 시작합니다. Here it goes.
- 이번에는 가사를 잘 들어 보세요. Listen carefully to the words.
- 노래가 좋나요? Do you like the song?

가사 확인 및 노래 부르기

- 가사를 한 줄씩 읽어 봅시다. Let's read the words line by line.
- 노래를 부르기 전에 가사를 읽어 봅시다. Let's read through the words before we sing the song.
- 선생님을 따라서 가사를 읽어 보세요. Repeat the words after me.
- 가사를 이해했나요? Do you understand the words?
- 노래 가사를 연습해 봅시다. Let's practice the lyric of the song.
- 가사 중에 모르는 단어가 있나요? Are there any words you don't know from the lyrics?
- 이제 가사를 곡에 맞춰 부를 수 있겠네요. Now we are ready to put the words and the tune together.
- 선생님이 먼저 불러 볼게요. Let me sing the song for you, first.
  = I'll sing the song, first.
- 함께 흥얼거려 봅시다. Let's hum.
- 선생님을 따라 부르세요. Sing after me.
- 한 줄씩 불러 봅시다. Let's sing, line by line.
- 선생님과 함께 불러요. Sing along with me.
- 자신 있게 큰 목소리로 노래하세요. Sing confidently with a loud voice.
- 노래 다 외웠나요? Did you memorize the song?
- 노래에 대해 질문 있나요? Any questions on the song?
- 챈트를 해봅시다. Let's chant.
- 선생님이 먼저 챈트를 부를게요. I'll lead the chant.
- 리듬에 맞춰 손뼉을 쳐 봅시다. Clap your hands to the rhythm.
- 이 단어가 들릴 때마다 발을 구르세요. Stamp whenever you hear this word.

- 리듬에 맞춰 책상을 두드려 봅시다.
- 책상을 두드리면서 챈트를 해봅시다.
- 자, 이제 챈트를 처음부터 쭉 불러 봅시다.

Let's tap your desks to the rhythm.

Let's do the chant and tap your desks.

We're going to do a chant straight from the beginning.

Chapter 4 예능 활동

Unit 2 미술 활동

미술 활동을 할 때는 지시 사항을 각 단계별로 나눠서 간결하고 정확하게 설명해 주는 것이 좋습니다. 만드는 방법과 단계별 유의점을 PPT와 같은 시각적 자료를 만들어 활용하면, 학생들의 집중도를 높일 수 있고 이해가 되지 않는 부분을 반복적으로 설명할 때 유용합니다.

Classroom Situation

- **T** Today we're going to make a *Fortune Teller*. Have you ever made it before?
- **Ss** No.
- **T** It's not that difficult. Please pass around these papers. Everybody gets your paper?

상황 1
- **S1** Excuse me, we didn't get it.
- **T** Sorry, how many more do you need?
- **S1** We need three more.

상황 2
- **S2** Yes.
- **T** Great. Then, fold one corner of a piece of a paper over to the adjacent side.
- **S2** Like this?
- **T** Yes, perfect.

- **T** 오늘은 Fortune Teller를 만들 거예요. 만들어 본 적 있나요?
- **Ss** 아니요.
- **T** 그다지 어렵지 않아요. 종이들을 좀 나눠주세요. 모두 종이 받았나요?

[상황 1]
- **S1** 선생님, 저희 못 받았는데요.
- **T** 미안해요. 몇 장이 필요하죠?
- **S1** 세 장이 더 필요해요.

[상황 2]
- **S2** 네.
- **T** 좋아요. 그럼, 한 쪽 끝을 마주보는 끝 쪽으로 접어줍니다.
- **S2** 이렇게요?
- **T** 네, 아주 잘했어요.

만들기 활동

- 반으로 접으세요. — Fold in half.
- 여기를 이렇게 접으세요. — Fold it here like this.
- 세 부분으로 접으세요. — Fold it into three parts.
- 점선은 접어야 한다는 뜻이에요. — A dotted line means that you have to fold it.
- 점선 부분을 접으세요. — Fold on the dotted line.
- 한 쪽 끝을 마주보는 끝 쪽으로 접어주세요. 이렇게요. — Fold one corner of a piece of a paper over to the adjacent side, like this.
- 종이를 이렇게 돌리세요. — Rotate the paper like this.
- 삼각형 모양이 될 거예요. — You'll end up with a triangle.
- 선생님이 한 것이랑 똑같은 모양인가요? — Does yours look like mine?
- 다음, 귀퉁이 부분이 가운데로 오도록 접어주세요. — Next, fold a corner into the central point.
- 반대쪽 귀퉁이도 똑같이 하세요. — Repeat with the opposite corner.
- 그런 다음, 종이를 뒤집으세요. — After that, flip the paper over.
- 접은 부분을 모두 펴세요. — Unfold all the folds.
  = Open the paper up.
  = Unfold it.
- 가위와 색종이를 꺼내세요. — Take out your scissors and colored papers.
- 가위를 이용하세요. — Please use your scissors.
- 풀이 필요해요. — You will need some glue.
- 실선은 잘라야 한다는 뜻이에요. — A solid line means that you have to cut it.
- 선을 따라 자르세요. — Cut along the line.
- 카드의 네 귀퉁이를 자르세요. — Cut four corners off the card.
- 사람 모양을 오리세요. — Cut out pictures of people.
- 별 모양을 그리고 그 그림을 오리세요. — Draw a star on the paper and cut it out.
- 오려낸 다음 풀로 붙이세요. — Cut them out and then glue them together.
- 여기에 풀칠하세요. — Glue it here.

- 색종이를 봉투에 붙이세요. Paste colored paper onto the envelopes.
- 그것들은 테이프로 붙이세요. Tape them together.
- 글루건을 이용해서 이것을 리본에 붙이세요. Stick this on to the ribbon using the glue gun.
- 단단히 고정됐나요? Is it fixed firmly?
- 칼로 자르세요. Please cut it with a Stanley knife.
- 다치지 않게 조심하세요. Be careful not to hurt yourself.
- 판지로 별 모양을 오리고 핀으로 종이 중앙에 고정하세요. Cut out the star from the cardboard and pin them in the middle.
- 작은 조각으로 찢으세요. Tear them into small pieces.
- 매듭을 만드세요. Tie a knot.
- 매듭을 푸세요. Undo the knot.
- 다 끝냈나요? Are you finished with your craft?
- 휴지통에 조각들을 버리세요. Throw the trash into the bin.
- 여러분의 작품을 모아 사계절 계시판에 게시할 거예요. We're going to collect your work to put up Four Seasons board.

단계별 지시

· 첫 번째로	first		· 그 전에	before that
· 두 번째로	second		· 그 후에	after that
· 다음에	next		· 조금 후에	in a few seconds
· 나중에	later		· 다음 단계는 ~	the next step is ~
· 마지막으로	finally			

Useful Activity — Fortune Teller

수업하는 학생들의 연령이 낮아 가위나 칼 등으로 오리기 활동에 제약이 있는 경우, 아이들과 함께 Fortune Teller (동서남북 만들기)를 해보세요. 단, 각 면에 영어로 예언을 써서 아이들에게 소개해 주세요.

Expressions

- 시작하기 전에, 종이 한 장이 필요해요. Before we start, you need a piece of paper.
- 한 쪽 끝을 마주보는 끝 쪽으로 접어줍니다. 이렇게요.
  Fold one corner of a piece of a paper over to the other side, like this.
- 삼각형의 양쪽 끝이 만나게 접어서 더 작은 삼각형을 만들어 줍니다.
  Fold the two opposite ends of the triangle together, forming a smaller triangle.
- 접은 것을 펴세요. 선생님 것과 똑같은 모양인가요? Unfold all of the folds. Does yours look like mine?
- 다음, 귀퉁이 부분이 가운데로 오도록 접어주세요. Next, fold a corner into the central point.
- 반대쪽도 같이 접어주세요. 나머지 두 군데도 똑같이 접어주세요.
  Repeat with the opposite corner. Repeat with the other two corners.
- 정사각형의 모양이 될 거예요. You'll end up with a square.
- 그런 다음, 종이를 뒤집으세요. After that, flip the paper over.
- 다음, 귀퉁이 부분이 가운데로 오도록 접어주세요. 반대쪽도 접어주세요.
  Next, fold a corner over to the center. Repeat with the opposite corner.
- 나머지 두 군데도 접어주세요. Fold over the two remaining corners.
- 좀 더 작은 정사각형이 되었을 거예요. 선생님이 한 것이랑 똑같은 모양인가요?
  You'll end up with a smaller square. Does yours look like mine?
- 정사각형을 반으로 접으세요. Fold the square in half.
- 반으로 접은 것을 펴고 다른 쪽을 또 반 접으세요. 마지막으로, 접은 부분을 또 펴세요.
  Unfold and fold in half the other way. Finally, unfold it, too.
- 이 부분이 조금 까다로운 부분이에요. 선생님이 하는 것을 잘 보세요. 네 군데의 사각형 덮개 부분을 잡아서 든 후 손가락을 집어넣으세요. This is the tricky part. Watch me. Pick up each of the four square flaps, and put your fingers inside.
- 그러면 이렇게 네 방향으로 움직일 수 있게 될 거예요.
  You'll be able to move the four parts around, like this.
- 네 부분의 덮개 부분에 아무거나 4가지 색깔을 쓰세요. Write any four colors on four flaps.
- 뒤집어서 삼각형 모양의 덮개 부분에 1부터 8까지의 숫자를 쓰세요.
  Flip it over, and write eight numbers on the triangular flaps.
- 미래를 예언하는 8문장을 각 덮개 안쪽에 쓰세요. Write eight fortunes inside the each flap.

그리기 및 색칠 활동

- 여러분 모두 색연필을 가져왔나요? Have you all got your colored pencils with you?
- 색연필을 꺼내세요. Take out your colored pencils.
- 그림을 그려 봅시다. Let's draw a picture.
  = Let's do some drawing.
- 선생님이 무엇을 그리는지 맞혀 보세요. Guess what I'm drawing?
- 자를 이용해 선을 그리세요. Draw a line with a ruler.
- 직사각형을 그리세요. Draw a rectangle.
- 선생님이 말하는 대로 그리세요. Draw what I say.
- 선생님의 지시에 따라 그려 보세요. Follow my directions to draw the picture.
- 칠판을 보고 선생님이 그린 걸 따라 그리세요. Copy the one I have on the board.
- 짝이 말하는 대로 그리세요. Please draw what your partner tells you to do.
- 보지 않고 그림 위에 선을 그릴 거예요. You'll draw a line on a picture without seeing it.
- 칠판에 그림을 몇 개를 그려 보세요. Please draw some pictures on the board.
- 집을 그린 다음 파란색으로 색칠하세요. Draw a house and color it blue.
- 말풍선을 그려 넣으세요. Draw speech bubbles.
- 상상력을 발휘해 보세요. Use your imagination.
- 지금 무엇을 그리고 있나요? What are you drawing?
- 책에 그리세요. Draw it in the book.
- 연필로 그리세요. Draw it with a pencil.
- 이제 색칠을 합시다. Now let's do some coloring.
- 바나나를 노랗게 색칠하세요. Color the banana yellow.
- 몸의 각 부분을 다른 색깔로 칠하세요. Color each body part using different colors.
- 하고 싶은 대로 색칠하세요. Color the picture as you like.
- 여기는 무슨 색으로 칠할 거예요? What color are you going to use for this part?
- 이건 무슨 색깔이죠? What color is it?

3원색 설명하기

- 3원색은 노랑, 빨강 그리고 파랑입니다.

  The three primary colors are yellow, red, and blue.

- 노란색에 빨간색을 더하면 주황색이 됩니다.

  If you take the red and put it into the yellow, you will get orange.

- 파란색에 빨간색을 더하면 보라색이 됩니다.

  If you take the red and put it into the blue, you will get purple.

- 파란색에 노란색을 더하면 초록색이 됩니다.

  If you take the yellow and put it into the blue, you will get green.

- 갈색은 3원색으로 만든 거예요. 그래서 빨간색, 노란색, 파란색을 함께 섞으면 갈색이 나옵니다.

  Brown is made from the three primary colors. So if you mix your red and your yellow and your blue together, you get brown.

Vocab · 미술 도구와 색 관련

미술 도구

그림붓	paintbrush
그림물감	paint	paint tube
점토	찰흙	clay
커터칼	knife	Stanley knife
도료 접시	paint tray
이젤	easel
종이접기	origami
목탄	charcoal
반짝이	glitter
색 셀로판지	color cellophane

3원색 three primary colors
- yellow
- red
- blue

중간색 secondary colors
- orange
- purple
- green

무채색 neutrals
- black
- white
- gray

Chapter 4 예능 활동

Unit 3 연극

역할 놀이와 연극은 학생들의 적극적인 참여를 유도하기 좋은 활동입니다. 배운 읽기 지문을 활용해 역할극을 해보세요. 학생들은 자연스럽게 주요 표현을 익힐 수 있으며, 쉽고 재미있게 영어를 접함으로써 자신감과 영어 실력도 향상시킬 수 있습니다. 다만, 연극을 할 때 주어진 비중이 작다고 자신의 역할을 초라하게 생각하는 학생이 있을 수 있습니다. 이럴 경우, 모든 역할이 하나의 연극을 완성시키는 데 중요하다는 사실을 자주 상기시켜 주세요. 학급 인원 모두 성취감을 얻을 수 있는 방향으로 연극 지도를 해야 합니다.

Classroom Situation

- T We've learned some of *Aesop's Fables*. Why don't we make a play with one of them?
- Ss That sounds great.
- T Which story do you want to play with?

- S1 I think 「The North Wind and the Sun」 is good for making a play.
- T Any other suggestions?
- S2 How about 「The Hare and the Tortoise」?

- Ss Well.
- T Do you want me to decide the story?
- Ss Yes, please.
- T A good stroy could be 「The Shepherd's Boy and the Wolf」 to you.

❶ 우리는 지금까지 여러 이솝 우화를 배웠어요. 배운 이솝 우화 중 하나를 연극으로 만들어 볼까요?
❷ 좋아요.
❸ 어떤 이야기로 연극을 하고 싶나요?
상황1 ❹ 전 「The North Wind and the Sun」이 연극을 만들기에 좋을 것 같아요.
❺ 혹시 다른 의견 있나요?
❻ 「The Hare and the Tortoise」는 어떨까요?
상황2 ❼ 글쎄요.
❽ 선생님이 이야기를 정해 줄까요?
❾ 네.
❿ 선생님은 「The Shepherd's Boy and the Wolf」가 좋을 것 같네요.

연극 제안 및 역할 정하기

- 역할극을 해볼 거예요.
  We're going to do a role play.

- 역할극을 합시다.
  Let's do a role play.

- 연극을 해봅시다.
  Let's put on a play.
  = Let's make a play.

- 이 이야기로 연극을 해볼까요?
  Why don't we make a play with this story?

- 배역을 정합시다.
  Let's decide the roles.

- 등장인물이 총 몇 명이죠?
  How many characters are there?
  = How many actors do we need?

- 등장인물이 총 다섯 명이네요.
  There are five characters.

- 해설자 역할을 하고 싶은 사람 있나요?
  Who wants to be the narrator?

- 배우 일곱 명과 해설자 한 명이 필요해요.
  We need seven actors and a narrator.

- 자, A팀은 모두 점원이고 B팀은 모두 손님입니다.
  OK, team A, you are all clerks. Team B, you are all customers.

- 그럼 어느 쪽이 점원이고 어느 쪽이 손님인가요?
  So who are the clerks? And who are the customers?

- 여러분 스스로 배역을 정하고 싶나요?
  Would you like to decide the roles among yourselves?

- 각자 역할을 하나씩 맡았나요?
  Do you have a role each?

- 선생님이 역할을 정해 줄까요?
  Shall I assign your roles?

- Peter 역할 할 사람?
  Who wants to be Peter?

- Captain Hook 역할 할 사람?
  Who wants to be Captain Hook?

- 세호가 John 역을 맡으세요.
  Se-ho, you can be John.

- Tinker Bell 역할을 맡으세요.
  You can be Tinker Bell.

- Bunny 역할을 해볼래요?
  Would you be Bunny?

- 누가 Mr. Smith 부분을 읽어 볼래요?
  Who would like to read the part of Mr. Smith?

- 지원자가 없으면 선생님이 정해야겠네요.
  If there's no volunteer, I'll have to choose.

- 누구에게 시켜 볼까요?
  Who shall I ask?

- 학급 인원이 너무 많네요. 등장인물을 몇 명 더 만듭시다.

  There are too many people. Let's add some more characters.

- 배역이 마음에 들지 않더라도 최선을 다해서 해주세요.

  Although you don't like your role, please do your best.

대본 연습 및 연극 활동

- 원한다면 등장인물을 더 늘려도 돼요.

  You can add more characters if you like.

- 여러분이 원하는 방향으로 이야기를 바꿔도 돼요.

  You can change the story to your version.

- 연극 대본에서 자신의 파트를 찾으세요.

  Find your parts in the play.

- 자기 대사에 동그라미를 하세요.

  Circle your lines.

- 해설자면 해설자의 대사에 전부 동그라미 하세요.

  If you're the narrator, circle all of the narrator's line.

- 단어의 의미나 발음에 대해 질문이 있는 사람은 선생님에게 물어보세요.

  If you have any questions about a word's meaning or pronunciation, please ask me.

- 자기 파트에 대해 질문 있는 사람?

  Does anyone have a question about their part?

- 이제, 본격적으로 연기를 해봅시다.

  Now, let's act out the dialogue.

- 선생님이 먼저 제목을 말할게요. 그 다음에 해설자가 시작해 주세요.

  I'll tell the title and the narrator can start.

- 자기 역할을 연기해 보세요.

  Act out your part.

- 짝과 함께 연기해 보세요.

  Act out with your partner.

- 대사에 감정을 실어 연기하세요.

  Put your feelings into your lines.

- 제스처를 더 많이 사용하세요.

  Use more gestures.

- 대사도 크게 하고, 동작도 더 크게 하세요.

  Talk loudly and use bigger gestures.

- 좀 더 큰 소리로 말하세요.

  Please talk a bit louder.

- 자신이 사자라고 상상해 보세요.

  Imagine you are a lion.

- 자신이 새라고 생각하고 날아 보세요.

  Pretend you are a bird. Fly like a bird.

- 손님 역할을 맡은 사람들은 메뉴를 읽으세요.

  Customers, please read the menu.

- 손님들, 뭐라고 얘기해야 할지 생각하세요.

  Customers, think about what you are going to say.

- 선생님이 하는 걸 보세요. Watch what I am doing.
- Bunny는 씩씩해야 해요. Bunny should be very confident.
- 화난 것처럼 연기하세요. Act as if you are angry.
- 역할을 바꿔도 돼요. You can change your roles.
- 대사를 잊어버리지 않도록 하세요. Try not to forget your lines.
- 대사 연습을 좀 더 해야 할 것 같네요. You need to spend more time practicing your lines.
- 관객을 바라보세요. Please face the audience.
- 가끔 연기를 너무 오버해서 하는 것 같아요. I think sometimes you're overacting.
- 어떻게 대사를 전달해야 할지 생각해 보세요. Think about how you're going to say it.
- 연기를 할 때는 관객들이 잘 들을 수 있도록 크게 말하세요. Please talk loudly when you act, so everyone can hear you.
- 앞으로 나와서 다른 사람들에게 보여주세요. Come out to the front and show everybody else.
- 세호와 가희가 연기하는 걸 봅시다. Let's watch Se-ho and Ga-hee acting the conversation out.
- 배우들을 위해 박수를 쳐주세요. Some applause for the actors and actresses.
  = Please clap for the performers.

Vocab · 연극 관련

공연	performance	구성, 줄거리	plot
연기	acting	지문	stage direction
장면	scene	장르	genre
배역	role	비극	tragedy
대사	lines	희극	comedy
무대	stage	멜로드라마	melodrama
분장	makeup	동선	blocking
연습	rehearsal	무대 의상	stage costume
감독	director	무대 효과	stage effect
남자 배우	actor	소품	prop
여자 배우	actress	최종 연습	dress rehearsal
관객	audience	무대 감독	stage manager
연극 대본	playscript	극작가	playwright

Chapter 5 시험

Unit 1 시험 일정 안내하기

시험 일정 안내는 학생들이 시험 공부 스케줄을 짤 수 있도록 범위와 날짜를 최소한 일주일 전에 공지해야 합니다. 또한 시험 전에 각 단원별로 중요한 내용이 무엇인지 다시 한 번 함께 확인하고 효율적인 공부 방법을 학생들에게 알려주세요. 미리 테스트 아웃라인을 준비해 가이드라인을 제시해 주는 것도 학생들의 시험 준비에 큰 도움이 됩니다.

Classroom Situation

- T: What did we learn today?
- Ss: We learned about past tense.
- T: How was that? Are we all clear on how to use the past tense?
- Ss: Yes.

- T: It should be. It's going to be on the quiz next week.
- S1: Oh, no! That means we only have one week to prepare.
- T: I know it seems like a lot, but don't worry. The quiz won't be that difficult.

- T: If there's any questions, please ask me now. Since it's something that will be on the test next week.
- S2: Don't worry. I got it well.
- T: Then you'll do great on the exam next week. Before you go, make sure you pick up the test outline.

- T 오늘 우리가 무엇을 배웠죠?
- Ss 과거시제를 배웠어요.
- T 어땠나요? 모두 과거시제 사용법을 확실히 이해했나요?
- Ss 네.

상황1
- T 확실히 이해해야 해요. 다음 주 퀴즈에 나올 거거든요.
- S1 안 돼요. 그 말은 공부할 시간이 1주일밖에 없다는 거잖아요.
- T 공부해야 할 양이 많아 보이지만 걱정하지 마세요. 퀴즈는 그다지 어렵진 않을 거예요.

상황2
- T 질문이 있으면 지금 물어보세요. 다음 주 시험에 나올 내용이거든요.
- S2 걱정 마세요. 전 이해했어요.
- T 그러면 다음 주에 있을 시험을 잘 보겠네요. 가기 전에 시험 요점 정리를 가져가세요.

시험 예고하기

• 단원이 끝날 때마다 간단한 쪽지 시험을 볼 거예요.	We'll have a quiz after each chapter. = There is a quiz every time every chapter is up.
• 다음 시간에 받아쓰기 시험을 보겠어요.	We're going to take a dictation test in our next class.
• 다음 주 시험에 대해서 이야기를 할게요.	Let me tell you about next week's test.
• 모두 내일 쪽지 시험을 준비하세요.	Everyone, prepare for the quiz tomorrow.
• 여러분이 이미 알고 있듯이, 다음 주에 영어 듣기 시험을 볼 거예요.	As you know, we'll have a listening test next week.
• 가끔 예고 없이 쪽지 시험을 볼 거예요.	Sometimes we'll have a pop quiz.
• 이번 주 수요일에 시험이 있어요.	There will be a test this Wednesday.
• 3주 후에 중간고사가 있을 거예요.	You'll have a mid-term exam in three weeks.
• 중간고사까지 수업이 두 번 남았네요.	There are two classes until the mid-term exam.
• 다음 주에 말하기 대회가 있는 것 다들 알죠?	Do you all know that we have a speaking contest next week?
• 준비할 시간이 1주일밖에 없다는 뜻이에요.	That means you only have one week to prepare.
• 2주 후에 기말고사가 있을 거예요.	You're going to have a final exam in two weeks.
• 말하기 시험은 영어 인터뷰로 볼 거예요.	We'll do an interview for the speaking test.
• 말하기 시험 대신 3분 스피치를 할 거예요.	Instead the speaking test, we will have three-minute speeches.

시험 범위 알려주기

• 시험 범위는 1단원부터 4단원까지입니다.	The exam covers chapters 1 to 4.
• 1단원부터 4단원까지 공부하세요.	Please study chapters 1 to 4.
• 시험은 수업시간에 공부했던 연습문제에서 나올 거예요.	The test is based on the exercises we've done in class.
• 이 부분은 다음 주 시험에 나올 거예요.	This part will be on the test next week. = It's going to be on the test next week.
• 시험 문제는 여러분이 지금까지 배운 데서 나와요.	Test items are based on what you've covered so far.

- 시험은 이번 학기에 우리가 배운 데서 출제됩니다.
  The test is based on what we've studied this semester.

- 이 부분은 아주 중요하니까 꼭 표시해 주세요.
  Please check this part because it is very important.

- 이 단어들을 꼭 외워야 해요.
  You should memorize these words.

- 3단원 시험을 잘 보려면 여러분은 이 어휘들을 모두 알아둬야 해요.
  This is all of the vocabulary that you need to know for the chapter 3 test.

- 가기 전에 시험 요점 정리를 가져가세요.
  Before you go, make sure you pick up the test outline.

시험 준비 및 전략 지도하기

- 모두 시험 대비를 잘하세요.
  You should all prepare for the test.

- 시험 준비를 해야 하는 이유는 아주 많아요.
  There are so many reasons why you should prepare for the test.

- 시험 성적을 올리고 싶지 않나요?
  Wouldn't you like to raise your grade?

- 조금씩 꾸준히 공부를 한다면 벼락치기는 안 해도 돼요.
  If you study little by little steadily, you don't have to cram.

- 벼락치기는 좋은 공부 방법이 아니에요.
  Cramming is not a good way of studying.

- 좋은 성적을 받는 최고의 방법은 열심히 공부하는 거예요.
  The best way to get a good grade is to study hard.

- 요점 정리는 좋은 시험 준비 방법이에요.
  Making summary notes is a good way to prepare your test.

- 암기용 카드를 만들면 어휘를 외우는 데 도움이 돼요.
  Making flash cards can help you memorize vocabulary.

- 암기용 카드는 좋은 암기 도구입니다.
  Flash cards are a good memorization tool.

- 최선을 다해 새로운 단어를 열심히 외우세요.
  Do your best to remember the new vocabulary.

- 함께 공부할 친구를 찾고 서로 가르쳐주세요.
  Find your study partner and teach each other.

- 공부하기 전에 시간표를 짜 보세요.
  Prepare a time table before starting the study.

- 지문을 읽기 전에 해당 문제를 먼저 읽으세요.
  Before read a passage, read the questions that follow.

- 지문을 읽으면서 질문에 답하는 데 도움이 될 만한 곳에는 밑줄을 그으세요.
  When you read a text, underline the point which is useful in answering the questions.

Chapter 5 시험

Unit 2 시험 보기 및 성적 확인

정기적인 시험도 중요하지만 퀴즈 형식으로 그때마다 배운 내용을 점검하는 것도 중요합니다. 복습 효과는 물론 학생들에게 평소에도 꾸준히 공부해야 하는 동기 부여가 되기 때문이에요. 또한 학생들을 평가한 내용과 결과를 잘 보관하고 활용하는 것도 중요합니다. 평가 자료는 수업에서 보충해야 할 부분이 무엇인지 파악하고 앞으로의 수업 방향을 수정할 때 좋은 참고 자료가 될 수 있답니다.

Classroom Situation

- **T**: Now, it's time for the test now. Put everything into your bags. You only need a pencil and an eraser.
- **S1**: Can we have five minutes to study more?
- **T**: No. Make sure you erase everything written on your desks.
- **S2**: Can I borrow an eraser?
- **T**: You should have brought your eraser. Here it is. You can use it during the test.
- **S2**: Thank you.
- **S3**: My pencil is broken. Can I use a pencil sharpener?
- **T**: I have some extra pencils for you. You can use it.

❶ 이제 시험 볼 시간이에요. 전부 다 가방에 집어넣으세요. 연필과 지우개만 있으면 돼요.
❷ 공부할 시간 5분만 더 주시면 안 돼요?
❸ 안 됩니다. 책상 위에 글자가 하나도 없도록 다 지우세요.
❹ 지우개 좀 빌려도 될까요?
❺ 지우개를 가져왔어야죠. 여기 있어요. 시험 보는 동안 쓰도록 하세요.
❻ 감사합니다.
❼ 저는 연필이 부러졌어요. 연필깎이 좀 써도 될까요?
❽ 선생님한테 남는 연필이 몇 자루 있어요. 그거 쓰세요.

규칙 및 주의 사항 안내하기

- 모두 일어나서 책상을 한 줄로 만드세요. Everyone, stand up and move your desks into single rows.
- 한 줄 당 책상이 일곱 개가 되도록 만드세요. There will be seven desks in each row.
- 정해진 자리에 앉아주세요. Please take your assigned seat.
- 시험은 40분 동안 볼 거예요. You'll take the exam for 40 minutes.
- 종료 시간 10분 전과 5분 전에 시간을 알려줄게요. I'll let you know the time 5 minutes and 10 minutes before the finish time.
- 화장실 가고 싶은 사람? Does anyone need to go to the bathroom?
- 시험 보는 동안에는 화장실에 갈 수 없어요. You are not allowed to go to the restroom during the test.
- 시험 시작 전에 휴대전화를 내야 합니다. You must hand in your cell phone before the test begins.
- 시험 보는 동안에는 휴대전화를 꺼놓으세요. Turn off your cell phones during the exam.
- 시험 중에는 사전을 사용할 수 없습니다. You can't use your dictionaries during the exam.
- OMR 카드는 한 번만 바꿔줄 거예요. You can exchange the OMR card only once.
- OMR 카드가 구겨지지 않게 주의하세요. Be careful not to crumple your OMR card.
- OMR 카드에는 컴퓨터용 사인펜만 사용할 수 있어요. You can only use computer pens on the OMR card.
- 답안지에 실수하지 않도록 주의하세요. Be careful not to make mistakes on your answer sheets.
- 시험지에 낙서하지 마세요. Don't scribble on the test paper.
- 시험지를 찢거나 구기지 마세요. Don't tear or crumple your test paper.
- 시험 볼 때 지켜야 하는 사항을 따라주세요. Please follow all the test rules.
- 다른 사람 시험지를 보지 마세요. Don't look at others' tests.
- 시험 중에는 말하지 마세요. You must not talk during the test.
- 듣기 평가 시간에는 조용히 해야 합니다. You must be quiet during the listening test.
- 각 문제는 한 번만 들려줍니다. Each question will be played only once.
- 질문이 있으면 손을 드세요. If you have any questions, just raise your hand.

시험 진행하기

• 모두 시험 볼 준비를 하세요.	Please get ready to take the test.
• 여러분 모두 백지 한 장을 꺼내세요.	Everyone, take out a blank sheet of paper.
• 쪽지 시험 볼 시간입니다.	It's time for a quiz.
• 책을 다 덮어주세요.	All books closed, please.
• 책상 위에 있는 것을 모두 치우세요.	Put everything away on your desk.
• 전부 다 가방에 집어넣으세요.	Put everything into your bags.
• 연필과 지우개만 있으면 돼요.	You only need a pencil and an eraser.
• 책상 위에 글자가 없도록 다 지우세요.	Please erase everything written on your desks.
• 시험 볼 시간이니 조용히 하세요.	Please quiet down because it's time to take the test.
• 모두 조용히 하세요. 시험지를 나눠주겠어요.	Be quiet, everyone. I'll pass out the test papers.
• 이제 시험 볼 시간이에요.	It's time for the test now.
• 시험지와 답안지를 나눠주겠어요.	I'll hand out the test papers and answer sheets.
• 아직 시험지를 돌리지 마세요.	Don't pass the papers yet.
• 한 장씩만 갖고 나머지는 뒤로 돌리세요.	Take one and pass the rest to the back.
• 모두 시험지 받았나요?	Did everyone get your own?
• 시험지 두 장 다 있는지 확인하세요.	Please check if you have both test papers.
• 양면에 다 인쇄가 되어 있는지 확인하세요.	Please check the print on both sides.
• 먼저, 시험지에 이름을 쓰세요.	First, put your names on your test papers.
• 시험지 위에 이름 쓰는 것 잊지 마세요.	Don't forget to write your names on the test papers.
• 시험지를 받으면 바로 시작하세요.	Start as soon as you receive your exam paper.
• 선생님이 시작하라고 할 때까지 기다리세요.	Wait till I tell you to start.
• 이제 시작해도 됩니다.	You may begin now.
• 정답은 답안지에 적으세요.	Write down the answers on your answer sheets.
• 10분 남았어요.	You have 10 minutes left.

부정행위 단속하기

- 뒤돌아보지 마세요.
  Don't turn around.
  = Don't look back.

- 시험 중에는 고개를 돌리지 마세요.
  Don't turn your heads during the exam.

- 친구와 이야기를 하지 마세요.
  Don't talk with your friends.
  = Don't discuss with your friends.

- 의심스러운 행동을 하지 마세요.
  Don't do any questionable behavior.
  = Don't do any suspicious behavior.

- 책상 위에 아무것도 쓰지 마세요.
  Don't write anything on your desks.

- 책상에 아무것도 안 적혀 있는지 확인하세요.
  Make sure that there's nothing written on your desk.

- 서랍에 아무것도 없는지 확인하세요.
  Be sure that there's nothing in your drawers.

- 다른 사람의 답을 보지 마세요.
  Don't look at others' test answers.

- 친구에게 자신의 답을 보여주지 마세요.
  Don't show your answers to your friends.

- 부정행위는 정직하지 못한 거예요.
  Cheating is dishonest.

- 부정행위를 하면, 그에 맞는 벌을 각오해야 할 거예요.
  If you cheat, there will be consequences.

- 부정행위를 하는 사람은 0점 처리될 거예요.
  People who cheat will get no points.

- 그건 부정행위예요. 선생님이 분명히 하지 말라고 했을 텐데요.
  It's cheating. I told you not to do that.

시험 종료하기

- 5분 남았어요.
  You have 5 minutes left.

- 시험 시간이 5분 남았어요.
  You have 5 minutes to finish your quiz.

- 시간이 거의 다 됐어요.
  Time is almost up.

- 답안지 표기를 끝내세요.
  Please finish marking your answer sheets.

- 시간이 더 필요한 사람 있나요?
  Does anyone need more time?

- 실수가 있는지 다시 확인하세요.
  Check again for any mistakes.

- 한 번 더 확인하세요. Please double-check your work.
- 시험지를 다 풀었어도, 다시 한 번 보면서 시험지를 확인해 보세요. Although you are finished, please go back and check your work again.
- 이름을 제대로 썼는지 확인하세요. Check if you have written your name.
- 반, 번호, 이름을 꼭 다시 확인하세요. Don't forget to check your class, number, and name again.
- 다 끝냈으면 시험지를 반으로 접으세요. If you finished your test, please fold your papers in half.
- 이제 하던 것 멈추세요. Stop working now.
- 연필을 내려놓으세요. Pencils down.
- 끝내야 할 시간이 된 것 같네요. I'm afraid it's time to stop.
- 시간이 다 되었습니다. 답안지를 제출하세요. Time's up. Hand your papers in.
- 시간 다 됐어요! 다 못 끝냈어도 제출해야 합니다. Time's up! You need to hand it in, if you're not finished.
- 손을 머리 위에 올리고 눈을 감으세요. Put your hands on your head and close your eyes.
- 아직 친구들과 얘기하지 마세요. Don't talk with your friends yet.
- 답안지를 뒤에서 걷어 오세요. Collect the answer sheet from the back.
- 시험지 좀 걷어줄래요? Could you collect the test, please?
- 시험지 제출해 주세요. Turn in your test, please.
- 나가면서 시험지를 제출해 주세요. Hand in your papers as you leave.
- 나갈 때 책상 위에 시험지를 놓고 가세요. Leave your tests on the desk as you go out.

Vocab · 평가 관련

시험

쪽지 시험	quiz
깜짝 시험	pop quiz
중간고사	mid-term exam
기말고사	final exam
객관식 시험	objective test
주관식 시험	subjective test
선다형 시험	multiple-choice test
자유 해답형 시험	open-ended test
오픈북 시험	open-book test
논술형 시험	essay test
형성 평가	formative test
단원 평가	end-of-unit test
배치고사	placement test

성취도 평가	achievement test
진단 평가	diagnostic test
능력 시험	proficiency test
표준화 시험	standardized test

관찰 평가 observation

수행 평가	performance assessment
구두시험	oral report
토론	debate
프로젝트	project

포트폴리오 portfolio

| 작문 폴더 | writing folder |
| 작품 모음집 | art collection |

정답 확인 및 채점하기

- 정답을 확인합시다.
  Let's check the answers.
  = Let's go through the answers.

- 여러분의 답을 확인해 봅시다.
  Let's check your answers.

- 여러분의 답이 맞는지 확인해 봅시다.
  Let's check out if you're right.

- 짝과 시험지를 바꾸세요.
  Change test papers with your partners.

- 맞았으면 동그라미를 치세요.
  Draw a circle around the correct answer.

- 시험지를 채점하면서 틀린 답은 고쳐주세요.
  Correct the wrong answers as you mark the papers.

- 이 질문에 뭐라고 답했나요?
  What is your answer to this question?

- 1번의 답은 뭔가요?
  What's number 1?
  = What's the answer to number 1?

- 2번은요?
  Number 2?

- 1번부터 답을 불러주세요.
  Call out the answers starting from number 1.

- 조용히 하지 않으면 정답을 들을 수 없습니다. Be quiet, or you won't hear the correct answer.
- 3번에 뭐라고 답했나요? What's your answer for number 3?
- 답이 a라고 생각하는 사람 있나요? Is there anyone who thinks *a* is the answer?
- 2번의 정답은 4번이에요. The answer to question 2 is number 4.
- 한 문제당 4점입니다. It's 4 points for each question.
- 점수를 계산해 보세요. Count up the points.
- 짝의 점수를 시험지 위에 써주세요. Please write your partner's score at the top of their paper.
- 아직 본인에게 주지 마세요. Don't switch it back yet.
- 짝에게 시험지를 돌려주세요. Please give the papers back to your partners.
- 여러분의 시험지는 선생님이 채점한 다음 나눠 줄게요. I'll mark your papers and hand them out.

시험 성적 확인하기

- 성적을 알려주겠어요. I'll let you know the test result.
- 성적표를 나눠주겠어요. I'll give out your report cards.
- 점수를 확인해 보세요. Please check your score.
- 시험 점수에 이상이 있는지 확인해 보세요. See if there's anything wrong with your test score.
- 점수가 잘못되었다고 생각하는 사람 있나요? Is there anyone who thinks there's something wrong with their grade?
- 결과가 잘못되었다고 생각하면 선생님에게 오세요. If you think the result is wrong, please come and see me.
- 성적표에 부모님 사인을 받아서 선생님에게 다시 제출하세요. Get your parents to sign the report card and give it back to me.

성적에 대해 평가하기

- 이번 시험 정말 잘 봤네요.

  You really did a great job in this test.
  = Good work on this exam.

- 지금까지 썼던 에세이 중에서 제일 잘했네요.

  This is the best essay you've ever written.

- 모든 과목에서 좋은 성적을 받았네요.

  You got good grades from all the exams.

- 100점 맞은 것 축하해요.

  Congratulation on your perfect score.

- 와! 10점 만점에 10점이에요.

  Wow. 10 out of 10!

- 수지가 1등이네요.

  Su-ji took first place.

- 중간고사 결과가 좋네요.

  Your mid-term exam result is good.

- 평균이 100점 만점에 72점이에요.

  The average is 72 out of 100.

- 시험이 너무 어려웠나요?

  Was the test too hard for you?

- 시험 점수가 별로 좋지 않아요.

  Your test score is not good enough.

- 조금 더 열심히 공부를 해야 할 것 같아요.

  I think you need to study a little harder.

- 다음에는 더 열심히 공부하기로 선생님과 약속해 주세요.

  Promise me that you'll study harder next time.

- 시험을 엉망으로 봤군요.

  You did a terrible job on the test.

- 이런 낮은 점수에는 변명의 여지가 없네요.

  There's no excuse for such low scores.

- 가장 잘못한 것은 노력도 하지 않았다는 거예요.

  The worst part is you didn't even try.

- 선생님은 결과에 조금 실망했어요.

  I'm a little disappointed in the result.

> **Useful Tip** 시험 횟수 정하기
>
> 학교에 따라 혹은 교사의 재량에 따라 편의상 시험을 한두 번 정도만 치르는 경우가 있습니다. 하지만 그렇게 되면 한 시험당 비중이 높아져 시험을 한 번만 못 보아도 점수가 크게 떨어져 좌절하는 학생이 생기게 됩니다. 그런 의미에서 저는 쪽지 시험이나 수시 시험을 추천합니다. 비록 시험 문제를 자주 내야 하고 아이들에게 다소 압박감을 줄 수도 있겠지만, 예습과 복습을 자연스럽게 장려할 수 있는 장치이기도 합니다. 또한 쪽지 시험이나 퀴즈 결과를 중간·기말고사와 합산해서 점수를 주면, 아이들도 중간이나 기말시험에 대한 부담감을 어느 정도 해소할 수 있습니다.

Useful Tip — 평가 활용하기

시험이나 퀴즈를 보고 난 후 학생들의 평가 결과를 간단한 표로 만들어 출석부에 붙여 보관해 보세요. 수업 중간마다 해당 학생에게 어떤 부분이 부족하고 어떤 부분을 더 알려줘야 하는지 파악하기가 훨씬 수월해집니다. 아래 평가표를 만드는 방법과 평가표 예시를 참고해서 수업시간에 활용해 보세요.

1. 아동 명부 표에 문항 번호를 적을 칸과 그 문항이 평가하는 내용을 적을 표를 만듭니다.
2. 번호 아래 각 문항에서 평가하고자 하는 내용을 간단히 적습니다.
3. 퀴즈 또는 시험이 끝난 후, 학생들에게 번호 순서대로 선생님에게 와서 자기가 틀린 번호를 불러달라고 해서 체크합니다.
4. 가장 많이 틀린 문제를 확인한 후, 다음 번 수업시간에 학생들이 알고 넘어갈 수 있도록 한번 더 설명을 해줍니다. 비고란에 각 학생이 어떤 부분을 잘하고 못하는지 간단히 기록해 두면 성적 입력을 할 때도 많은 도움이 됩니다.

평가표 예시

		김OO	이OO	최OO
1	-er을 붙여 비교급 만들기	V		
2	y를 i로 고쳐 비교급 만들기			
3	more 붙여 비교급 만들기	V	V	V
4	최상급 앞에 the 붙이기			V
5	그림 보고 비교급 문장 고르기		V	
비고				

Part 4
기능별 지도

Chapter 1　듣기 지도
Chapter 2　말하기 지도
Chapter 3　읽기 지도
Chapter 4　쓰기 지도
Chapter 5　문법 지도

Chapter 1 듣기 지도

Unit 1 듣기 활동

듣기는 영어의 4가지 영역 중 가장 기본이 되는 영역입니다. 듣기 활동을 할 때는 미리 배경지식을 활성화시켜주거나 그림을 보면서 들을 내용을 예상해 보도록 지도해 주세요. 듣기 자료를 준비할 때는 자료가 학생들 수준에 맞는지, 내용은 적정한지 등을 미리 확인하는 것이 좋습니다. 들을 때도 학생들이 자료의 내용만이 아니라 화자의 발음, 강세, 억양, 연음 등에도 주의를 기울일 수 있도록 지도해 주세요. 자료가 학생을 가르치는 것이 아니라는 것을 항상 명심하고, 듣기 자료를 그냥 처음부터 끝까지 쭉 틀어주고 방치하는 일이 없도록 신경 써주세요.

Classroom Situation

- **T**: Today we'll watch some commercials. First, I'll play it without any sound. Guess what it is about.
- **Ss**: Yes.
- **T**: What do you think it's advertising?

상황1
- **S1**: I don't know. Can I see it one more time?
- **T**: Okay, I'll play it again.

상황2
- **S2**: I think it's advertising for some chips.
- **T**: Let's listen and find out whether your guess is right or not.

- ❶ 오늘 우리는 광고 몇 편을 볼 거예요. 먼저, 소리 없이 틀어줄게요. 이 광고가 무엇에 대한 것인지 추측해 보세요.
- ❷ 네.
- ❸ 무슨 상품을 광고하는 것 같나요?

상황1
- ❹ 모르겠는데요. 한 번 더 볼 수 있을까요?
- ❺ 네, 한 번 더 들어줄게요.

상황2
- ❻ 과자 광고 같아요.
- ❼ 여러분의 추측이 맞았는지 듣고 확인해 봅시다.

듣기 전략 제시하기

- listening은 hearing과 많이 달라요.

  Listening is very different from *hearing*.

- listening과 hearing의 차이점에 대해 아나요?

  Do you know what the difference between *listening* and *hearing* is?

- listening은 우리가 들은 것의 의미에 주의를 기울이는 것을 의미해요.

  Listening is paying attention to the meaning of what we hear.

- hearing은 단순히 우리 주변의 소리를 귀로 감지하는 능력을 얘기해요.

  Hearing is using your ear to sense sounds around us.

- 처음 들을 때, 무엇에 관한 내용일지 생각해 보세요.

  When you listen for the first time, think what it is about.

- 들리는 단어를 전부 이해할 필요는 없어요.

  You don't need to understand every word you hear.

- 모든 단어가 중요한 건 아니에요.

  Not every word is important.

- 들을 때, 여러분이 필요한 정보에만 집중하세요.

  When you listen, you should focus only on the information you need.

- 들으면서 잘 모르는 단어는 문맥을 통해 추측해 보세요.

  While listening, try to guess the meaning of unfamiliar words from context.

- 받아 적은 단어를 보며 어떤 내용인지 추측해 보세요.

  Look at the words that you've written down and guess what it is about.

- TV나 영화, 라디오처럼 다양하고 많은 듣기 자료를 들으세요.

  Listen to many different things such as TV, movies or radio.

- 듣고 대화가 일어나는 장소를 알려주는 힌트를 찾아보세요.

  Listen to find clues where the conversation is taking place.

- 원어민 선생님이 말할 때는 항상 집중해서 들으세요.

  Always listen carefully when the native English teacher speaks.

- 다양한 억양과 발음을 가지고 듣기 연습을 하세요.

  Practice listening to people with different accents and pronunciation patterns.

- 듣기 연습을 많이 하면 할수록 더 잘 듣게 될 겁니다.

  The more you practice listening, the better listener you will become.

- 처음 들었을 때 이해가 안 되면 계속 반복해서 들어 보세요.

  If you don't get it on your first try, listen again and again.

듣기 전 활동하기

• 듣기 전에 몇 가지 활동을 해볼까 해요.	I'd like you to do some activities before you listen.
• 듣기 전에 15쪽에 있는 그림을 한번 보세요.	Let's look at the picture on page 15 before we listen.
• 그림에서 뭐가 보이죠?	What do you see in the picture?
• 그림을 보면서 들을 내용을 한번 추측해 봅시다.	Let's guess what you'll hear by looking at the picture.
• 인물들이 무엇에 대해 말하는 것 같나요?	What do you think they're talking about?
• 이 사람들에게 어떤 일이 일어났는지 모두 추측해 봅시다.	Let's all guess what's happening to these people.
• 여러분의 추측이 맞는지 확인해 봅시다.	Let's check if your prediction is correct.
• 대화를 듣기 전에 여러분의 경험에 대해 이야기해 봅시다.	Before listening to the dialogue, let's talk about your experiences.
• 듣기 전에 몇 가지 질문에 대해 생각해 봅시다.	Let's think about some questions before we listen.
• 이 질문들을 염두에 두고 들으세요.	Keep these questions in your mind while you listen.
• 이 질문에 대한 답을 추측해 보세요.	Please guess the answer to this question.
• 이 주제에 대해 아는 것을 전부 말해 보세요.	Please tell me everything you know about this subject.
• 듣기 전에 어휘를 공부해 봅시다.	We'll study some vocabulary before listening.
• 먼저 새로운 단어를 공부해 봅시다.	Let's study some new words first.
• 조금 후에 이 단어들을 듣게 될 거예요.	You'll hear these words later on.

듣기 및 따라 말하기

• 들을 준비가 다 됐나요?	Are you ready to listen?
• 잘 들으세요.	Listen carefully.
• 뒤에 잘 들리나요?	Can you hear well at the back?

• 모두들 들리나요?	Can you all hear?
• 소리를 들어 봅시다.	Let's listen to the sounds.
• 먼저, 그냥 들어 보세요.	First, just listen.
• 전화 대화의 일부를 들을 거예요.	You're going to listen to the part of a telephone conversation.
• 선생님 목소리가 들리나요?	Can you hear my voice?
• 선생님이 하는 말을 들어 보세요.	Listen to what I say. = Listen to me saying it.
• 선생님 발음을 들어 보세요.	Listen to my pronunciation.
• 대화가 어떻게 진행되는지 한번 들어 봅시다.	Just listen how the conversation goes.
• 화자가 하는 말을 잘 들어 보세요.	Listen carefully to what the speaker says.
• 짧은 대화를 들어 봅시다.	Let's listen to a short dialogue.
• 이제 대화를 들어 봅시다.	Let's listen to the conversation now.
• 그거 들었어요?	Did you hear that? = Did you catch that?
• 무슨 말인지 알겠어요?	Did you get it?
• 취미에 대해 이야기하는 대화를 들어 보세요.	Listen to the dialogue talking about hobbies.
• 두 친구 간의 대화입니다.	Here is a dialogue between two friends.
• 다시 들어 보세요.	Listen again.
• 한 번 더 들어 봅시다.	Let's listen to it one more time.
• 다시 틀어줄까요?	Do you want me to play it again?
• 좋아요, 한 번 더 틀어줄게요.	Okay, I'll play it one more time.
• 듣고 따라하세요.	Listen and repeat.
• 선생님을 따라 말하세요.	Repeat after me.
• CD를 따라하세요.	Repeat after the CD.
• 선생님이 문장을 말하면, 들리는 대로 따라 말하세요.	When I say a sentence, just repeat exactly what you hear.

CD 및 동영상 학습 진행하기

- 이제 CD를 들을 거예요.   You're going to listen to the CD.
- CD를 들을 때는 조용히 하세요.   Please be quiet when you listen to the CD.
- 집중해서 잘 들으세요.   Pay attention and listen carefully.
- 한 번만 틀어줄 거예요.   I'll play it just once.
- 마지막으로 한 번 더 틀어줄게요.   Let me play it again one last time.
- 스크린을 내려야 해요.   We've got to pull down the screen.
- CD가 로딩될 때까지 기다려주세요.   Please wait until the CD is loaded.
- 동영상을 봅시다.   Let's watch a video clip.
- 여러분에게 동영상을 보여주겠어요.   I'm going to show you a video.
- 오늘은 광고 몇 편을 볼 거예요.   Today we'll watch some commercials.
- 다른 광고를 봅시다.   Let's watch another ad.
  = We're going to go to the next ad.
- 선생님이 소리를 안 나게 할 거예요.   I'll mute the sound.
- 화면을 보고 무엇에 대해 이야기하고 있는지 생각해 보세요.   Look at the screen and guess what they're talking about.
- 동영상을 볼 때, 동영상에 나오는 소년의 특징을 적으세요.   As you watch the video clip, write down some features of the boy.
- 먼저, 소리 없이 비디오를 틀어줄게요.   First, I'll play the video without any sound.
- 이 광고가 무엇에 대한 것인지 추측해 보세요.   Guess what this ad is about.
- 광고 안에 있는 대조적인 내용을 함께 살펴봅시다.   Let's look at the contrast in the ad.
- 영화의 처음 5분을 볼 거예요.   You'll see the first 5 minutes of a movie.
- 영화의 전체 버전은 다음에 보도록 하겠어요.   We'll watch the full version later.
- 질문을 확인한 후에 한 번 더 틀어줄게요.   I'll play it one more time after the questions.
- 자막을 켜고 보고 싶나요, 아니면 끄고 보고 싶나요?   Would you like to watch it with the subtitles on or off?
- 이제 자막과 함께 봅시다.   Let's watch it with the subtitles on.

214

• 다른 동영상이 있어요. 좀 있다가 볼 거예요.	We've got another video clip. We'll see it in a minute.
• 자, 이제 그만 봐야겠네요. 다음에 틀어줄게요.	I think I have to stop here, I'll play it later.

 광고 관련

• 광고	ad | advertisement | commercials	• 광고용 책자	brochure
• (신문의) 항목별 광고	classified ad	• 광고에서 눈길을 끄는 요소	eye-catcher
• 공익 광고	public campaign	• 양면 광고	double-page spread
		• 광고지	flier | flyer | leaflet

듣기 학습 활동하기

• 들으면서 요점을 적어 보세요.	Write down the main ideas while you listen.
• 들으면서 질문에 답하세요.	As you listen, answer the question.
• 들으면서 표를 채우세요.	Fill in the table as you listen.
• 들으면서 빠진 단어를 채우세요.	Fill in the missing words while listening.
• 들으면서 5번 문제에 답하세요.	While you are listening, answer question 5.
• 이 문장들이 진실인지 거짓인지 판단하세요.	Decide if these statements are True or False.
• 어디에서 일어나는 대화일까요?	Where does this conversation take place?
• 들으면서 날짜, 사람, 장소 등 들리는 내용을 적으세요.	As you listen, note any dates, people or places you hear.
• 여기서 멈출게요. 이 다음에 어떤 일이 생길까요?	I'll stop here. What will happen next?
• 여러분의 추측이 맞는지 듣고 확인해 봅시다.	Let's listen and find out whether your guess is right.
• 여러분의 추측이 맞았네요.	Your guess was right.
• 화자가 뭐라고 하는지 잘 들어 보세요.	Listen carefully to what the speaker says.
• 정답에 동그라미 치세요.	Circle the correct answer.

듣기 후 활동하기

• 여러분이 얼마나 잘 이해했는지 봅시다.	Let's see how well you understood it.
• 들은 내용을 전부 말해 보세요.	Tell me everything you heard.
• 들은 내용을 요약해 보세요.	Please summarize what you have heard.
• 요점을 요약해서 적으세요.	Write a summary of the main points.
• 이해가 안 되는 것이 있었나요?	Was there anything you couldn't understand?
• 무슨 상품을 광고하고 있다고 생각하나요?	What do you think it's advertising?
• 그것에 대해 조금 더 얘기해 주세요.	Tell me a little bit more about that.
• 좋은 광고 같나요?	Is it a good ad?
• 왜 그런가요? 아니면 왜 아니죠?	Why or why not?
• 광고가 의도한 목적을 잘 전달했나요?	Did this ad serve its purpose?
• 이것에 대해 다른 생각이 있는 사람?	Anyone else with a different take on this?
• 누가 누구에게 이야기를 하는 거였나요?	Who was talking to whom?
• 대화 속 인물들은 무엇에 대해 이야기하고 있었나요?	What were they talking about?
• 그 문제에 대한 화자의 태도는 어떠한가요?	What is the attitude of the speaker toward that problem?
• 그 상황에 대한 화자의 반응은 무엇이었나요?	What was the speaker's reaction to the situation?
• 화자의 의견에 대해 여러분은 어떻게 생각하나요?	What do you think about the speaker's opinion?
• 적은 것을 짝과 비교해 보고 들은 내용에 대해 의논하세요.	Compare your notes and discuss what you heard in pairs.
• 다른 친구들에게 물어볼 이해 점검 문제를 짝과 함께 만들어 보세요.	Work with your partner and make a list of comprehension questions to ask others.

Chapter 1 듣기지도

Unit 2 받아쓰기 및 듣기 시험

받아쓰기와 듣기 시험은 자칫 지루할 수 있는 듣기 수업에 긴장감을 줄 수 있을 뿐 아니라 듣기 실력 향상에도 큰 도움이 됩니다. 듣기 시험을 보기 전에 미리 시험에 자주 나오는 문제 유형을 학생들에게 알려주세요. 문제 유형을 먼저 살펴보고 시험을 보면 실제 시험 날, 길게 설명해 주지 않아도 원활한 시험 진행이 가능합니다. 시험이 끝난 후에는 함께 채점을 하며 중요한 표현과 문법을 복습해 보세요. 듣기 실력은 물론 말하기, 쓰기 실력도 함께 키울 수 있습니다.

Classroom Situation

- **T** We're going to take a listening test.
- **Ss** How many questions are there in the test?
- **T** There are 10 questions in total. This is a multiple choice test. You'll listen to a series of short dialogues.
- **S1** How many times will we hear the questions?
- **T** You will hear a dialogue twice. First time, you'll hear it at a slow speed. And second time it'll be at a normal speed.
- **S2** Can I take some notes on the test?
- **T** Of course, you can. Well, let's get ready to take a test. Good luck, everybody.

- T 듣기 시험을 볼 거예요.
- Ss 시험에 몇 문제가 나오나요?
- T 전체 10문항입니다. 객관식 시험이구요. 짧은 대화들을 쭉 들을 거예요.
- S1 문제는 몇 번 들려주시나요?
- T 각 대화는 두 번 들려줄 거예요. 첫 번째는 느리게, 두 번째는 보통 속도로 들려줄 거예요.
- S2 시험지에 메모해도 돼요?
- T 물론 해도 돼요. 자, 그럼 시험 볼 준비를 합시다. 모두 행운을 빌어요.

단어 공부하기

- 각 단어를 여러 번 쓰세요.
  Write each word out several times.

- 공부를 도와줄 암기용 카드를 만드세요.
  Make flash cards to help you study.

- 여유 시간이 있을 때마다 단어장을 읽고 단어의 스펠링을 말해 보세요.
  Read your spelling list and spell the words to yourself whenever you have a free time.

- 단어를 말하면서 시험 연습을 해보세요.
  Practice for the exam by saying the word.

- 공부할 때는 손으로 단어를 가리면서 공부해 보세요.
  Cover the word with your hand when you study.

- 먼저 단어를 보고 나서 그 단어를 가리고 써보세요.
  First look at the word, then cover it up and write it.

- 단어를 제대로 썼는지 확인해야 합니다.
  You should check the word to see if it is spelled correctly.

- 단어를 다시 한 번 써보고 바르게 썼는지 확인해 보세요.
  Write the word again and then check to see if you spelled it correctly.

- 눈을 감고 단어를 떠올려 본 후 소리 내서 스펠링을 말해 보세요.
  Close your eyes and try to see the word, then spell the word out loud.

- 연습을 위해 단어를 종이 위에 반복해서 쓰세요.
  Please write the word repeatedly on a piece of paper for practice.

- 단어의 의미를 찾아보고 그 단어를 활용해 문장을 만들어 보세요.
  Look up the meaning of the word and try to use it in a sentence.

받아쓰기 및 결과 확인하기

- 이제 받아쓰기를 할 거예요.
  We're going to do dictation now.

- 받아쓰기 준비를 하세요.
  Please be ready to do dictation.

- 단어를 하나씩 크게 불러줄 거예요.
  I'll say each word aloud.

- 잘 듣고, 들은 단어를 받아쓰세요.
  Listen carefully and write down the words you hear.

- 선생님이 읽어주는 문장을 쓰세요.
  Write the sentences I read to you.

- 선생님이 문장을 읽어주면 빈칸에 알맞은 단어를 넣으세요.
  Please fill in the blanks with the right words when I read the sentence out.

- 한 번만 읽어줄 거니까 잘 들으세요. Listen carefully because I'm going to read it only one time.

- 다시 읽어줄게요. I'll read it again.

- 두 번 읽어줄 거예요. I'll read it twice.

- 처음에는 느린 속도로 불러줄 거예요. First time, you'll hear it at a slow speed.

- 두 번째는 보통 속도로 불러줄게요. Second time, it'll be at a normal speed.

- 선생님이 마지막으로 한 번 더 읽어줄게요. 다시 들으면서 여러분의 답을 확인하세요. I'll read it again one last time. Listen again and check your answers.

- 다 했나요? Are you finished?

- 답을 확인할 시간이에요. It's time to check the answers.

- 정답을 확인합시다. Let's check the answers.

- 짝과 공책을 바꾸세요. Switch your notebook with your partners.

- 답을 불러주겠어요. I'll read the answers.

- 첫 번째 단어 스펠링을 불러줄래요? Can you spell the first word?

- finger의 철자는 어떻게 되나요? How do you spell *finger*?

- 가희가 Wednesday의 철자를 말해 볼래요? Ga-hee, can you spell *Wednesday*?

- 첫 번째 문장부터 시작합시다. Let's start with the first sentence.

- 첫 번째 빈칸에 뭐가 들어가죠? What goes in the first blank?

- 점수를 확인해 봅시다. Let's check the score.

듣기 시험 안내 및 전략 지도하기

- 듣기 시험을 볼 거예요. We're going to take a listening test.

- 듣기 시험은 전체 10문제입니다. There are 10 questions in the test.
  = There are 10 questions in total.

- 객관식 시험입니다. This is a multiple choice test.

- 시험은 전체 33문항이고, 두 가지 유형으로 되어 있습니다. The test has 2 parts with a total of 33 questions.

- 시험 중에는 사전을 사용할 수 없습니다.

  You are not allowed to use a dictionary during the test.

- 들으면서 메모를 해도 됩니다.

  You can take notes as you listen.

- 각각의 대화는 한 번씩만 들려줄 거니까 잘 들어야 합니다.

  You'll hear each dialogue once, so you must listen carefully.

- 일련의 짧은 대화를 들을 거예요.

  You'll listen to a series of short dialogues.

- 각각의 대화를 들은 후 각 문제에 정확한 답을 선택하세요.

  After hearing each conversation, choose the correct answer to each question.

- 시험지에는 답을 체크하지 마세요.

  You should not mark your answers on the test paper.

- 답은 답안지에 쓰세요.

  Write your answers on your answer sheet.

- 답안지에 연필로 답을 표시하세요.

  Please mark your answers in pencil on your answer sheets.

- 답안지에 있는 정답만 점수로 인정됩니다.

  Only answers marked on the answer sheet can be scored.

- 답을 쓰지 못한 문제는 그냥 건너뛰세요.

  Just skip the questions you were not able to answer.

- 잘 듣고 최선을 다하세요.

  Listen carefully and do your best.

Useful Tip — 듣기 시험 지시문 예시

영어 시험 문제를 만들 때 지시문이 명확하지 않으면 답이 두 개인 경우가 생겨 곤란한 상황이 연출될 수도 있습니다. 아래는 자주 쓰이는 듣기 시험 지문이에요. 참고하여 시험 문제를 만들어 보세요.

- Listen carefully and say what it is. 주의해서 듣고 이것이 무엇인지 말하시오.
- Listen carefully and choose the best answer to the question.
  주의해서 듣고 질문에 적당한 대답이 될 수 있는 것을 고르시오.
- Listen to the conversation and answer the question. 대화를 듣고 질문에 대답하시오.
- Listen carefully and choose the one that matches the statement you hear.
  주의해서 듣고 들은 문장과 일치하는 것을 하나 고르시오.
- Listen carefully and choose one that does not match to what you hear.
  주의해서 듣고 들은 것과 일치하지 않는 것을 하나 고르시오.
- Listen to the sentence and answer the question. 문장을 듣고 질문에 답하시오.
- What is the man mainly talking about? 남자가 주로 이야기하는 것은 무엇입니까?
- Where is the conversation likely to take place?
  이 대화가 일어날 것 같은 장소는 어디입니까?
- Which of the following could be an appropriate response to the question?
  다음 중 질문에 적당한 대답이 될 수 있는 것은 어느 것입니까?
- Which of the following could follow the statement you hear?
  다음 중 들은 문장 뒤에 올 수 있는 말은 어느 것입니까?
- To have a good relationship with friends, what is required?
  친구들과 좋은 관계를 만들기 위해서 필요한 것은 무엇입니까?
- What can be inferred from the A statement?
  A 문장으로부터 유추할 수 있는 것은 무엇입니까?
- What could be inferred from the statement you heard?
  들은 문장으로부터 유추할 수 있는 것은 무엇입니까?
- Which of the following is correct according to the passage?
  위 글에 따르면 다음 중 옳은 것은 어느 것입니까?
- What is not mentioned as the advantage of an online store?
  온라인 상점의 장점으로 언급되지 않은 것은 무엇입니까?
- Which of the following explains Impressionism correctly?
  다음 중 인상파에 대해 바르게 설명한 것은 어느 것입니까?

Chapter 2 말하기 지도

 발음 및 억양 연습

영어를 영어답게 소리 내기 위해서는 발음, 강세, 억양, 연음 등의 여러 요소들을 골고루 학습해야 합니다. 단어나 문장을 읽어줄 때 학생들에게 나쁜 발음의 예도 함께 보여주면서 유창하게 말하려면 모두 꾸준히 공부해야 한다는 것을 알려주세요. 또한 교사 스스로도 이러한 요소들을 꾸준히 연습해서 올바른 본보기가 될 수 있도록 하는 것이 중요합니다.

Classroom Situation

- T: Today we're going to learn how to pronounce /r/ and /l/. The /r/ sound and /l/ sound are very different. But it's a little bit confusing, right?
- Ss: Yes.
- T: First, I'll read some words that begin with *r* and *l*. Can you hear the difference?

- Ss: Yes.
- T: Good. Now, let's practice the /r/ sound. First, let your mouth and lips come tightly forward.

- Ss: No.
- T: That's okay. Then, let's practice listening to the /r/ sounds and /l/ sounds first. Raise your right hand if you hear the /r/ sound, and your left hand if you hear the /l/ sound.

---

① 오늘은 /r/ 소리와 /l/ 소리를 어떻게 발음하는지 배울 거예요. /r/과 /l/은 소리가 아주 달라요. 하지만 조금 헷갈리지 않나요?
② 네.
③ 먼저, 선생님이 r과 l로 시작하는 단어를 몇 개 읽어 볼게요. 차이점을 알겠나요?

[상황1] ④ 네.
⑤ 좋아요. 이제, /r/ 소리를 연습해 봅시다. 먼저 입과 입술을 팽팽하게 앞으로 내밀어주세요.

[상황2] ⑥ 아니요.
⑦ 괜찮아요. 그럼 /r/과 /l/ 소리를 듣는 것부터 연습해 봅시다. /r/ 소리가 들리면 오른손을 들고, /l/ 소리가 들리면 왼손을 드세요.

발음 수업 및 연습하기

- 정확한 발음을 들어 보세요. — Listen to the correct pronunciation.
- 원어민 선생님의 발음을 들어 보세요. — Listen to the native teacher's pronunciation.
- 원어민 선생님의 발음을 잘 듣고 따라해 보세요. — Listen carefully to the native English teacher's pronunciation and repeat after him.
- 선생님이 어떻게 발음하는지 들어 보세요. — Listen to how I pronounce it.
- 눈을 감고 소리를 들어 보세요. — Close your eyes and listen to the sound.
- 선생님을 따라 말해 보세요. — Repeat after me.
- 선생님과 함께해요. — Do this with me.
- 여러분이 먼저 발음해 볼래요? — Would you like to pronounce it first?
- 이건 어떻게 발음하죠? — How do you say this?
- 이 단어를 발음해 보세요. — I want you to pronounce this word.
- 함께 소리 내 봅시다. — Let's sound it out together.
- w 뒤에 오는 h는 발음하지 않아요. — H is not pronounced when following w.
- what에서의 h는 발음되지 않아요. — The h in what is not pronounced.
- h는 hour, honest, herb를 포함한 많은 단어들의 맨앞에 올 때는 소리가 나지 않습니다. — H is not pronounced at the beginning of many words including hour, honest or herb.
- h는 hill, history, happy와 같은 단어의 맨앞에 올 때는 소리가 납니다. — H is pronounced at the beginning of these words such as hill, history or happy.
- singer의 /g/는 발음되지 않아요. — The /g/ in singer is not pronounced.
- 이 두 소리가 어떻게 연결되는지 보세요. — See how these two sounds link together.
- 목에 손을 대 보세요. 떨림이 느껴지나요? — Put your hand on your neck. Can you feel the vibration?
- 떨림이 느껴지면 그 자음은 유성음입니다. — If you feel a vibration, the consonant is voiced.
- f는 무성음이라 입에서 공기만 빠져나갑니다. — F is unvoiced meaning only air passes through your mouth.
- 교과서에 있는 발음 연습 문제를 훈련해 봅시다. — Let's practice the pronunciation exercises from the book.

발음 비교하기

• 먼저, r과 l에 대해 설명할게요.	First, I'll explain about *r* and *l*.
• 영어에서 /r/과 /l/은 헷갈리기 쉬운 소리예요.	It's easy to confuse /r/ and /l/ in English.
• /r/과 /l/은 아주 다른 소리예요.	The /r/ sound and /l/ sound are very different.
• /r/과 /l/ 소리 듣기 연습을 해봅시다.	Let's practice listening to /r/ and /l/ sounds.
• 먼저 r로 시작하는 단어를 읽어줄 테니 들어 보세요.	First, listen as I read the words that begin with *r*.
• l로 시작하는 단어를 읽어줄 테니 들어 보세요.	Listen as I read some words that begin with *l*.
• 소리의 차이가 들리나요?	Can you hear the difference?
• /r/을 발음할 때는, 혀가 입천장 쪽을 건드리면 안 돼요.	When you say /r/, your tongue should not touch the top of your mouth.
• /r/을 발음할 때는 입술이 둥근 모양이 되어야 해요.	Your lips should be round when you say /r/.
• /s/ 소리를 낼 때는 성대를 이용하지 않습니다.	When we make a /s/ sound, we don't use our vocal cords.
• /s/ 소리를 낼 때 목에 손을 대 보세요. 목에서 아무런 움직임도 느껴지지 않아야 합니다.	Put your hand on your throat and make the /s/ sound. You should not feel any movement in your throat.
• /z/ 소리를 낼 때는 유성음으로 소리를 냅니다.	When we make a /z/ sound, we use our voice.
• /z/ 소리를 낼 때 목에 손을 대 보세요. 떨림이 느껴지나요?	Put your hand on your throat and make the /z/ sound. Can you feel the vibration?

입 모양과 혀의 위치 알려주기

• 입술을 약간 벌리세요.	Spread your lips slightly open.
• 입을 옆으로 늘이세요.	Stretch your mouth.
• 입을 크게 벌리세요.	Open your mouth wide.
• 선생님 입 모양을 보세요.	Look at my mouth.
• 선생님처럼 입을 움직이세요.	Move your mouth like mine.
• 선생님 입술을 보세요.	Look at my lips.

- 입술을 좁게 모아 입을 앞으로 내밀어주세요. Your mouth and lips should come tightly forward.

- 입술을 앞쪽으로 많이 내미세요. Make sure you're bringing your lips all the way forward.

- 혀를 내미세요. Stick out your tongue.

- 혀를 움직이지 마세요. Don't move your tongue.

- 혀를 이 사이에 넣으세요. Put your tongue between your teeth.

- 혀끝을 이 뒤편에 있는 입천장에 붙이세요. Put the tip of your tongue on the roof of your mouth behind your teeth.

- 이 소리는 혀를 입 안쪽으로 넣어서 만들어집니다. This sound is made by putting the back of your tongue close to the back of your mouth.

- 혀의 앞부분은 힘을 빼주고 혀의 뒷부분은 올려줍니다. The front of your tongue should be relaxed, but the back of your tongue will come in up.

- 혀를 입 안쪽으로 당기세요. Your tongue moves back in your mouth.

억양 지도하기

- 영어를 유창하게 하려면 억양, 강세, 연음이 중요합니다. Intonation, stress, and linking are important to speak English fluently.

- 오늘은 억양을 중점적으로 공부할 거예요. Today we're going to focus on intonation.

- 억양은 음의 높이를 다양하게 하는 것입니다. Intonation is variation in pitch.

- 문장 억양을 개선하는 것은 아주 중요해요. Improving sentence intonation is very important.

- 선생님 목소리가 올라가는 방식을 들어 보세요. Listen to the way my voice goes up.

- 이 문장 끝에서 억양이 어떻게 올라가는지 들어 보세요. Listen how the intonation goes up at the end of this sentence.

- 원어민 선생님의 억양을 잘 들어 보세요. Listen carefully to the intonation of the native English teacher.

- 손으로 억양을 표시해 보세요. Show the intonation by moving your hands.

- 손으로 억양의 오르내림을 표시해 보세요. Use your hand to show rising and falling intonation.

• 문장 속 단어들 위에 억양 표시를 해보세요.	Let's use marks above the words in sentences to indicate intonation.
• 목소리가 내려가는 것을 알아챘나요?	Did you notice the voice going down?
• 억양을 올려야 해요.	You need to raise the intonation.

강세 지도하기

• 강세에는 두 가지 종류가 있어요. 하나는 음절 강세이고 다른 하나는 문장 강세입니다.	There are two kinds of stress. One is syllable stress and the other is sentence stress.
• 음절 강세는 단어의 어느 음절을 크고 길게 말해야 하는지를 알려줍니다.	Syllable stress is showing which syllable of a word to say louder and longer than the others.
• 강세는 모음에 옵니다.	A stress falls on a vowel.
• 이 단어는 어디에 강세가 있죠?	Where is the accent in this word?
• 이 단어에는 몇 개의 음절이 있나요?	How many syllables does this word have?
• 모든 1음절 단어는 1음절에 강세가 옵니다.	All one syllable words have the stress on the one syllable.
• 단어를 읽으면서 강세를 표시하세요.	Mark the stress as you read the words.
• 문장 강세는 문장에서 어떤 단어를 더 강조해야 하는지 알려줍니다.	Sentence stress is showing which words in a sentence to highlight.
• 이 단어는 중요하니까 강세를 주어야 합니다.	This word is important, so you have to stress it.

Useful Tip — Tongue Twister

Tongue Twister를 연습할 때는 입을 크게 벌려 천천히 정확하게 발음하도록 하는 것이 중요합니다. Tongue Twister 문장을 가지고 학생들과 여러 번 천천히 읽기 연습을 해주세요. 학생들이 해당 문장에 익숙해지는 것 같으면 그룹별로 초 재기 게임을 해보는 것도 좋습니다. 수업 분위기가 다운되어 있거나 참여도가 저조한 경우 분위기를 전환하는 효과도 있기 때문이에요. 단, 발음 교정을 위한 활동이니만큼 교사는 중간중간 꼼꼼하게 지적하고 교정해 줘야 합니다. Tongue Twister 문장은 교과서에서 찾아도 좋지만 마땅한 게 없을 경우, You-Tube에서 "Bryant Oden-tongue twister"를 찾아 이용하는 것도 한 방법입니다.

Chapter 2 말하기 지도

Unit 2 말하기 연습

영어 말하기는 어휘나 단어, 문법만으로 완성되는 것이 아닙니다. 진정한 영어 말하기 실력은 영어로 생각하고, 꾸준히 영어로 말하기를 해봐야 늘 수 있습니다. 하지만 무작정 학생들에게 영어로 말하라고 시키면 아이들은 겁을 먹을 수 있어요. 먼저, 교과서에 나오는 단어와 패턴을 충분히 익힌 다음 그 표현들을 사용하면서 의사소통을 할 수 있도록 만들어주세요. 수업시간에 학생들이 영어만 사용하도록 격려하는 것도 영어로 생각하는 습관을 기를 수 있는 좋은 지도법입니다. 또한 게임, 역할극, 소규모로 대화하기 등 다양한 활동을 통해 수업에서 배운 표현을 사용할 수 있도록 유도하는 것도 좋습니다.

Classroom Situation

- **T**: It's time for talking.
- **Ss**: What will we talk about?
- **T**: You can talk about anything.

 상황1
- **S1**: I can't think up any idea. Can you help us, please?
- **T**: Of course. Here are some topics that you can choose from. If you like, you can choose one of these topics.
- **S1**: Thank you. Then, we are going to talk about favorite food.

 상황2
- **S2**: Can we talk about friendship?
- **T**: That sounds good. You can talk about what your ideal friend would be like.

- **T**: 자유 대화 시간입니다.
- **Ss**: 주제가 뭐예요?
- **T**: 어느 것이든 상관없어요.

상황1
- **S1**: 아무 생각도 안 나요. 선생님이 도와주시면 안 돼요?
- **T**: 물론이죠. 여기 여러분들이 고를 수 있는 주제들이 있어요. 원한다면, 이 주제들 중에서 하나를 골라도 돼요.
- **S1**: 감사합니다. 그럼 저희는 가장 좋아하는 음식에 대해 이야기할게요.

상황2
- **S2**: 우정에 대해서 이야기해도 돼요?
- **T**: 좋아요. 이상적인 친구는 어떠한 것인지에 대해 이야기해 볼 수도 있겠군요.

말하기 전략 알려주기

- 긴장하지 마세요. — Don't be nervous.
- 실수하는 것을 두려워하지 마세요. — Don't be afraid to make mistakes.
  = Don't be afraid of making mistakes.
- 틀려도 괜찮아요. — It's OK to make errors.
- 문법적인 실수는 걱정하지 마세요. — Don't worry about grammatical errors.
- 자신감을 가지는 것이 중요해요. — It's important to build your confidence.
- 천천히 그리고 분명하게 말하세요. — Speak slowly and clearly.
- CD를 듣고 따라하는 연습을 하세요. — Practice listening and repeating with the CD.
- 가능한 한 말을 많이 하도록 노력하세요. — Try to speak as much as possible.
- 연습이 완벽을 만든다는 것 다 알죠? — As we all know, practice makes perfect.
- 언제, 어디서든 연습하도록 하세요. — Practice where you can, when you can.
- 발음에 대해 너무 걱정하지 마세요. — Don't worry too much about your pronunciation.
- 여러분이 말하고자 하는 바를 다른 사람들이 이해할 수 있도록 명확하게 얘기하세요. — You should speak clearly so that other people can understand what you're trying to say.
- 단답형으로 대답하지 마세요. — Don't just answer with one word.
- 완전한 문장으로 대답하려고 노력하세요. — Try to answer in a full sentence.
- 원어민 선생님이 말할 때 잘 들어 보세요. — Listen carefully when the native English teacher speaks.
- 여러분이 확실히 알고 있는 쉬운 문장 구조를 사용하세요. — Use simple English sentences that you already know.
- 원어민 선생님과 많은 대화를 나누어 보세요. — Talk a lot with your native English teacher.
- 원하는 말이 떠오르지 않아도 걱정하지 마세요. 대신, 여러분이 말하고자 하는 바를 설명하도록 해보세요. — Don't worry if you can't think of the word you want. Instead, try to explain what you mean.
- 영어로 말을 할 때는 같은 단어를 너무 자주 반복하지 않도록 하세요. — When speaking English, try not to say the same word too often.

말하기 연습하기

- 안 들려요. — I can't hear you.
- 더 크게 말해 주세요. — Speak louder, please.
  = Will you speak louder?
- 더 분명하게 말해 줄래요? — Can you speak more clearly?
- 함께 천천히 말해 봅시다. — Let's say it slowly together.
- 더 천천히 말해 주세요. — Please speak more slowly.
- 다시 말해 줄래요? — Can you say it again?
  = Pardon?
  = Excuse me?
- 뭐라고 말했나요? — What did you say?
- 소리 지르지 마세요. — Don't shout.
- 모두 한꺼번에 대답하지는 마세요. — Don't answer all at once.
- 하고 싶은 말이 뭐예요? — What are you trying to say?
- 이렇게 말해 보세요. — Say it this way.
- 여러분이 말하는 것을 도와줄게요. — I'll help you say it.
- 다른 친구에게도 이 질문을 해볼래요? — Why don't you ask this question to another student?
- 다른 친구에게 같은 질문을 해보세요. — Ask someone the same question.
- 요약해서 말해 줄래요? — Can you summarize it?
- 완전한 문장으로 대답하세요. — Please answer in a complete sentence.
- 이걸 영어로 뭐라고 하죠? — What's this in English?
- 어떻게 사용하는지 설명해 줄래요? — Can you explain how to use it?
- 누가 먼저 말했나요? — Who speaks first?
- 여러분의 말로 풀어서 얘기해 주세요. — Paraphrase it please.
  = Say it in your own words.
- 이야기를 다시 해주세요. — Please retell the story.

패턴 연습하기

- 오늘의 주요 표현들입니다. — These are today's key expressions.
- 오늘은 주요 표현을 연습해 볼 거예요. — Today, we're going to practice key expressions.
- 교과서 속 문장들을 살펴봅시다. — Let's look at the sentences in the textbook.
- 문장들을 연습해 봅시다. — Let's practice the sentences.
- 짝끼리 교과서에 있는 문장들을 연습해 보세요. — In pairs, practice the sentences from the text book.
- CD를 따라 말해 보세요. — Repeat after the CD.
- 오늘의 주요 표현을 외우세요. — Memorize today's key expressions.
- 패턴을 외우도록 하세요. — Try to memorize the patterns.
- 앞줄만 해보세요. — Front rows only.
- 이제 뒷줄이 해보세요. — This time back rows.
- 마지막으로, 모두 다 해보세요. — For the last time, the whole class.
- 모든 동사를 과거 시제로 바꾸세요. — Change all the verbs into the past tense.
- 문장의 주어를 바꿔 봅시다. — Let's change the subjects in these sentences.
- I 대신에 You를 넣으세요. — Put in *You* instead of *I*.
- 패턴을 사용해서 비슷한 문장을 만드세요. — Use the pattern to make similar sentences.
- I saw ~ 패턴을 이용해서 그림에 대한 문장을 만드세요. — Make sentences about the picture using the pattern "I saw ~".
- I like ~와 I don't like ~ 패턴을 이용해서 자기소개를 해보세요. — Tell us about yourself using the pattern "I like ~" and "I don't like ~".

자유롭게 대화하기

- 자유롭게 대화하는 시간을 가지도록 하겠어요. — We're going to have a free conversation time.
- 어떤 것이든 상관없어요. — You can talk about anything.
- 선생님이 추천하는 대화 주제들입니다. — Here are my suggested conversation topics.
- 이 주제들 중 하나를 골라도 돼요. — You can choose one of these topics.

• 목록에서 주제를 하나 고르세요.	Choose a topic from the list.
• 주제를 하나 골라 조원들과 이야기해 보세요.	Select a topic and talk about it with your group members.
• 오늘 주제는 우정입니다.	Today's topic is friendship.
• 짝과 함께 이상적인 친구는 어떠한 것인지 이야기해 보세요.	Talk with your partner about what your ideal friend would be like.
• 오늘은 왕따에 대해서 이야기해 볼 거예요.	Today, we are going to talk about bullying.
• 오늘의 주제에 대해 여러분이 좀 더 이야기했으면 좋겠어요.	I'd like you to talk more about today's topic.
• 영어만 사용하려고 노력해 보세요.	Try to use only English.
• 대화할 때 오늘의 주요 표현들을 사용해 보세요.	When you talk, try to use today's key expressions.
• 모르는 단어가 있으면 선생님에게 물어보세요.	If you don't know the words, feel free to ask me.
• 여기, 오늘의 주제와 관련해서 질문할 수 있는 목록이 있어요.	Here is a list of questions about today's topic.
• 무엇에 대해 말할지 모르겠으면 이 질문 목록을 보세요.	If you don't know what to talk about, please have a look at the question list.
• 선생님이 준 질문들은 주제와 관련된 대화를 하는 데 도움이 될 거예요.	The questions I gave you will help you talk about the topic.
• 이 질문들을 이용해서 대화를 만들어 보세요.	Use these questions to make a conversation.

Chapter 2 말하기 지도

Unit 3 발표 및 토론 수업

수업 중에 되도록 발표 시간을 많이 마련해 학생들이 자신의 생각을 영어로 표현하는 데 어색함이 없도록 습관을 길러주세요. 영어로 말하기에 참여도가 높은 학급의 경우엔 토론 수업을 추천합니다. 설득력 있는 의견 전달과 논리적인 반박 능력도 키우고 시사 문제까지 함께 공부할 수 있기 때문이에요. 팀을 정할 때는 학생들이 스스로 원하는 입장을 정할 수도 있지만, 선생님이 인위적으로 입장을 정해 줘서 폭 넓은 사고와 다른 시각을 가져볼 수 있는 기회를 주는 것도 좋습니다.

Classroom Situation

- **T** Why don't we start the group debate?
- **Ss** What is today's topic?
- **T** Today's discussion topic is "Is it good to allow students to use mobile phones?"
- **S** Can we choose which side we are on?

 T No, you can't. I'll make the teams. The team who draws pro will talk about the reasons why having a cell phone at school is good. The team who draws con will talk about the negative effects of having a cell phone at school.

 T Yes, you can. People who agree come over here, and people who disagree go over there.

- ❶ 그룹 토론을 시작해 볼까요?
- ❷ 오늘의 주제는 뭐예요?
- ❸ 오늘의 토론 주제는 "학생들이 휴대전화를 사용하도록 허락하는 게 좋은가?"입니다.
- ❹ 어느 쪽일지 저희가 정할 수 있나요?

상황1 ❶ 아니요, 안 됩니다. 선생님이 팀을 정할 거예요. 찬성 팀은 학교에서 휴대전화를 가지고 있는 게 좋은 이유에 대해 말하게 될 거예요. 반대 팀은 학교에서 휴대전화를 가지고 있는 것의 부정적인 영향을 말할 거고요.

상황2 ❶ 네, 정할 수 있어요. 찬성하는 사람은 이쪽으로, 반대하는 사람은 저쪽으로 가세요.

발표 수업 전 주의 사항 알려주기

- 말할 내용의 요점을 메모하세요. Make a note of the main points in your speech.
- 청중과 눈을 마주치세요. Make eye contact with the listeners.
- 메모를 볼 때, 고개를 숙이지 말고 눈만 아래로 해서 봐야 한다는 것을 기억하세요. Whenever you look at your notes, remember to drop your eyes not your head.
- 발표는 읽는 게 아니라 말하듯이 해야 해요. Say the speech. Don't read your speech.
- 청중들은 발표자가 내용을 그냥 쭉 읽는 것을 듣고 싶어하지 않습니다. The audience doesn't like to be read to in a presentation.
- 주된 메시지가 있어야 해요. You must have a main message.
- 대답할 때는 똑바로 서세요. Stand up straight when you answer.
- 크고 분명하게 말하세요. Speak loudly and clearly.
- 발표 전에 연습을 많이 하면 자신감이 생길 거예요. If you practice a lot before your presentation, you'll have confidence.
- 잘 들어주는 것도 중요합니다. It's also important to be good listeners.
- 발표를 들을 때, 발표자를 쳐다보세요. When you listen, look at the speaker directly.
- 발표자에게 집중하세요. Pay attention to the speaker.
- 궁금한 점이 있으면 질문을 해도 돼요. You can ask, if you have a question.
- 발표자가 발표를 할 때 반대 의견을 내면서 끼어들지 마세요. Don't interrupt the speaker with counter arguments.

토론 준비 및 진행하기

- 토론을 시작하세요. Please begin the debate.
- 그룹 토론을 시작해 볼까요? Why don't we start the group debate?
- 각 그룹마다 사회자를 뽑으세요. Please choose a chairman in each group.
- 사회자는 토론을 진행하세요. The chairman, please start the debate.
- 판정단이 필요해요. We need some judges.
- 찬성하는 사람은 이쪽으로, 반대하는 사람은 저쪽으로 모이세요. People who agree come here, and people who disagree go over there.

- 무작위로 팀에 배정될 거예요. You'll be assigned to teams at random.
- 반대 측은 찬성 측에 질문을 할 거예요. Con team will question pro team.
- 여러분의 입장은 뭐죠? What's your position?
- A조가 먼저 시작할까요? Will Group A start first?
- 찬성 팀의 첫 번째 발표자는 누구죠? Who is the first speaker on the pro side?
- B조, 반박을 해보겠어요? Group B, would you like to answer back?
- 반대 팀의 첫 번째 발표자, 앞으로 나오세요. The first speaker on the con side please come to the front.
- 반대하는 사람의 의견을 들어 봅시다. Let's listen to the people who disagree.
- 들으면서 상대 팀의 주장을 메모하도록 하세요. Take a note of the other group's words while you listen.
- 발표자는 5분씩 이야기할 시간을 가질 거예요. Each speaker will have 5 minutes to talk.
- 말할 때는 시간제한을 꼭 지키세요. Stick to your time limit when you speak.
- 순서대로 말해야 합니다. You should take turns when speaking.
- 여기서 선생님이 잠시 끼어들어야겠군요. I'll have to interrupt for a bit here.
- 그래서 결론이 뭐죠? So, what's the conclusion?
- 사회자가 토론의 결론을 내주세요. Chairman, please conclude the discussion.

의견 나누기

- 자신의 의견을 말해 주세요. Give us your opinion.
- 어떻게 생각하는지 그리고 왜 그렇게 생각하는지 말해 주세요. Tell us what you think and why you think like that.
- 찬성인가요, 아니면 반대인가요? Do you agree or disagree?
- 반대하는 이유가 뭐죠? Why do you disagree?
- 왜 그렇게 생각해요? Why do you think so?
- 자세하게 설명해 줄 수 있나요? Could you explain more?
- 왜 그렇게 생각하는지 이유가 있어야 해요. You must have a reason for why you think that.

• 늘 정답이 있는 건 아니지만 자기 주장을 뒷받침 할 근거는 있어야 해요.	There isn't always a correct answer, but you have to have some evidence to support your idea.
• 예시를 하나 들어줄 수 있나요?	Could you give me an example? = Can you illustrate that?
• 어떤 증거를 가지고 있죠?	What evidence do you have?
• 좀 더 구체적으로 말해 줄 수 있나요?	Could you provide some details? = Could you explain it in more detail?
• 자신의 의견을 명확하게 표현해야 해요.	You should express your opinion clearly.
• 그것에 대해 어떻게 생각해요?	What do you think about it? = How do you feel about that?
• 학생은요?	How about you?
• 토론할 때는 상대방을 존중해야 해요.	You need to respect other's when you debate.
• 손을 들고 호명되길 기다리세요.	Raise your hands and wait to be called.
• 다른 사람이 얘기하고 있을 때 끼어들지 마세요.	Do not interrupt when someone is speaking.
• 발표자의 말이 끝날 때까지 기다리세요.	Wait until the speaker has finished.
• 다른 사람이 말할 때 끼어드는 것은 예의에 어긋나는 행동이에요.	It's not polite to cut in when another person is talking.
• 세호의 말이 끝날 때까지 기다리세요.	You should let Se-ho finish what he's saying.
• 다른 의견 있나요?	Are there any other opinions? = Do you have any further opinions?
• 거기에 덧붙일 말이 있나요?	Would you like to add something to that?

토의하기

• 이건 토의 활동이에요. 함께 모여 이 주제에 대해 이야기해 보세요.	This is a discussion. Get together and talk about this topic.
• 그룹끼리 상의해서 각 단어의 의미들을 추측해 보세요.	You can work in your group and guess each word's meaning.
• 자신의 생각을 서로 말해 보세요.	Tell each other what you think.

- 이 활동은 비디오 기반 토론이니까 사전을 이용하지 않도록 하세요.

- 그룹별 토의가 끝났으면, 다른 친구들 앞에서 발표할 사람을 뽑으세요.

Try not to use your dictionaries because this is a video based discussion.

After talking in your groups, choose somebody to speak to the rest of the class.

Vocab 토론 관련

· 찬반 토론	debate	· 판정단	judges
· 토론 주제	a topic for discussion | a theme for discussion	· 의장	chair person
· 찬성 팀	affirmative team	· 찬반 양론	pros and cons
· 반대 팀	negative team	· 찬반을 요구하는 의견	resolution
		· 반론	rebuttal

Chapter 3 읽기 지도

Unit 1 읽기 학습 준비 및 전략

정독은 학생이 주어진 지문을 읽을 때 지문의 문법적 형태, 어휘, 기타 표면적 구조에 관심을 두고 읽는 것인 반면, 다독은 일반적으로 긴 이야기나 많은 책을 빠르게 읽어나가는 것을 뜻합니다. 교사는 읽기 목적과 상황에 맞도록 정독과 다독을 지도하여, 학생들이 상황에 따라 적절한 읽기 방법을 선택할 수 있도록 도와주어야 합니다.

Classroom Situation

- **T** There are different styles of reading for different situations. Today we're going to learn about two specific reading techniques. Do you know what these two skills are?
- **S** Skim.
- **T** You got it half right. You'll learn about skimming and scanning. Skimming is used to understand the main idea. Scanning is used to find a particular piece of information. When you have lots of material to read in a short time, which skill will you use?

 상황1
- **S** Skimming.
- **T** Can you say in a full sentence?
- **S** I will skim the text.

 상황2
- **S** Scanning.
- **T** Not quite right. You need to skim the text.

- ❶ 읽는 방법은 상황에 따라 달라질 수 있습니다. 오늘은 두 가지 특정한 읽기 기술에 대해 공부해 보겠어요. 이 두 가지 기법이 뭔지 아세요?
- ❺ 훑어 읽기요.
- ❶ 절반은 맞혔네요. 훑어 읽기와 찾아 읽기를 배울 거예요. 훑어 읽기는 요지를 파악할 때 쓰이고, 찾아 읽기는 특정한 정보를 찾기 위해 쓰입니다. 만약 시간은 없는데 읽을 게 많으면 어떤 방법을 쓸 것 같아요?

상황1
- ❺ 훑어 읽어요.
- ❶ 완전한 문장으로 말할 수 있겠어요?
- ❺ 지문을 훑어 읽을 거예요.

상황2
- ❺ 찾아 읽기요.
- ❶ 틀렸어요. 지문을 훑어 읽어야 해요.

읽기 습관 지도하기

- 책을 많이 읽으세요. — Read a lot.
- 시간을 정해서 규칙적으로 읽으세요. — Set a time and read regularly.
- 점심 시간에 책을 읽는 습관을 가져 보세요. — Make it a habit to read during lunch.
- 어디를 가든, 책을 가져가세요. — Wherever you go, take a book with you.
- 매일 하루에 최소한 10분씩 읽어 보세요. — Try to read for at least 10 minutes every day.
- 읽고 싶은 멋진 책의 목록을 작성해 보세요. — Keep a list of all the great books you want to read.
- 목록을 작성해 읽은 책은 목록에서 지우세요. — Keep a list, and cross out the ones you read.
- 책 읽기를 즐기는 것이 중요해요. — It's important to enjoy reading books.
- 여러분을 사로잡아 계속 읽게 하는 책을 찾으세요. — Find books that really grip you and keep you going.
- 독서 기록장을 준비하세요. — Please prepare a reading log.
- 독서 기록장은 여러분이 읽는 것에 대해 생각해 볼 수 있도록 도와줍니다. — A reading log can help you think about what you've read.
- 책을 읽은 후 독서 기록장에 자신의 생각을 적어 보세요. — Write down your thoughts in your reading log after reading the book.

어휘 파악 및 읽기 전략 지도하기

- 영어 단어를 모두 안다는 것은 불가능해요. — It is impossible to know all the English words.
- 모르는 단어가 나올 때마다 사전을 찾지 마세요. — Don't look up the dictionary whenever you come across a new word.
- 사전을 너무 자주 이용하는 것은 좋지 않아요. — It's not good to use the dictionary too often.
- 모르는 단어는 건너뛰세요. — Skip the words you don't know.
- 새로운 단어의 뜻을 모를 때는 그 부분은 넘어가고 나머지 문장들을 읽어 보세요. — If you don't know the meaning of a new word, skip over it and read the rest of the sentence.
- 단어의 의미를 추측할 수 있을 거예요. — You can guess the meaning of the word.

• 새로운 단어의 의미를 추측할 수 있는 방법을 배울 거예요.	We're going to learn how to guess the meaning of new words.
• 의미를 추측하도록 도와주는 단서는 많아요.	There are a lot of clues that help us guess the meanings.
• 단서의 종류로는 그림, 문맥, 문법 등이 있어요.	As for the clues, there are pictures, context, grammar, and so on.
• 이 단어에 대한 단서를 찾아봅시다.	Let's find some clues for this word.
• 문맥을 보고 무슨 뜻인지 추측해 보세요.	Try to guess what it means by looking at the context.
• 잘 모르는 단어는 문맥을 통해 추측해 보세요.	You need to guess the meaning of unfamiliar words from the context.
• 문맥이란 새로운 단어 앞뒤에 연결되어 있는 다른 단어들과 문장들을 말해요.	The context is the other words and sentences that are around the new word.
• 책을 분석하듯이 읽지 마세요.	Do not read books as if you were analyzing.
• 단어 하나하나씩 해석하지 마세요.	Don't translate word by word.
• 각 단락의 첫 문장을 읽으세요.	Read the first sentence of each paragraph.
• 대부분의 경우 단락의 요지는 첫 문장에 나옵니다.	The main idea of most paragraphs appears in the first sentence.
• 손가락으로 짚어가며 읽으세요.	Follow along with your finger as you read.

어휘 학습 지도하기

• 새로운 단어를 배워 봅시다.	Let's learn the new words.
• 이 단어를 한번 읽어 보세요.	Please read this word.
• 이 단어는 어떻게 읽나요?	How do you read this word? = Do you know how to read this word?
• 새로 나온 단어를 큰 소리로 읽어 봅시다.	Let's read the new words loudly.
• 이게 오늘 배울 새로운 단어들 목록이에요.	This is the list of new words that we'll learn today.
• 이 글에 새로운 단어가 몇 개 있네요.	There are some new words in the text.

• 글을 읽고 잘 모르는 단어에 밑줄을 그으세요.	Read the text and then underline the unfamiliar words.
• 단락을 읽으면서 모르는 단어에 동그라미를 치세요.	Circle the words you don't know as you read along the paragraph.
• 이 단어가 무슨 뜻인지 아는 사람?	Is there anyone who knows the meaning of this word?
• 선생님이 힌트를 줄게요.	I'll give you a clue.

사전 활용법 알려주기

• 여러분은 모르는 단어가 있으면 어떻게 하나요?	What do you do when you have some words you don't know?
• 오늘은 사전 사용법을 배울 거예요.	Today we are going to learn how to use the dictionary.
• 사전을 이용하면 단어의 철자나 뜻을 찾을 수 있어요.	We can use dictionaries to find the spelling of a word or the meanings of a word.
• 사전을 이용하는 방법, 알고 있나요?	Do you know how to use a dictionary?
• 사전은 알파벳순으로 정렬되어 있습니다.	The dictionary is arranged in alphabetical order.
• 표제어들은 사전에서 각 페이지의 맨 위에 있습니다.	Guide words are found at the top of each page in the dictionary.
• 표제어는 해당 페이지에서 찾을 수 있는 첫 단어와 마지막 단어를 알려줍니다.	Guide words tell the first and last words found on that page.
• 사전을 이용해서 단어의 뜻을 찾아봅시다.	Let's find the meaning of the word using the dictionary.
• 이 단어를 사전에서 찾아봅시다.	Let's look up this word in the dictionary.
• 선생님이 사전에서 단어 찾는 방법을 보여줄게요.	I'm going to show you how to find a word in the dictionary.
• touch를 찾아봅시다. touch는 철자 t로 시작하니까 선생님은 T 부분을 찾아볼 거예요.	Let's search the word *touch*. I would look in the T section because *touch* begins with the letter *t*.
• 이 단어는 c로 시작하니까 먼저 C 부분을 찾아야 합니다.	As this word begins with *c*, we have to find C section first of all.

- 사전에 뭐라고 나와 있나요? — What does it say in the dictionary?
- 이 단어에는 뜻이 여러 가지 있네요. — This word has several meanings.

Vocab · 사전 관련

영영사전	English-English dictionary
전자사전	electronic dictionary
휴대전화에 있는 사전	mobile dictionary
그림사전	picture dictionary
백과사전	encyclopaedia
인명사전	biographical dictionary
숙어사전	idioms dictionary
동의어사전	dictionary of synonyms
유의어사전	thesaurus
약어사전	dictionary of abbreviations
하나의 언어로 되어 있는 사전	monolingual dictionary
두 개의 언어로 되어 있는 사전	bilingual dictionary

Useful Tip — 사전 찾아보기

간단한 단어도 잘 모르는 수준의 학생들은 먼저 영어사전에서 알파벳순으로 단어를 찾는 연습부터 하도록 합니다. 알파벳 순서를 함께 확인해 보고 쉬운 단어를 제시한 후 "이 단어를 어떻게 찾아야 할까?"라고 질문을 던지세요. 그런 다음 학생들의 대답을 듣고 함께 단어를 찾아봅니다. 조금 익숙해지면 "선생님이 제시하는 단어를 누가 먼저 찾는지 볼까?"라고 하며 단어 찾기 놀이를 해보세요. 이때 단어를 먼저 찾은 학생에게 사전에 적힌 발음을 그대로 읽어주고 뜻도 읽어 보도록 합니다. 단어에는 여러 가지 뜻이 있지만 앞에 나오는 뜻이 자주 쓰이는 뜻이라는 것도 안내해 주세요.

찾아 읽기 지도하기

- 상황에 따라 각기 다른 읽기 방법들이 있습니다. — There are different styles of reading for different situations.
- 오늘은 찾아 읽기를 배울 거예요. — Today, we're going to learn scanning.
- 찾아 읽기는 특정 정보를 찾기 위해 글을 자세히 읽는 방법입니다. — Scanning is a way of reading the text in detail to find specific information.
- 글자체와 숫자 같은 것도 찾아보세요. — Look for things like fonts and numbers.
- 찾아 읽기는 글 전체를 읽지 않고 특정한 이름, 날짜, 사실 등을 찾아내는 데 유용합니다. — Scanning is very useful for finding a specific name, date or fact without reading everything.

- 여러분이 원하는 세부 내용을 찾기 위해서는 일정대로 정독을 하세요.

  Use scanning on schedule in order to find the specific details you require.

- 우리가 시험을 볼 때는 찾아 읽기를 해요.

  We use scanning when we take tests.

- 여러분이 사전에서 단어를 찾을 때도 찾아 읽기를 하는 거예요.

  You use scanning when you're looking up a word in a dictionary.

- 무슨 정보를 찾고 있는지 항상 기억하도록 하세요.

  Keep in mind at all times what it is you are searching for.

- 읽으면서 필요한 정보에 밑줄을 그으세요.

  Underline the information you need while reading.

- 이 단어들을 지문에서 찾아서 밑줄을 긋고 무슨 의미인지 설명하세요.

  Find these words in the text, underline them and explain what they mean.

- 주의 깊게 읽고 정답을 찾아보세요.

  Read carefully and find the answers.

- 이야기는 어디에서 일어나고 있죠?

  Where is the story taking place?

- 이야기의 행위는 어디에서 일어나는 일인가요?

  Where is the action of the story taking place?

- 이야기는 언제 일어나고 있나요?

  When is the story taking place?

훑어 읽기 지도하기

- 오늘은 훑어 읽기를 배울 거예요.

  We're going to learn skimming today.

- 훑어 읽기는 글의 요지를 빨리 파악하기 위해 쓰입니다.

  Skimming is used to quickly get the main ideas.

- 많은 양의 글을 짧은 시간 내에 읽어야 할 때 훑어 읽기가 필요합니다.

  You need to skim when you have a lot to read in a short time.

- 우선 글 전체를 빠르게 읽어 보세요.

  First of all, read the whole text quickly.

- 지문을 소리 내지 말고 읽어 보세요.

  Read the passage silently.

- 읽으면서 주제에 대해 생각해 보세요.

  Please think about the theme as you read.

- 이 지문의 요지는 무엇인가요?

  What is the main idea of this passage?

- 대부분의 경우, 단락의 요지는 첫 문장에 나옵니다.

  The main idea of most paragraphs is in the first sentence.

- 작가가 무엇에 대해 말하고 있나요?

  What is the author talking about?

- 작가가 우리에게 말하고 싶어하는 것은 무엇인가요? — What does the writer want to tell us?
- 이야기 초반에서 느낌은 어떤가요? — How do you feel at the start of the story?
- 이야기에는 어떤 사건들이 있나요? — What are some events in the story?
- 세부적인 내용은 나중에 얘기해 볼 거예요. — We're going to talk about the details later on.

교사가 읽어주기

- 선생님이 읽어줄게요. — I'll read it to you. = Let me read it for you.
- 첫 부분을 선생님이 읽을게요. — I'll read the first part.
- 선생님이 읽을 때 잘 들으세요. — Listen carefully as I read.
- 너무 빠른가요? — Is it too fast?
- 천천히 읽을게요. — I'm going to read it slowly.
- 다시 읽을게요. — I'll read it again.
- 이번엔 선생님을 따라 읽어 보세요. — Now, read after me.
- 선생님을 따라 한 줄씩 읽으세요. — Repeat after me line by line.

학생들이 읽도록 지도하기

- 다 같이 읽어 봅시다. — Let's read it all together.
- 큰 소리로 읽어줄래요? — Could you read out loud?
- 지문을 소리 내서 읽으세요. — Read the text aloud.
- 조용히 읽으세요. — Read it silently.
- 한 번 더 읽어 보세요. — Read it one more time.
- 좀 더 천천히 읽어 보세요. — Read it more slowly.
- 본문을 조용히 빨리 읽어 보세요. — Read the text silently and quickly.
- 본문을 혼자 읽으세요. — Read the text to yourselves.

• 훑어 읽을 때는 소리 내지 말고 읽으세요.	Read the text silently when you're skimming.
• 첫 번째 단락을 소리 내서 읽으세요.	Read the first paragraph aloud.
• 남학생은 파트 A, 여학생은 파트 B를 읽어주세요.	Boys, please read part A and girls, read part B.
• 누가 이 단원을 읽어 볼까요?	Who would like to read this chapter? = Can anyone read this chapter?
• 누가 먼저 읽어 볼래요?	Who wants to read first?
• 다음은 누가 읽어 볼까요?	Who will read next?
• 가희가 읽어 보세요.	I'll ask Ga-hee to read it.
• 파트 A를 읽어줄래요?	Would you like to read part A?
• 선생님이 몇 사람을 정해서 본문 읽기를 시켜 볼 거예요.	I'm going to make some students read the text.
• 돌아가면서 지문을 읽어 봅시다.	Read the passage in turns.
• 각각 한 문장씩 읽으세요.	Read one sentence each.
• 다음 두 문장을 읽으세요.	Please read the next two sentences.
• 네 번째 줄부터 읽으세요.	Start reading from the fourth line.
• 계속 읽으세요.	Keep reading, please.
• 거기까지. 다음 사람!	That's enough, next person.
• 수지가 그만 읽은 곳부터 계속 읽으세요.	Continue reading from where Su-ji left off.
• 수지가 먼저 읽고 소라가 다음 문장을 읽으세요.	Su-ji, read first. So-ra, read the next sentence.
• 4번 문제 좀 읽어줄래요?	Could you read question number 4?
• 12쪽의 문장을 읽어 보세요.	Read the sentence on page 12.
• 27쪽의 첫 줄부터 읽어줄래요?	Will you please read from the first line on page 27?
• 새로운 단원을 소리 내어 함께 읽어 봅시다.	Let's read the new lesson out loud together.

Chapter 3 읽기 지도

Unit 2 읽기 활동

읽기 활동의 성취도를 높이기 위해서는 읽기 활동 외에도 읽기 전후의 커리큘럼이 잘 짜여져 있어야 합니다. 먼저 읽기 전 활동에서는 읽을 내용을 예측하고 궁금한 점을 이야기해 보면서 학생들의 흥미를 높일 수 있습니다. 본격적인 읽기 활동 후에는 읽은 내용에 대한 요약과 생각을 발표해 봄으로써 학생들은 전반적인 글의 이해와 자신의 생각을 표현하는 능력을 키울 수 있습니다.

Classroom Situation

- ⓣ Let's start on our story map. What do we remember from this story? What is the title? OK, I'm looking for hands. Se-ho, what is its title?
- ⓢ₁ The title is 「*The Little Red Hen*」.
- ⓣ Very good. Who are the characters in this folk tale? OK, wait a second. I'm looking for hands. Hmm, Ji-ho?
- ⓢ₂ The little hen.
- ⓣ Good. Who else? I'm going to call on a person with their hand up. Very good, Ga-hee?
- ⓢ₃ A dog, a duck and a cat.
- ⓣ That's right. Now what was the problem in this story? What problem did the little hen have?
- ⓢ₁ No one wants to help her.
- ⓣ No one wants to help her what?
- ⓢ₂ No one wants to help her do work.

- ⓣ 스토리 맵을 시작해 봅시다. 이 이야기에서 무엇을 기억하나요? 제목이 뭐죠? 손을 드세요. 세호, 제목이 뭐죠?
- ⓢ 제목은 「The Little Red Hen」이에요.
- ⓣ 아주 잘했어요. 이 전래동화의 등장인물은 누구죠? 잠깐만 기다리세요. 손을 들고 얘기하세요. 음, 지호가 말해 볼래요?
- ⓢ 작은 암탉이요.
- ⓣ 좋아요. 또 누구요? 손을 드는 사람을 부르겠어요. 네, 좋아요. 가희가 발표해 보세요.
- ⓢ 개, 오리, 고양이 한 마리요.
- ⓣ 맞아요. 이제 이 이야기에서 문제가 뭐였죠? 작은 암탉은 무슨 문제가 있었나요?
- ⓢ 아무도 암탉을 도와주고 싶어하지 않아요.
- ⓣ 무엇을 아무도 도와주고 싶어하지 않는다는 거죠?
- ⓢ 아무도 그녀가 일하는 것을 도와주고 싶어하지 않아요.

읽기 전 활동 진행하기

- 먼저 작가에 대해 알아봅시다. — Let's first learn about the author.
- 제목을 보면 무엇이 생각나나요? — What comes to mind when you see the title?
  = What does the title remind you of?
- 이 주제에 대해 무엇을 알고 있나요? — What do you know about this topic?
- 모르는 단어가 있나요? — Are there any words that you don't know?
- 모르는 단어에 밑줄을 그어 보세요. — Underline the unfamiliar words.
- 지문을 읽기 전에 몇 가지 질문에 대해 생각해 봅시다. — Let's think about the questions before we read the passage.
- 이 이야기는 크리스마스에 대한 내용이에요. — This story is about Christmas.
- 크리스마스에 관한 이야기를 읽을 거예요. — You're going to read a story about Christmas.
- 거미에 대해 알고 있는 게 있나요? — What do you know about a spider?
- 브레인스토밍을 합시다. — Let's brainstorm.
- 그림을 보고 무엇에 대한 이야기인지 추측해 보세요. — Try to guess what the story is about by looking at the picture.

Useful Tip — 이야기의 구성 요소

1. **Setting** (배경)
   1) place 장소
   2) time 시간
   3) mood 분위기

2. **Plot** (구성)
   1) conflict 갈등
   2) character 등장인물
   3) point of view 관점
   4) theme 주제
   5) dialogue 대화

읽기 활동 진행하기

- 지문을 먼저 읽으세요. 그리고 질문에 답을 함께 해보세요.

  Read the text. Then work together to answer the following questions.

- 필요하면 사전을 사용할 수 있어요.

  You can use a dictionary to help you.

- 사전은 교실 앞에 있으니 필요하면 나와서 가져가세요.

  Dictionaries are at the front of the class, so come and get one if you need it.

- 가장 먼저, 글의 요점을 찾아보세요.

  The first thing you need to do is find the main idea.

- 제목을 보면 글의 요점이 무엇인지 추측할 수 있어요.

  You can guess what the main idea is by looking at the title.

- 여러분은 제목에서 어떤 힌트를 얻었나요?

  What clues does the title give you about the story?

- 이 이야기는 실화인가요, 아니면 상상해서 쓴 글인가요?

  Is this a real or imaginary story?

- 짧은 단락을 읽고 이야기의 요점이 무엇인지 한 문장으로 말해 보세요.

  Read this short paragraph and state in one sentence what the main idea of the story is.

- 주제문은 요점을 가장 잘 표현하는 문장이에요. 주제문을 함께 찾아봅시다.

  Topic sentence is a sentence that best expresses the main idea. Let's find the topic sentences.

- 주제문은 단락에서 가장 중요한 문장입니다.

  A topic sentence is a sentence that tells us the main idea.

- 이 글에서 작가가 우리에게 말하고자 하는 가장 중요한 것이 뭐죠?

  What is the most important thing the writer wants to tell us in this text?

- 그것이 이 글의 요점이에요.

  That's the main point of the text.

- 여러분은 어떤 예상을 할 수 있나요?

  What prediction can you make?

- 어떤 결과가 있을 것 같나요?

  What do you think the result will be?

- 근거를 찾아 밑줄을 치세요.

  Find supporting details and underline them.

읽은 후 활동 진행하기

• 여러분이 예상한 것 중 어떤 것이 맞았나요?	Which of your predictions were right?
• 요지가 무엇이었나요?	What were the main ideas?
• 여기 본문에 기반한 문제들이 있어요.	Here are some questions based on the text.
• 다 읽었으면 아래의 문제들을 풀어 보세요.	If you have finished reading, answer the questions below.
• 지문에 대한 질문들에 답하세요.	Answer these questions about the passage.
• 지문을 읽고 난 후, 떠오르는 자신만의 궁금한 점을 써보세요.	After reading the passage, please write your own questions.
• 이야기들을 시간의 순서에 맞게 배열하세요.	Put the strips in the right time order.
• 「The holes」를 재미있게 읽었나요? 이제 이 책을 바탕으로 만들어진 영화를 보도록 하겠어요.	Did you enjoy reading 「*The holes*」? Now, we're going to watch a movie based on the book.
• 이야기를 대본 형식으로 바꾸어 봅시다.	Let's change the story into script format.
• 본문 내용으로 역할극을 만들어 봅시다.	Let's make a role play with the text.
• 이야기를 읽은 후, 아래에 있는 스토리 맵을 완성해 볼 거예요.	After we read the book, we will fill in the story map below.
• 스토리 맵을 시작해 봅시다.	Let's start on our story map.
• 이야기의 배경은 뭐죠?	What is the setting of the story?
• 이야기가 일어나는 곳이 어디인가요?	Where does this story take place?
• 이 전래동화의 등장인물은 누구죠?	Who are the characters in this folk tale?
• 주요 등장인물은 누구인가요?	Who are the main characters?
• 또 누가 있죠? 다른 인물은요?	Who else? Any others?
• 선생님은 둘 다 주인공이라고 생각해요.	I think they both are major characters.
• 여기에서의 문제 상황은 뭐죠?	What is the problem here?
• 이 이야기에서 문제가 뭐였죠?	What was the problem in this story?
• 첫 번째 사건은 뭐죠?	What is the first event?
• 두 번째 사건은 무엇이었나요?	What is the second event?
• 해결책은 뭐죠?	What is the resolution?

- 이 이야기에는 어떤 제목이 좋을까요? — What would be good titles to this story?
- 이 책을 다 읽은 후 다르게 느껴지는 것이 있나요? — Do you feel any differently after finishing the book?
- 이 책을 읽고 어떤 기분을 느꼈나요? — What emotions did the book give you?
- 이 이야기와 비슷한 경험을 한 적 있나요? — Do you have any similar experience with this story?
- 여기 주인공과 닮은 친구가 있나요? — Do you have any friends like this main character?
- 만약 가능하다면, 책 속에 나온 인물 중 어떤 인물이 되고 싶나요? — Which of the characters would you like to become, if you could?
- 주인공의 감정 변화를 써보세요. — Write down how the main character's feelings are changing.
- 저자에게 어떤 질문들을 하고 싶나요? — What questions would you like to ask the author of the book?
- 제일 좋아하는 구절들이 있나요? 그 구절들을 독서 기록장에 옮겨 쓰세요. — What are your favorite lines? Copy them into your reading log.
- 새롭게 알게 된 게 있나요? — What did you learn that you never knew before?
- 이 책을 친구에게 추천하고 싶나요? — Would you recommend the book to your friend?
- 그 책에 대한 간단한 감상을 쓰세요. — Write a brief review of the book.
- 글을 읽고 느낀 점을 쓰세요. — Write down your feelings after reading the text.
- 수업이 끝난 후에 저자에 대해 좀 더 알아보는 것도 좋겠네요. — It is a good idea to find some more about the author after this class.

Useful Tip — 단어장 만들기

이야기에 나오는 영어 단어를 모아 단어장을 만들어 보세요. 수업의 시작과 마무리에 사용하면 효율적인 학습 시간을 보낼 수 있습니다. 선생님이 단어를 정리해서 유인물로 나눠주는 것도 좋지만 아이들에게 직접 단어장을 만들어 보도록 하는 것도 자율 학습 능력을 키우는 데 도움이 됩니다. 단, 단어장 검사와 그에 대한 보상은 꾸준하고 일관성 있게 해주세요. 지속적으로 반복되어야 아이들에게 습관으로 자리잡을 수 있습니다.

Useful Tip — K-W-L 차트

K-W-L 차트는 읽기 학습 전 학생들의 배경 지식을 활성화시킬 수 있는 효과적인 학습 활동입니다. 또한 K-W-L 차트를 통해 선생님은 학생들이 읽기 주제의 어떤 부분에 가장 관심을 가지고 있는지도 알 수 있습니다. 본격적인 읽기 학습 전 학생들과 K-W-L 차트를 채워 보세요. A3로 크게 만들어 칠판에 붙여 놓고 함께 작성해 보는 것도 좋고, 아이들에게 나눠줘서 스스로 차트를 작성하게 해도 좋습니다.

- K (What I Know) – 읽기 전, 주제에 대해 알고 있는 것을 적습니다.
- W (What I Want to Know) – 읽기 활동을 하면서 배우고 싶은 것이나 알고 싶은 정보를 적습니다.
- L (What I Learn) – 읽기 활동을 통해 배운 내용을 적습니다.

Useful Tip — 단어 노트 정리하기

독해 지문, 짧은 글이나 이야기를 읽으면서 새로 나오는 단어는 사전을 찾아보고 단어 노트에 정리하게 했습니다.

먼저, 노트를 4~6칸으로 나누어 접습니다. 아주 기초적인 수준의 학생은 파닉스 학습을 병행해 소리 나는 대로 읽는 법도 함께 지도합니다. 사전에서 뜻, 발음기호, 발음(소리 나는 대로 한글로 적은 것)을 모두 적도록 했습니다. 무작정 쓰면서 외우는 게 아니라 처음에는 단어를 눈으로 보면서 오른쪽에 적힌 발음을 그대로 따라 말해 보도록 합니다. 발음에 익숙해지면 발음 부분은 뒤로 접어서 안 보이게 하고 단어를 보고 발음하면서 뜻을 익힙니다. 뜻을 익힐 때도 접힌 부분을 이용해 단어만 보고 뜻을 맞히거나 뜻만 보고 단어를 떠올리는 연습을 합니다.

단어	뜻	발음 기호	발음

다음 단계에서는 문장을 읽으면서 문맥상 뜻을 예상해서 적어 보게 합니다. 그리고 단어가 나오는 독해 문장이나 사전에 예시로 나온 문장을 적으며 문장에서 어떻게 사용되는지 익히도록 합니다. 문장 써보기 칸에는 예시 문장을 응용해서 학생 스스로 문장을 써보도록 지도해 주세요.

단어	뜻	발음 기호	사용된 문장	문장 써보기	예상한 뜻

Chapter 4 쓰기 지도

Unit 1 쓰기 전 정보 수집하기

학생들이 자신의 생각을 논리적으로 표현하기 위해서는 수준에 맞는 주제와 충분한 글감이 마련되어야 합니다. 먼저, 주제를 선정할 때는 브레인스토밍이나 마인드맵과 같은 활동을 통해 학생들이 가지고 있는 배경 지식을 활성화하도록 도와주세요. 주제를 고른 후에는 주제에 맞는 자료 수집 방법을 알려주세요. 수업시간에 직접 온라인 도서관 사이트를 방문해 보거나 참고 도서를 알려주면, 학생들은 훨씬 수월하게 정보 수집을 할 수 있을 거예요.

Classroom Situation

- **T** So did everyone decide what to write about?
- **Ss** Yes.
- **T** Excellent. You've decided your topics. Then, what's next?
- **Ss** We should collect data.
- **T** That's right. Research is important when writing an essay. How can you gather information?
- **S1** We can use the Internet.

 T Exactly. Gather as much information as possible on the Internet.

 T You're right. But you also need to find information from other places such as books, magazines, and newspapers. Keep in mind that gathering the right data for your subject is very important.

- **T** 모두 무엇에 대해 쓸지 결정했나요?
- **Ss** 네.
- **T** 좋아요. 주제를 정했군요. 그럼, 다음엔 무엇을 해야 하죠?
- **Ss** 자료를 모아야 해요.
- **T** 맞아요. 에세이를 쓸 때는 조사 활동이 중요합니다. 정보는 어떻게 모을 수 있을까요?
- **S1** 인터넷을 이용하면 돼요.

[상황1] **T** 맞아요. 인터넷에서 되도록 많은 정보를 모으세요.

[상황2] **T** 맞아요. 하지만 책, 잡지, 신문 같은 다양한 곳에서 정보를 모아야 해요. 그리고 꼭 맞는 자료를 수집하는 것이 중요하다는 걸 잊지 마세요.

자료 모으기

- 어떤 주제에 관해 글을 쓰기 시작할 때는 조사를 많이 해야 합니다.
  When you are starting to write on a subject, then you need to research lots of data.

- 조사 활동은 주제에 관련된 더 많은 자료를 모으는 데 도움을 줄 겁니다.
  Research will help you in gathering more data on your subject.

- 조사 활동은 주제를 더 잘 이해하는 데 도움이 됩니다.
  Research helps you to better understand your topic.

- 에세이를 쓸 때는 조사 활동이 중요해요.
  Research is important when writing an essay.

- 조사를 잘하면 주제에 관한 글을 더욱 쉽게 쓸 수 있습니다.
  Research helps you to write more easily about the topic.

- 에세이에 필요한 자료를 수집하세요.
  Collect information for your essay.

- 인터넷에서 가능한 한 많은 정보를 모으세요.
  Gather as much information as possible on the Internet.

- 주제와 관련 있는 자료를 수집하는 것이 무척 중요합니다.
  Gathering the right data for your subject is very important.

- 정보 조사는 집중적이고 구체적이어야 합니다.
  Your information search should be focused and specific.

- 인터넷, 잡지, 신문 같은 다양한 곳에서 정보를 모으세요.
  Get information from different places such as the Internet, magazines, and newspapers.

- 여러분이 찾은 정보의 질을 꼼꼼히 따져 보아야 합니다.
  You should pay attention to the quality of the information you find.

- 정보가 맞는지 확실히 하기 위해 반드시 정보를 확인하세요.
  Make sure that you check your information to make sure it is true.

- 주제에 대해 더 많은 정보를 찾고 싶다면 온라인 도서관을 방문하세요.
  You can visit e-libraries to get more information on your subject.

- 파일을 만들어서 조사한 자료를 함께 보관하면 더 좋아요.
  It's better to make a file that keeps all your research work together.

쓰기 활동 전 배경 지식 활성화하기

• 주제에 대해 함께 이야기해 봅시다.	Let's talk about this topic.
• 주제에 대해 알고 있는 게 있나요?	What do you know about this topic?
• 이 그림을 보면 무슨 생각이 떠오르나요?	What comes to mind when you see this picture?
• 마인드맵을 해봅시다.	Let's do mind map.
• 주제에 관해 브레인스토밍을 해봅시다.	Let's brainstorm ideas about the subject.
• 주제에 관해 생각나는 것을 모두 말해 보세요.	Please tell me everything about the topic that you can think of.
• 함께 모여서 주제에 대해 이야기해 보세요.	Get together and talk about the topic.
• 이 주제에 관한 글을 쓸 때 필요한 단어들을 배워 봅시다.	Let's learn some words you'll need when you write about this topic.

Chapter 4 쓰기지도

Unit 2 통제된 글쓰기

통제된 글쓰기는 교사가 학습 활동을 통제하는 글쓰기 연습 단계로, 글쓰기의 기본을 잡아줄 수 있는 활동입니다. 특히 초급 단계의 학생들은 표현하고자 하는 내용에 비해 알고 있는 영어 지식이 부족하기 때문에 통제된 글쓰기는 더욱 필수적인 과정입니다. 그 이유는 유도 작문의 과정 없이 글을 쓰게 된다면 많은 학생들이 쓰기 활동에 어려움을 느끼고 스트레스를 받을 수 있기 때문입니다. 통제된 글쓰기를 통해 작문에 대한 아이들의 부담감을 줄여주세요.

Classroom Situation

- T Change test papers with your partners. Let's check the answers. What's the answer to the number 1?
- Ss The answer is *autumn*.
- T How do you spell *autumn*?
- Ss A-u-t-u-m-n.
- T Draw a circle if the answer is right.
- S1 Excuse me, is this letter an *a* or *o*?

상황 1
- T Let me see. I think it's an *a*.

상황 2
- T It's very difficult to read.
- S2 It's an *a*.
- T Try to write neatly so that other people can read it.

- T 짝과 시험지를 바꾸세요. 정답을 맞춰 봅시다. 1번의 답이 뭐죠?
- Ss 답은 autumn입니다.
- T Autumn을 어떻게 쓰죠?
- Ss A-u-t-u-m-n.
- T 답이 맞으면 동그라미를 치세요.
- S1 선생님, 이게 a예요, o예요?

상황 1
- T 어디 볼게요. a 같네요.

상황 2
- T 읽기가 참 어렵네요.
- S2 a라고 쓴 건데요.
- T 앞으론 다른 사람도 읽을 수 있게 깔끔하게 쓰도록 해보세요.

기초 쓰기 지도하기

- 알파벳 쓰는 법을 배울 거예요.
  We're going to learn how to write the alphabet.

- 먼저 손가락으로 글자를 따라 써본 후 연필로 따라 쓰세요.
  Trace the letter at first with your finger and then with a pencil.

- 종이와 학습지를 꺼내세요.
  Please take out your pencils and worksheets.

- 학습지에 있는 각 철자를 따라 써봅시다.
  Trace each letter on your worksheets.

- A를 어떻게 쓰는지 알아요?
  Do you know how to write an *A*?

- 대문자 C를 써봅시다.
  Let's write upper case *C*.

- 선생님이 쓰는 것을 한번 보세요.
  Watch how I write it.

- 맨위 바로 아래 실선에 연필을 두고, 곡선을 그리면서 아래 쪽 실선 바로 위에서 끝내면 됩니다.
  Start with the pencil just under the line at the top and end the curve just above the line at the bottom.

- 모든 소문자는 위쪽에서 시작합니다.
  All small letters start at the top.

- 지금까지 철자를 따라 쓰는 것을 연습해 봤어요.
  You've practiced tracing letters so far.

- 이번에는 예시를 보면서 각 철자를 써볼 거예요.
  This time you'll write each letter while looking at an example.

- 이제 글쓰기를 해봅시다.
  Now, let's do some writing.

- 칠판에 time을 써볼래요?
  Would you like to write *time* on the board?

- 공책에 적어 보세요.
  Please write it down in your notebook.

- 다들 적었나요?
  Did you all write it down?

글씨 바르게 쓰도록 지도하기

- 줄이 쳐져 있는 깨끗한 종이를 꺼내세요.
  Get out a clean sheet of lined paper.

- 글을 쓸 때는 똑바로 앉아 구부정하게 기대지 않도록 하세요.
  Sit up straight and don't lean over the paper when you write.

- 글씨를 깔끔하게 쓰세요.
  Please write neatly.
  = Don't forget to write neatly.

- 단어 사이에 간격을 두는 것이 중요합니다.
  Spacing between words is important.

- 다른 사람도 읽을 수 있도록 깔끔하게 쓰도록 해 보세요. Try to write neatly so that other people can read it.
- 학생이 쓴 글씨는 읽기가 좀 어렵네요. It's a bit difficult to read your handwriting.
- 학생이 쓴 글씨는 못 읽겠네요. I can't read your handwriting.
  = Your handwriting is barely legible.
- 이거 읽을 수 있어요? 선생님은 못 읽겠네요. Can you read this? I can't read this.
- 읽을 수 있게 써주세요. Please write legibly.
- 자신이 쓴 글씨를 보세요. 쉽게 읽을 수 있겠어요? Look at your handwriting. Do you think it is easy to read?
- 줄에 맞춰서 쓰세요. Please write it on the line.
- 갈겨쓰지 마세요. Don't scribble.
- 펜 말고 연필을 사용하면 글씨체가 더 괜찮을 것 같네요. I think your handwriting will be better if you use a pencil not a pen.
- 지우고 다시 써보세요. Erase it and write it again.

철자 학습 지도하기

- summer의 철자가 어떻게 되죠? How do you spell *summer*?
- 선생님이 단어의 철자를 불러줄게요. I'll spell out the word for you.
- 어떤 단어는 소리 나는 대로 쓰여집니다. Some words are spelled like they sound.
- 그냥 소리 나는 대로 적으세요. Just spell it as it sounds.
- 철자를 바르게 쓰세요. Please spell it right.
- 이 단어의 철자는 약간 복잡해요. The spelling of this word is a bit difficult.
- 이 단어를 쓸 때 철자에 주의하세요. Be careful with the spelling of this word.
- 여기에 학생들이 자주 실수하는 영어 단어 목록이 있어요. Here's a list of commonly misspelled words.
- 철자가 조금 이상하네요. The spelling is a little strange.
- 철자를 주의 깊게 보세요. Look at the spelling very carefully.
- 철자가 틀렸네요. The spelling is wrong.
- 철자가 맞지 않아요. It is not spelled right.

• 철자 하나가 없네요.	You are missing a letter.
• r을 두 번 써야 해요.	It should be double *r*.
• 여기에 m을 하나 더 넣어야 해요.	You need to add an *m* here.
• 여기에서 a를 빼야 해요.	You should take out an *a* here.
• 잘못 쓴 철자를 고쳐 쓰세요.	Please correct the misspelled words.
• 철자가 잘못된 단어를 찾아 고쳐 쓰세요.	Find a misspelled word and correct it.

Useful Tip 문장 부호 알려주기

학생들이 어느 정도 단어를 알게 되고 철자를 익힌 후에는 문장 쓰는 법을 배우게 됩니다. 이때 문장 부호를 알려주시면 좋아요. 문장 부호의 올바른 사용법과 중요성을 배우지 못한 학생들은 나중에 시험을 볼 때도 문장 부호를 계속해서 틀리고, 또 고치려고도 하지 않기 때문이에요. 수업 중간중간 문장 부호의 의미와 쓰임을 쉬운 문장을 활용해 알려주세요. 특히 문장 부호에 따라 뜻이 달라지는 문장을 예로 보여주면 더욱 이해하기 쉽습니다. 아래는 자주 사용하는 문장 부호와 영어 명칭입니다. 프린트해서 학생들에게 나눠주고 수업 전 퀴즈로 활용해도 좋습니다.

Punctuation Marks 문장 부호들

- ? question mark 물음표
- ! exclamation point 느낌표
- . period 마침표
- , comma 쉼표
- … ellipses 말 줄임표
- ' ' single quotation marks 작은 따옴표
- " " quotation marks 큰 따옴표
- ( ) parentheses 괄호
- [ ] square brackets 대괄호
- / slash 슬래시
- - hyphen 하이픈
- : colon 콜론
- ; semicolon 세미콜론

세미콜론 vs. 콜론

세미콜론과 콜론은 모양도 비슷하고 생소한 거라서 학생들이 많이 헷갈려하는 문장 부호입니다. 아래 예시문과 함께 두 문장 부호의 차이점과 의미를 확실히 알려주세요. 읽기와 쓰기 활동을 할 때 자주 반복해서 언급해 주는 것도 좋은 방법입니다.

- 세미콜론 – 서로 연관성이 깊으나 and나 but 같은 연결어가 없는 두 문장을 한 문장으로 만들 때 사용합니다.

    Look me up on Facebook tonight; I'll share my vacation pictures with you.
    오늘밤에 내 페이스북으로 찾아와; 내 휴가 사진을 보여줄게.

- 콜론 – 뒤에 오는 문장이 앞에 오는 문장에 대해 세부적인 내용을 제시하거나 목록을 열거할 때 사용합니다.

    There are four nations in the United Kingdom: England, Scotland, Wales and Northern Ireland. 대영제국에는 네 개의 국가가 있다: 잉글랜드, 스코틀랜드, 웨일즈 그리고 북아일랜드가 그것이다.

베껴 쓰기 지도하기

- 이것을 베껴 쓰세요. — Please copy this.
- 이 단어들을 베껴 쓰세요. — Copy these words down.
- 이 문장들을 적도록 하세요. — I want you to write down these sentences. = Take down these sentences.
- 선생님이 칠판에 쓰는 질문들을 베껴 쓰세요. — Copy the questions I write on the board.
- 선생님이 쓴 것 바로 아래에다 단어들을 베껴 쓰세요. — Copy the words exactly under what I have written.
- 이 문장들을 노트에 베껴 쓰세요. — Copy these sentences into your notebook.

빈칸 채우기 및 단답형 쓰기 지도하기

- 빈칸을 채우세요. — Fill in the blanks.
- 빈칸에 정확한 답을 쓰세요. — Fill in the blank with the right answer.
- 학습지를 서로에게 보여주면 안 됩니다. — You should not show your worksheets to each other.
- 질문에 대한 답을 영어로 쓰세요. — Write the answers to the questions in English.
- 주어진 목록을 보고 빈칸에 빠진 단어를 채우세요. — Fill in the missing words using the list provided.
- 이 단락의 빈칸을 채우세요. — Fill in the gaps in these paragraphs.
- 알맞은 단어를 사용해서 문장들을 완성하세요. — Complete these sentences with the correct words.
- 아래 단어들을 이용해서 문장들을 완성하세요. — Complete the sentences with the words below.
- 상자 안에 있는 단어들을 사용해 문장을 완성하세요. — Use the words in the box to complete the sentence.
- 지문에서 답을 찾아 써보세요. — Find the answer in the passage and write it.
- 보기에 맞는 단어를 골라 빈칸에 쓰세요. — Choose the right word from the examples and write it in the blank.
- 빈칸에 써야 할 문장이 뭐죠? — What's the sentence you have to write in the blank?

• 답은 두 단어로 써야 합니다.	You have to write the answer in two words.
• 적절한 단어를 사용해서 대화를 완성하세요.	Complete the dialogues using the appropriate words.
• 철자에 신경을 쓰세요.	Pay attention to spelling.
• 앞으로 나와서 칠판에 쓰세요.	Come out to the board and write it on the board.

주어진 구조와 표현으로 쓰기 지도하기

• 문장의 첫 글자는 대문자로 씁니다.	Capital letters are used for the beginning of sentences.
• 사람 이름, 요일, 월 등은 모두 대문자로 시작합니다.	People's name, days of the week, and months all begin with upper-case letters.
• 더 긴 문장 쓰기를 연습해 봅시다.	Let's practice writing longer sentences.
• 이번에는 좀 더 복잡한 문장을 써볼 거예요.	This time, we're going to write more complex sentences.
• 오늘 배운 주요 표현들을 이용해서 작문을 할 거예요.	We'll do some writing using today's key expressions.
• 칠판에 있는 표현들을 활용하세요.	Please use the expressions on the board.
• 선생님이 칠판에 적어놓은 표현을 이용해도 돼요.	You can use the expressions that I wrote on the board.
• 유인물에 있는 표현들을 이용해도 됩니다.	You may use expressions in your handout.
• 이 유인물에는 유용한 표현들이 담겨 있어요.	This handout will introduce you to some useful expressions.
• 여러분이 작문할 때 사용할 수 있는 표현 목록이에요.	Here is a list of expressions that you can use for your writing.
• 우리가 배운 표현들을 이용해서 답을 적으면 됩니다.	You can use the expressions we learned to write the answers.
• 여러분을 위해 선생님이 예문을 하나 써볼게요.	I'll write down an example for you.
• 여기 예문들이 있습니다.	Here are some example sentences.
• 여기 생일 초대장의 샘플이 있습니다.	Here are some sample birthday invitation cards.

- 이건 여러분이 생일 파티 초대장을 쓸 때 포함해야 할 내용들이에요.

- 이 문장들을 이용해서 초대장을 써 봅시다.

- 이 그림과 관련해서 무엇을 써볼 수 있을까요?

- 아래 단어를 이용해서 이 그림과 관련된 문장 세 개를 써보세요.

Here is a list of things you need to include when writing an invite for a birthday party.

Let's write the invitation card using these sentences.

What can you write about this picture?

Write three sentences about this picture with the words below.

Chapter 4 쓰기 지도

Unit 3 본격적인 작문 활동

글쓰기 수업 초반부터 체계적인 프로세스에 따라 작문하는 습관을 길러주는 건 향후 쓰기 능력에 중요한 토대가 될 수 있어요. 학습자들이 주제에 맞는 글쓰기의 기본 내용과 틀을 구성한 후 그래픽 오거나이저를 사용하여 본인의 생각을 글의 구조에 맞게 써나갈 수 있도록 지도해 주세요. 글쓰기가 끝난 후에는 체크 리스트를 확인하며 자신이 쓴 글을 점검할 수 있도록 해주세요.

Classroom Situation

- T: How can we write a good essay? Is there anyone who knows the best way to write a great essay?
- S1: We have to study vocabulary.
- T: That's a good idea. A good writer has good vocabulary. Anything other suggestions?
- S2: Read a lot.
- T: Right. Reading other people's work will help you write well. And I would say graphic organizers can be a good way of improving your writing skill. Have you ever used it?
- Ss: No.
- T: A graphic organizer is useful to make a good outline.

- T: 좋은 글을 쓰려면 어떻게 해야 할까요? 멋진 에세이를 쓰는 가장 좋은 방법을 아는 사람 있나요?
- S1: 단어 공부를 해야 해요.
- T: 좋은 생각이네요. 글을 잘 쓰는 사람은 어휘력이 좋죠. 또 다른 의견 있나요?
- S2: 책을 많이 읽어요.
- T: 맞아요. 다른 사람의 작품을 읽는 것도 글을 잘 쓰는 데 도움이 됩니다. 또한 그래픽 오거나이저를 활용하면 작문 기술을 향상시킬 수 있어요. 그래픽 오거나이저 사용해 본 사람 있나요?
- Ss: 아니요.
- T: 그래픽 오거나이저는 글의 개요를 정할 때 유용해요.

쓰기 전략 안내하기

- 어떻게 하면 좋은 에세이를 쓸 수 있을까요? How can we write a good essay?
- 여러분이 쓰려고 하는 것을 곰곰이 생각해 보세요. Think carefully about what you're going to write.
- 조사를 잘하면 주제에 대한 글을 더욱 잘 쓸 수 있어요. By researching you can write a lot more about the topic.
- 아웃라인은 글을 더 잘 쓸 수 있도록 도와줍니다. Outlines will help you write better.
- 아웃라인은 여러분의 생각을 정리해 볼 수 있는 좋은 방법입니다. An outline is a great way to organize your thoughts.
- 논리적으로 정리된 아웃라인이 있으면 글쓰기는 훨씬 쉬워져요. With a well organized outline, writing can be much easier.
- 그래픽 오거나이저는 글 쓰기 준비를 하는 데 도움이 돼요. Graphic organizers are useful to help prepare you for writing.
- 글의 구조를 만드는 것은 중요해요. It is important to make a structure.
- 글의 구조가 튼튼하면 글을 잘 쓸 수 있어요. You can write well if you have a good structure.
- 처음엔 간단한 문장으로 글 쓰는 연습을 하세요. At first, practice with simple sentences.
- 간단한 문장을 사용해서 글을 읽기 쉽게 만드세요. Use simple sentences and make your essay easy to read.
- 문법과 문장 부호 규칙을 지키세요. You have to follow the rules of grammar and punctuation.
- 글을 쓸 때, 길고 지루한 문장이 되지 않게 주의하세요. When you write, try not to use long and boring sentences.
- 여러분의 의도를 드러낼 수 있는 간단명료한 문장들을 쓰세요. Write clear and simple sentences to say what you mean.
- 글을 쓸 때는 요점을 놓치지 않도록 집중하세요. When you write, focus on getting to the point.
- 일관된 주장이어야 해요. You have to be consistent.
- 사전을 활용해서 여러분의 생각을 표현할 수 있는 부가적인 표현도 찾아 써보세요. Use the dictionary to help you find other words to express your ideas.
- 글의 내용을 정확하게 말해 줄 수 있도록 제목을 정하세요. Make sure your titles say exactly what your writing is about.

- 글을 많이 써볼수록 실력이 나아집니다.
- 다른 사람의 평가에도 귀를 기울이세요.
- 글을 잘 쓰기 위해서는 어휘력을 향상시키는 것이 중요합니다.
- 글을 잘 쓰는 사람은 어휘력이 좋아요.
- 어휘력이 풍부하면 글을 더 잘 쓸 수 있어요.
- 다른 사람의 작품을 읽는 것도 글을 잘 쓰는 데 도움이 돼요.
- 꾸준히 영어 일기를 쓰는 건 글쓰기 실력을 향상시키는 데 도움이 돼요.

The more you write, the better you become.
You'd better listen to other students' idea.
It's important to develop your vocabulary to be a better writer.
A good writer uses good vocabulary.
Using good vocabulary will make you a better writer.
Reading other people's work will help you write well.
Keeping a diary in English can help improve your writing skills.

Useful Tip 그래픽 오거나이저

무작정 학생들에게 글을 쓰라고 하면 학생들은 막막함과 부담을 느낄 수 있습니다. 이때, 그래픽 오거나이저를 활용해 보세요. 그래픽 오거나이저는 막연했던 생각들을 시각적으로 정리하여 보여줌으로써, 생각을 체계적으로 정리할 수 있게 도와줍니다. 그래픽 오거나이저를 함께 만들어 보고 스스로 작성하는 법을 익히게 함으로써, 체계적인 글쓰기 습관을 길러주세요.

- **Fishbone Map**
  원인과 결과를 나타내는 그래픽 오거나이저로, 하나의 현상에 다양한 원인을 쓰기 적합한 구조입니다.

- **Spider Map**
  짧은 이야기나 에세이를 쓰는 데 도움이 되는 그래픽 오거나이저로, 가운데 부분에 주제 혹은 주요 개념을 씁니다. 가운데에서 뻗어나간 가지에는 메인 아이디어와 그 아이디어를 뒷받침하는 내용들을 써줍니다.

- **Series of Events Chain**
  일어난 순서에 따라 각각의 일들을 칸에 적어주는 것으로, 시간 순서에 따라 서로 연관된 일련의 과정이 드러나는 글을 쓸 때 효과적으로 사용될 수 있습니다.

- **Cycle**
  날씨 현상, 생의 순환, 물의 순환처럼 일련의 상호 관련된 현상들이 이어지는 경우와 관련된 글을 쓸 때 사용됩니다.

자유로운 글쓰기 지도하기

- 자유 작문을 할 시간이에요.
  It's time for free writing.
- 오늘은 여러분 각자에 대한 이야기를 써서 친구들과 공유해 볼 거예요.
  Today we're going to write personal stories and share your stories with others.
- 에세이를 써볼 거예요.
  We're going to write an essay.
- 오늘 무엇에 대해 쓸지 생각해 봅시다.
  Let's think about what we'll write today.
- 심하게 다쳤다거나 무서웠던 적이 있었나요?
  Have you ever been badly hurt or scared?
- 너무 웃다가 의자에서 넘어진 적이 있었나요?
  Have you ever laughed so hard that you fell out of your chair?
- 자랑스럽거나 용감한 일을 했던 적이 있나요?
  Have you ever done something you are proud of or something brave?
- 형제자매 또는 친구에 대한 이야기가 있나요?
  Do you have stories about your brother and sister, or friends?
- 새로운 것을 배웠던 때를 생각해 보세요.
  Think about the time when you learned to do something new.
- 원하는 주제를 골라 자유롭게 써보세요.
  Be free to choose and write any topic you want.
- 가장 친한 친구들이 누구죠?
  Who are your best friends?
- 가장 친한 친구 중 한 명에 대해 쓰세요.
  Write about one of your best friends.
- 연필과 종이 두 장을 준비하세요.
  Please have a pencil and two pieces of paper ready.
- 가족에 대한 이야기면 무엇이든 써도 됩니다.
  You can write anything as long as it is about your family.
- 생각을 정리할 수 있는 마인드맵을 만들어 봅시다.
  Try making a mind map to organize your thoughts.

구조에 맞게 글쓰기 지도하기

- 글의 개요를 만들어 봅시다.
  Let's make an outline for your essay.
- 그래픽 오거나이저를 이용해서 이야기의 구조를 잡아 보세요.
  Please use graphic organizers to make a structure.

• 개요에는 서론, 본론, 결론이 있어야 합니다.	An outline should have an introduction, a body, and a conclusion.
• 서론은 읽는 사람의 관심을 끌어야 합니다.	The introduction should grab the reader's attention.
• 서론을 재미있게 만들어 보세요.	Try to make your introduction interesting.
• 본론은 글에서 가장 긴 부분입니다.	The body is the longest part of the essay.
• 본론은 세 개의 단락을 포함하고 있습니다.	The body of the essay will include three paragraphs.
• 본론은 반드시 글의 요점을 포함해야 합니다.	The body has to include the main idea of your essay.
• 각 단락은 주제 문장으로 시작해야 합니다.	You should begin each paragraph with a topic sentence.
• 각 요점은 구체적인 증거로 뒷받침되어야 합니다.	Each point should be supported by specific evidence.
• 여러분의 주장을 뒷받침할 수 있는 구체적인 이유와 예를 드세요.	Use specific reasons and examples to support your opinion.
• 결론은 간단하게 쓰세요.	Make your conclusion brief.
• 마지막 단락에서는 요점들을 요약해 줘야 해요.	The final paragraph should summarize your main points.
• 오늘은 단락 완성하는 법을 배울 거예요.	Today we're going to learn how to complete paragraphs.
• 여기 몇 개의 단락 예시가 있어요.	Here are some examples of paragraphs.
• 단락은 주제 문장과 이를 뒷받침하는 한 개 내지 세 개 정도의 문장으로 이루어져 있습니다.	A paragraph is made up of a topic sentence, followed by one to three sentences that support its point.
• 단락을 읽어 보고 주제 문장에 대해 이야기해 보세요.	Read the paragraphs and talk about the topic sentence.
• 친구에 대해 짧은 단락을 써봅시다.	Let's write a short paragraph about your friend.
• 오늘은 묘사하는 글쓰기를 해볼 거예요.	Today we're going to write a descriptive essay.
• 오늘은 원인과 결과에 관련된 에세이를 쓸 거예요.	You'll write a cause and effect essay today.

Useful Tip — 에세이의 종류

글의 구조는 에세이의 종류에 따라 달라질 수 있습니다. 다양한 종류의 에세이 중 우선 가장 많이 사용되는 에세이 종류를 소개합니다.

- **Descriptive Essay 묘사하는 글쓰기**
  묘사하는 글쓰기는 어떤 대상의 생김새, 느낌, 맛, 냄새, 소리 등을 자세하게 묘사하거나 있었던 일에 대해서 자세하게 서술하는 글쓰기입니다. 예를 들어, 아끼는 물건이나 선물, 좋아하는 음식, 장소 등에 대해 글을 쓸 때 시각, 청각, 촉각, 후각 등 감각적인 부분에 대한 자세한 사항들까지 제시하면서 쓰는 것을 말합니다.

- **Cause / Effect Essay 원인과 결과에 대한 글쓰기**
  원인과 결과에 대한 글쓰기는 왜, 어떻게 사건이 발생했으며 그 사건은 어떤 결과를 초래했는지에 대해 서술하는 글쓰기입니다. 사건이 일어난 원인을 중점적으로 쓰면 Cause Essay이고 특정한 상황이나 사건 이후에 일어난 결과에 대해 중점적으로 쓰면 Effect Essay가 됩니다.

- **Comparison / Contrast Essay 비슷한 점 / 다른 점에 대한 글쓰기**
  비슷한 점 / 다른 점에 대한 글쓰기는 두 가지 대상의 유사점과 차이점에 대해 쓰는 글쓰기입니다. 단, 두 가지 다르게 보이는 것들의 공통점에 대해 쓰면 Comparison Essay가 되고 두 가지 비슷해 보이는 것들의 다른 점을 찾아 쓰면 Contrast Essay가 됩니다.

Useful Tip — 영작 체크 리스트

작문이 끝난 후에 아이들에게 체크 리스트를 나눠주세요. 체크 리스트 활동은 아이들이 자신의 글을 객관적으로 파악해 보고 부족한 점을 깨닫게 해주는 유용한 마무리 활동입니다.

- I wrote my name on my paper. 나는 종이 위에 내 이름을 썼다.
- I wrote today's date on my paper. 나는 종이 위에 날짜를 썼다.
- All sentences begin with a capital letter. 모든 문장의 시작은 대문자로 적었다.
- All sentences are complete sentences. 모든 문장은 완전한 문장이다.
- My story has a beginning, middle and ending. 서론, 본론, 결론으로 이야기가 구성되어 있다.
- My main idea is clear. 요지가 분명하다.
- My conclusion is clear. 결론이 명확하다.
- Punctuation is used correctly. 문장 부호를 맞게 사용했다.
- Spelling has been checked and corrected. 철자를 체크하여 바르게 수정했다.

만화를 이용한 글쓰기 지도하기

• 칠판에 말풍선이 두 개 있어요.	I have two speech bubbles written on the board.
• 말풍선은 사람들이 서로에게 말하고 있다는 걸 보여주기 위해서 쓰입니다.	Speech bubbles are used to show that people are talking to each other.
• 각각의 말풍선 아래에 있는 작은 줄기에 주목하세요.	Notice that there are little stems that hang down from the bubbles.
• 이것들은 누가 말을 하고 있는지 가리켜 줍니다.	These are there to point to the person who is talking.
• 오늘은 등장인물 한 명이 질문을 하고 다른 등장인물이 대답하도록 하는 걸 연습할 거예요.	Today we will practice making one character ask a question, and the other character answer it.
• 왼쪽의 말풍선에 있는 사람이 먼저 말을 하고 오른쪽 말풍선의 사람이 나중에 얘기를 하는 겁니다.	The bubble on the left is for the person who speaks first, and the bubble on the right is the person that speaks after that.
• 질문을 하는 사람이 말을 먼저 한다면 어느 쪽 말풍선에 질문을 써야 하나요? 왼쪽인가요, 오른쪽인가요?	If the person asking the question is talking first, which speech bubble will we use to write the question—the one on the left, or the right?"
• 칠판에 있는 표현들을 참고하여 말풍선을 채우세요.	Fill in the speech bubbles using the expressions on the board.
• 빈 말풍선에 적절한 대화를 넣으세요.	Write full sentences in the blank speech bubbles.
• 여러분이 질문을 만들어도 됩니다.	You can make up your own question.
• 먼저 색연필로 등장인물을 그린 후 질문과 답은 연필로 쓰세요.	Draw your characters first with colored pencils, then write the question and answer with a pencil.
• 등장인물 중 한 명은 질문을 하고 다른 한 명은 대답을 하는 것으로 하세요.	You will make one of your characters ask a question and one of them answer it.
• 말풍선을 채운 후 여러분이 만든 이야기를 읽어 보도록 합시다.	After filling the speech bubbles, let's read your version of story.
• 어떤 대화를 만들었나요?	What dialogue did you come up with?

일기 쓰기 지도하기

- 일기를 쓰는 것은 글쓰기를 연습하는 좋은 방법이에요.
  Keeping a diary is a great way to practice writing.

- 일기를 규칙적으로 쓰면 작문 실력을 향상시킬 수 있어요.
  Writing in a journal regularly will improve your writing ability.

- 날짜와 시간을 공책 위쪽에 쓰세요.
  Write the date and time on top of the page.

- Dear Diary라고 하고 시작하면 돼요.
  You can start by saying *Dear Diary*.

- 매일 쓸 수 있다면, 그렇게 하세요.
  If you can write daily, do so.

- 길게 쓸 필요는 없어요.
  You don't need to write a lot.

- 그날 한 일에 대해 써보세요.
  Write about the things you have done that day.

- 아침에 한 일로 시작해 저녁에 한 일로 마무리하세요.
  Start with things you did in the morning, and end with things you did at night.

- 자신의 생각을 자유롭게 쓰세요.
  Write down whatever you think.

- 자신의 생각과 느낌에 대해 쓰는 걸 두려워하지 마세요.
  Do not be afraid to write about your thoughts and feelings.

- 자신이 느낀 감정과 이유에 대해 써보세요.
  Write about how you feel and why you feel that way.

- 만약 슬프다고 느꼈다면, 무엇 때문에 슬픈지 쓰세요.
  If you are feeling sad, explain what is making you feel sad.

- 원한다면 선생님이 여러분의 일기에 의견을 줄게요.
  If you want, I can give you feedback on your diaries.

- 비밀 일기를 써도 좋아요.
  You can keep your diary to yourself.

Chapter 5 문법 지도

Unit 1 문법 수업

말하기와 쓰기 능력이 강조되면서 정확한 문법 능력 또한 중요해지고 있습니다. 그러나 문법에만 치중해 수업을 하다 보면 학생들이 충분한 흥미를 갖기도 전에 영어에 질려 버리는 역효과를 초래할 수도 있습니다. 간단한 단어를 이용해 문장을 만들어 보는 단계부터 시작해 보세요. 그리고 주요 표현이 반복적으로 나오는 이야기책과 노래, 게임 등 다양한 활동을 통해 문법을 자연스럽게 배울 수 있도록 해주세요.

Classroom Situation

- T: What did we practice in our Wednesday lesson?
- Ss: We practiced making plural nouns.
- T: That's right. Let's see how much you can remember from the last lesson. Su-mi, can you change this word into a plural noun?
- S1: No problem. T-O-Y-S.
- T: Is it correct?

상황1
- Ss: Yes, it is.
- T: Good job, everyone.

상황2
- S2: No, it's not correct. Change the *y* into an *i*, and add *es*.
- T: Well, she answered correctly. In this case, the *y* is behind *o*, so you don't drop the *y*, and add *s*.

- T 지난 수요일 수업에 우리가 무엇을 연습했죠?
- Ss 복수 명사 만드는 걸 연습했어요.
- T 맞아요. 지난 수업을 얼마나 잘 기억하고 있는지 확인해 볼게요. 수미가 이 단어를 한번 복수형으로 바꾸어 볼까요?
- S1 네. T-O-Y-S.
- T 맞아요?

상황1
- Ss 네, 맞아요.
- T 여러분 모두 잘했어요.

상황2
- S2 아니요, 틀렸어요. y를 i로 바꾸고 es를 붙여야 해요.
- T 음, 수미가 맞게 대답했어요. 이런 경우에는 y가 o 뒤에 오기 때문에 y를 빼지 말고 s를 더해야 해요.

관사 설명하기

• 이것들은 관사라고 합니다.	These are called articles.
• 관사에는 두 가지 종류가 있어요.	There are two types of articles.
• 하나는 부정관사이고 다른 하나는 정관사예요.	One is the indefinite article, and the other is the definite article.
• the는 정관사예요.	*The* is the definite article.
• a와 an은 부정관사예요.	*a* and *an* are indefinite articles.
• 어떤 것을 처음 언급할 때는 a나 an을 사용해요.	We use *a* or *an* when we are talking about something for the first time.
• 특정한 사람이나 대상에 대해 이야기할 때는 the를 씁니다.	We use *the* when we are talking about a specific person or thing.
• 하나밖에 없는 것이거나 우리가 어떤 것을 이야기하고 있는지 분명한 경우에도 the를 사용합니다.	We also use *the* if there is only one, or if it is clear which one we are talking about.
• 셀 수 있는 단수 명사로 일반적인 종류나 유형에 대해 이야기할 때 the를 씁니다.	We use *the* with singular countable nouns to talk about a type of thing.
• 국가명에 Kingdom이나 The United States 처럼 State가 포함되어 있으면 the를 씁니다.	We use *the* if the country contains Kingdom or State such as The United States.
• 일반적인 사람이나 물건을 이야기할 때는 관사를 쓰지 않습니다.	We use no article when we are talking about people or things in general.
• 개념상의 학교, 병원, 집을 이야기할 때는 관사를 쓰지 않습니다.	When we are talking about the idea of school, hospital and home, we use no article.
• 대륙, 나라, 도시 앞에는 관사를 쓰지 않습니다.	We use no article with continents, countries and cities.

단·복수 설명하기

• 개수가 한 개만 있다면 단수예요.	If there's only one, it's singular.
• 한 개보다 많다면 복수예요.	If there's more than one, it's plural.
• 복수형 명사를 만드는 데는 몇 가지 규칙이 있어요.	There are some rules for making plural nouns.

• 일반적으로 단수 명사의 끝에 s를 더하면 복수 명사가 됩니다.	Usually add the letter *s* to the end of a singular noun to make it plural.
• s, sh, ch, x, z로 끝나는 명사에는 es를 붙입니다.	When a noun ends with an *s*, *sh*, *ch*, *x*, or *z*, add *es*.
• 단수 명사가 자음과 y로 끝나면 y를 빼고, i를 넣고 es를 붙이세요.	If the singular noun ends with a consonant and a *y*, drop the *y*, replace with an *i* and add *es*.
• 만약 y가 모음 뒤에 오면 y를 빼지 말고 s를 붙이세요.	If the *y* comes after a vowel, don't drop the *y* and add *s*.
• 만약 단수 명사가 자음과 o로 끝나면 es를 붙이세요.	If the singular noun ends with a consonant and an *o*, add *es*.
• o가 모음 뒤에 오면 s만 붙여 복수형으로 만드세요.	If the *o* is behind a vowel, only add *s* to make the plural form.
• 만약 단어가 f와 fe로 끝나면 이것을 빼고 ves를 붙여서 복수형으로 만드세요.	If a word ends with *f*, *fe*, drop this ending and add *ves* to make the plural form.
• 불규칙 명사들도 있어요.	There are some irregular nouns as well.
• 불규칙 복수 명사들은 외워야 합니다.	You have to memorize the irregular plural nouns.
• 단수형과 복수형이 같은 명사도 있어요.	There are some nouns that have identical forms for both singular and plural.

의문문 설명하기

• 이 문장들의 공통점이 뭐죠?	What do these sentences have in common?
• 무엇인가 묻고 있는 문장이네요.	These sentences are asking something.
• 의문문이란 정보나 행동에 대한 요청입니다.	A question is a request for information or action.
• 의문문을 쓸 때는 항상 문장 끝을 물음표로 끝내야 합니다.	When writing a question, you should always end the sentence with a question mark.
• 직접의문과 간접의문문은 잘 모르는 정보에 대해 물어볼 때 사용해요.	Direct and indirect questions are used to ask about information you do not know.
• 직접의문문은 때로 예의 없게 보일 수 있어요.	Direct questions can seem impolite at times.

- 의문문을 시작할 때 Excuse me.나 Pardon me.를 문장 앞에 붙이면 더욱 정중한 질문 표현이 됩니다.

  You can make questions more polite by adding "Excuse me." or "Pardon me." to begin the question.

- 질문의 끝에 please를 붙이면 직접의문문을 더 정중하게 만들 수 있습니다.

  If you add "please" at the end of the question, you can make a direct question more polite.

- 부가의문문은 일반적으로 알고 있는 정보를 확인하기 위해 쓰입니다.

  Question tags are generally used to check information you may know.

- Yes나 No로 대답할 수 있는 의문문을 yes/no 의문문이라고 합니다.

  Questions you can answer with "Yes" or "No" are called yes/no questions.

- 단순히 yes나 no보다 더 많은 정보를 듣고 싶을 때는 wh- 의문문을 사용하면 돼요.

  If you want more information than a simple *yes* or *no* answer, you must ask *wh*-questions.

- wh- 의문문은 Yes나 No로 대답할 수 없어요.

  You can't answer with "Yes" or "No" to *wh*-questions.

- what, which, whose로 만든 의문문 뒤에는 보통 명사가 옵니다.

  The questions *what*, *which*, *whose* are often followed by a noun.

- how로 만들어지는 의문문 뒤에는 주로 형용사가 나옵니다.

  The question *how* is often followed by an adjective.

- 이 문장을 의문문으로 바꾸어 봅시다.

  Let's make this sentence into a question.

- 각 문장을 의문문으로 바꿀 수 있겠어요?

  Can you change each sentence into a question?

- 이런 의문문에는 어떻게 대답하죠?

  How do you answer these questions?

- 이 의문문에 대한 답을 적어 보세요.

  Please write down an answer to this question.

- 긍정의 대답을 적어 보세요.

  Write a positive answer.

- 부정의 대답을 적어 보세요.

  Write a negative answer, please.

Yes/No 의문문 설명하기

- yes/no 의문문으로 질문하고 싶을 때는 do, does, am, is, are, have, has를 사용하면 돼요.

  When we want to ask yes/no questions, we can use *do*, *does*, *am*, *is*, *are*, or *have*, *has* as questions words.

- do, have, am은 1인칭 대명사와 함께 씁니다.

  We use *do*, *have* or *am* with first person pronouns.

- does, has, is 는 3인칭 대명사나 단수 명사와 함께 씁니다.

  We use *does*, *has* or *is* with third person singular pronouns and with singular noun forms.

- do, have, are는 복수 명사와 함께 씁니다.

  We use *do*, *have* or *are* with plural noun forms.

- yes/no 의문문을 만들어 보세요.

  Please make a yes/no question.

- 의문문에서는 주어와 동사의 순서가 바뀝니다.

  The order of subject and verb is reversed in interrogative sentences.

- 문장을 의문문으로 바꿀 때는 먼저 동사가 몇 개인지 세어 보세요.

  You should count the number of verbs to change a sentence into a question first.

- 동사가 be동사 하나라면, 주어와 동사의 위치만 바꿔주면 돼요.

  If there is one verb in the sentence and the verb is a form of be, simply switch the positions of the subject and verb.

부가의문문 설명하기

- 부가의문문은 긍정이나 부정의 문장 뒤에 더해지는 짧은 질문입니다.

  A tag question is a short question added to the end of a positive or negative sentence.

- 부가의문문을 하강 억양으로 말하는 경우엔, 진짜 질문하는 게 아니에요.

  If we say a tag question with a falling intonation, it is not a real question.

- 이렇게 말하는 것은 듣는 사람이 의견에 동의하도록 하기 위한 것입니다.

  When we say it like this, we just want our listeners to agree with us.

- 부가의문문을 상승 억양으로 말할 경우, 사실 여부를 확인하는 진짜 질문입니다.

  If we say a tag question with a rising intonation, it is a real question, as we are not sure if something is true or not.

- 문장이 부정형이면, 부가의문문은 반드시 긍정이어야 합니다.

  If the statement is negative, the tag must be positive.

- 문장이 긍정형이면, 부가의문문은 반드시 부정이어야 합니다.

  If the statement is positive, the tag must be negative.

- 문장과 부가의문문은 항상 쉼표로 구분해 주세요.

  The statement and the tag are always separated by a comma.

- 문장의 동사와 부가의문문의 동사는 시제가 서로 같아야 합니다.

  The verb in the statement should be the same tense as the verb in tag.

Useful Tip — 부가의문문 차트

부가의문문은 의사소통을 위해 꼭 익혀야 할 주요 문법이지만, 학생들이 많이 헷갈려하는 대표적인 문법이기도 합니다. 원리를 터득하면 간단하지만 아이들에게는 생소하고 복잡해 보일 수 있으니 천천히 습득할 수 있도록 지도하는 것이 중요합니다. 아래 부가의문문 차트를 활용하여 숙제로 내주거나 조별 게임에 미션으로 제공하여, 지속적으로 반복 학습할 수 있도록 도와주세요.

Positive Statement				Negative Tag Question	
Subject	Auxiliary	Main Verb		Auxiliary + Not	Pronoun
You	can	sing,		can't	you?
He	is	joining	us,	isn't	he?
Everyone	will	go,		won't	they?
They		are	nice,	aren't	they?
I		was	right,	wasn't	I?
You		saw	me,	didn't	you?

Negative Statement				Positive Tag Question	
Subject	Auxiliary + Not	Main Verb		Auxiliary	Pronoun
You	can't	sing,		can	you?
He	isn't	joining	us,	is	he?
Everyone	won't	go,		will	they?
They		aren't	nice,	are	they?
I		wasn't	right,	was	I?
You	didn't	see	me,	did	you?

Useful Activity 부가의문문 기억 게임

1. 3인 1조 또는 4인 1조로 하는 게임입니다.
2. 각 그룹에 부가의문문 카드 한 세트를 나눠주세요.
3. 카드는 본 문장 부분(긍정/부정)과 부가 질문 문장 부분(긍정/부정)으로 나뉘어져 있습니다.
4. 조끼리 순서대로 한 번씩 카드를 뒤집으면서 연결되는 문장과 부가 어구를 찾습니다.
5. 문장 카드와 부가 질문 카드로 완전한 부가의문문을 완성하는 사람은 의문문을 읽은 후 카드를 가져갑니다.
6. 부가의문문을 가장 많이 완성한 조가 이깁니다.

Expressions

- We are going to play a memory game. 메모리 게임을 할 거예요.
- Get into groups of 4. 4명씩 한 조로 앉으세요.
- I'll give each group a stack of cards. 여러분에게 각각 한 세트의 카드를 줄 거예요.
- Put the cards face down in four rows of five. 카드를 한 줄에 5장씩 4줄로 뒤집어 놓으세요.
- After that, take turns flipping over cards. 그 다음, 순서대로 카드를 뒤집으세요.
- Flip over two at a time. 한번에 카드 두 장을 뒤집으세요.
- If they match, take the cards and put them face up in front of you.
  만약 두 카드가 서로 짝꿍이면, 카드를 자기 앞으로 가져가서 앞면이 보이게 놓으세요.
- Read them out loud. 카드를 큰 소리로 읽으세요.
- If you read the cards correctly, you can take them.
  카드에 있는 문장을 제대로 읽었다면, 카드를 가질 수 있어요.
- The group having the most cards wins this game.
  게임이 끝났을 때 가장 많은 카드를 가진 조가 이기는 게임이에요.

Worksheets for Activities

| Name | Date |

Unscramble

Unscramble the letters to make the correct words. Then match each word to the correct pictures.

1. ppyup
2. trboo
3. uqene
4. epn
5. tiqesonu
6. babitr
7. letrut
8. ltuiq

Unscramble

Unscramble and match each word to the correct pictures.

1. acep • •

2. vwae • •

3. ceas • •

4. kcae • •

5. lkea • •

6. veac • •

7. seav • •

Make flowers

There are three petal shapes that are blank. Please fill in the petal to make a Word Family Flower. You can add more petal shapes with the same rhyming words if possible.

Fill in the missing letters

Name | Date |

Fill in the missing letters

1

● o ● e

2

● o ● e

3

● o ● e

4

● o ● e

5
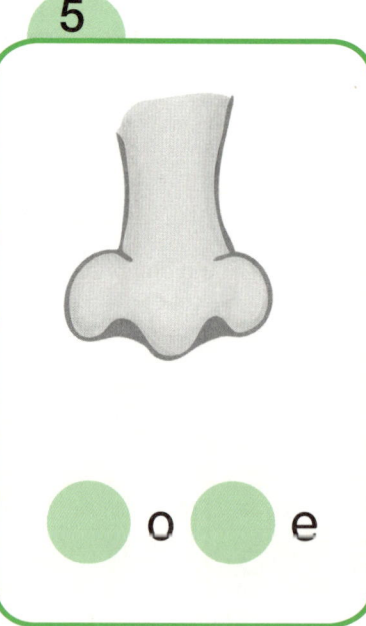
● o ● e

6

● o ● e

| Name | | Date | |

Fill in the missing letters

1 cln   2 hse

3 cld   4 mth

5 crn   6 mse

7 l   8 rnd

Match the rhyming words

Match the rhyming family

Match the pictures to the correct rhyming family.

 •

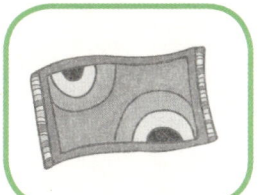 •

 •   • un

 •

• ug

 •

•

Match the pictures

Match the picture to the correct sound and spell them.

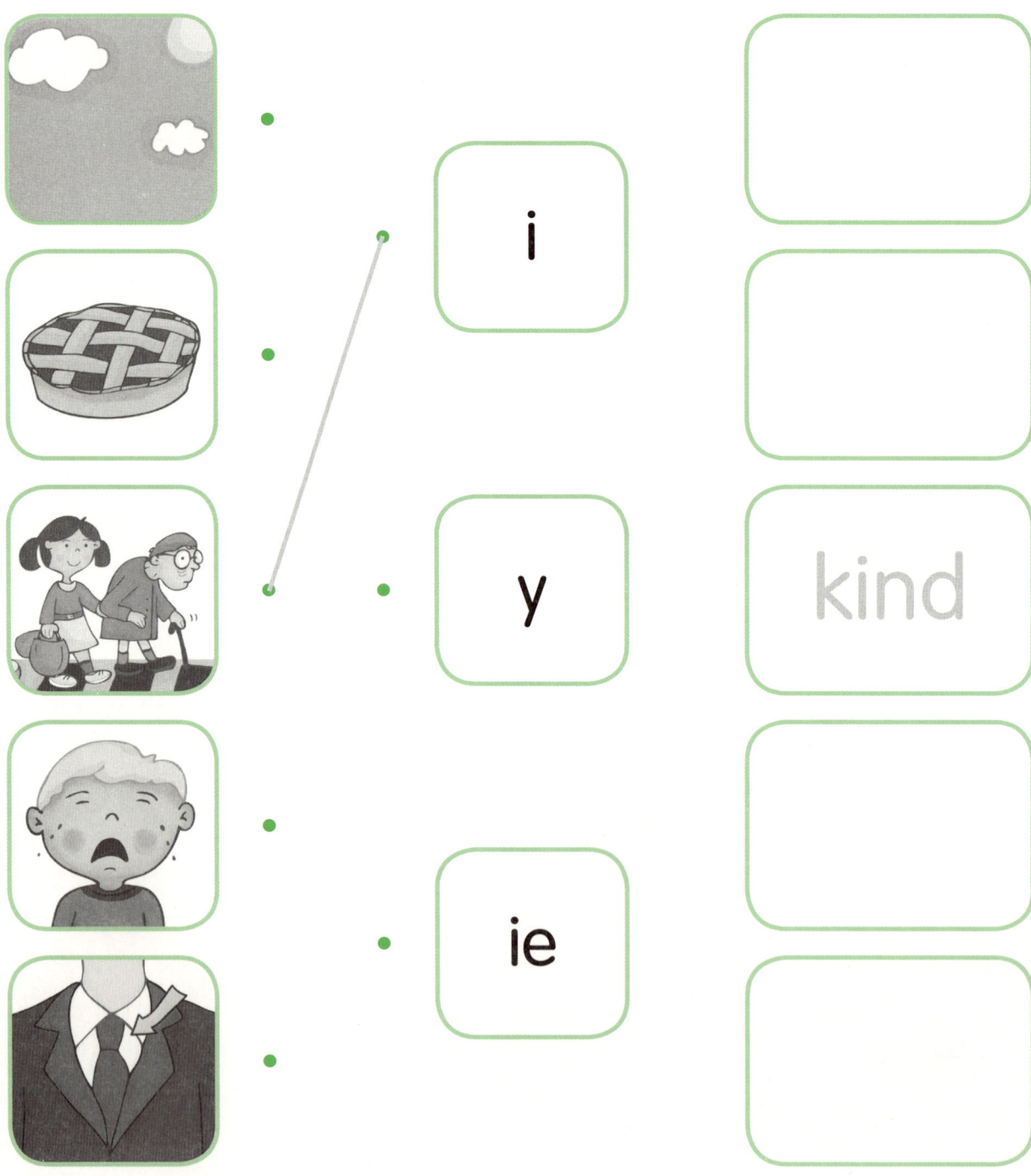

| Name | Date |

Find the wrong word!

Look at the two lists of long and short /oo/ and find the ones that are not in the correct category. Then, cross them out.

long /oo/	short /oo/
moon	zoo
book	cook
noon	foot
roof	good
room	food
school	look
wood	hook
wool	stood
spoon	took
too	school

Make the picture cards

Cut the pictures and paste in the correct box.

wet	men	vet

jet	pen	hen

| Name | | Date | |

Make the S-blend word cards

Look at the pictures and write the S-blend words.

| spoon | sky | stone | skirt |
| snail | snake | swim | stick |

1.
2.
3.
4.
5.
6.
7.
8.

Group the correct ending blends

Cut out the pictures and paste them in the correct places.

ng	nk	nt

Find the wrong pictures

Find the wrong pictures that do not end with the same sound and put X on it.

| Name | | Date | |

Word search

Find the words below and circle them.

1. use
2. cube
3. cute
4. fuse
5. huge
6. dune
7. mule
8. rude
9. rule
10. tune
11. tube
12. amuse
13. fluke
14. flute
15. volume

/sh/ & /ch/ puzzle

Find the /sh/ and /ch/ words in the puzzle and highlight them.

ship	shop	shape	chick	chin	cherry

c	h	e	r	r	y	n	g	b
r	y	d	o	l	e	m	i	e
a	a	s	n	i	w	p	g	n
n	w	i	d	o	g	i	n	c
c	n	n	w	i	n	h	o	h
h	a	k	o	l	i	s	b	r
s	n	i	s	o	b	e	w	e
d	b	r	a	n	c	h	a	s
r	a	n	i	e	n	n	b	r
s	h	o	p	g	o	o	r	a
m	t	a	f	i	s	h	e	r
a	s	w	i	n	g	p	h	i
t	a	s	t	e	r	a	c	n
c	s	m	i	e	b	e	a	c
h	h	m	k	n	a	w	e	h
i	a	b	r	u	s	h	t	i
n	i	c	e	c	k	e	a	c
w	n	a	u	g	l	k	l	k
i	g	w	a	s	h	a	p	e

| Name | Date |

/th/, /ph/, and /wh/ words

Write down /th/, /ph/ and /wh/ words as many as you can. Tell your friends what you have written and write down the words you have missed out in the gray box.

th

Words I missed;

ph

Words I missed;

wh

Words I missed;

| Name | | Date | |

Complete the sentences

Fit some of the words in the box into the sentences below.

| cry | drive | frame | groan | price | truck |
| grass | crib | brave | grub | cream | trick |

1. Please park the _____ on the _____.

2. Did you see the _____ on the skirt? It's too expensive!

3. The baby will _____ in his _____.

4. David was very _____ when he was fighting with Goliath.

5. I love eating this bread with _____ on it.

6. I finally got my license! I can _____ now!

| Name | Date |

Write words that rhyme

Write four words that rhyme with the given sound in the circle.

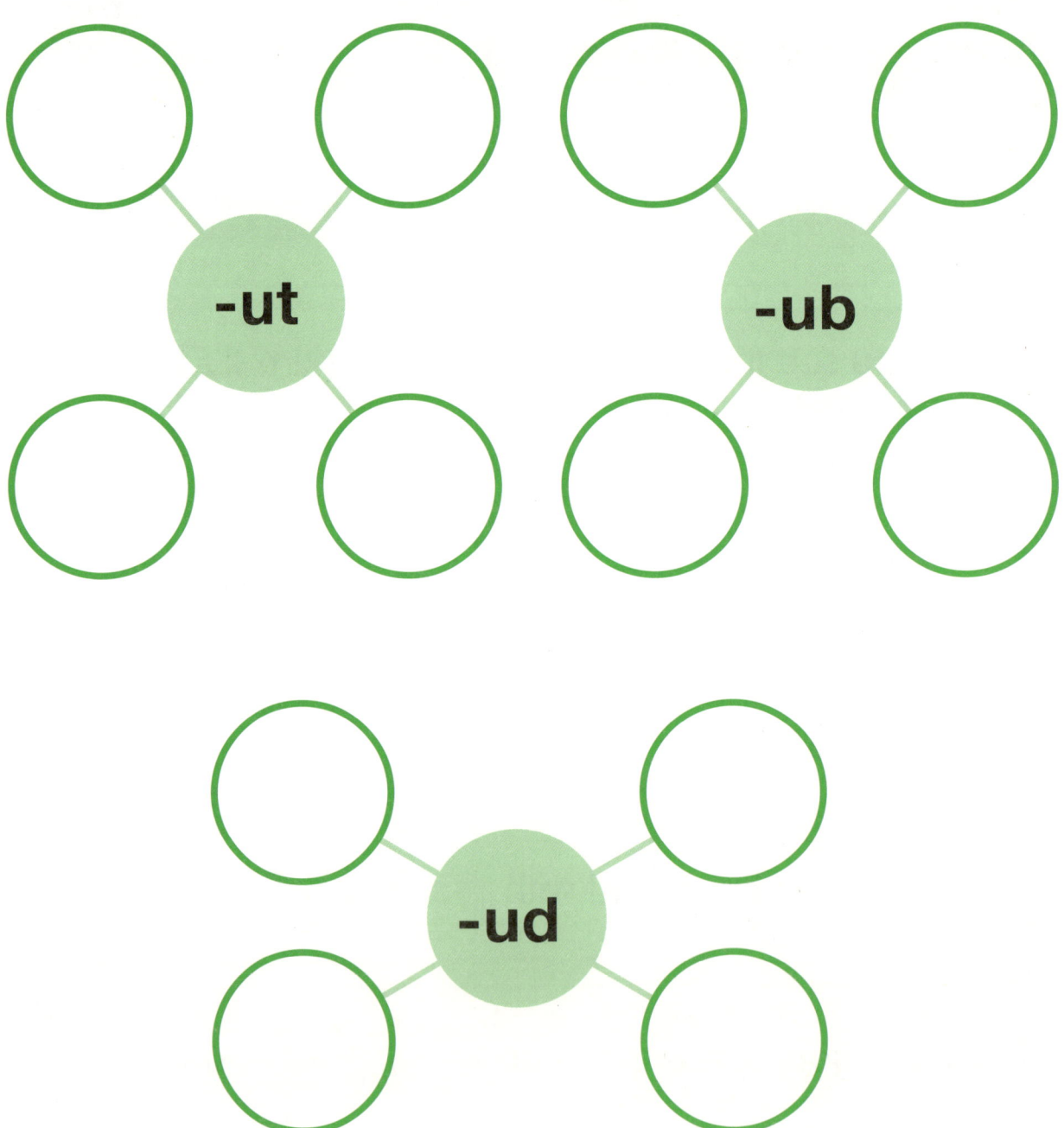

Complete the sentence!

Choose a correct word and fill in the blanks to complete the sentences.

| boil | boy | join | annoy |
| coin | toy | enjoy | toilet |

1. Paul found a _____ on the street.

2. Joy is a girl and David is a _____.

3. Why don't you _____ our tennis club?

4. The water is _____ing. Please turn the gas range off.

5. It's clean up time. Please put all the _____s in the box.

6. Can I go to the _____ please?

7. Here is your hamburger. Please _____ your meal.

8. I don't like my baby brother. He's so _____ing!

297

Action verbs

Read the sentences and write appropriate words in each blank. You may change the action words to fill in the blanks as the sentences.

| bake | buy | shout | smell | feed | wait |
| make | cry | write | clean | watch | listen |

1. My mom bakes bread and I _____ a salad.
2. I have to _____ my dog every day.
3. Suji and I _____ for the school bus.
4. I like to _____ TV all day long.
5. She always _____ cookies for her son.
6. You should _____ up your messy room right now.
7. I want to _____ a brand new cell phone.
8. _____ carefully what I say.
9. _____ your name at the bottom of the page.
10. She _____ when she saw a ghost.
11. I _____ something burning in the kitchen.
12. He _____ because the movie was so sad.

Colors

Color the circles and guess the right color when the two colors blend together.

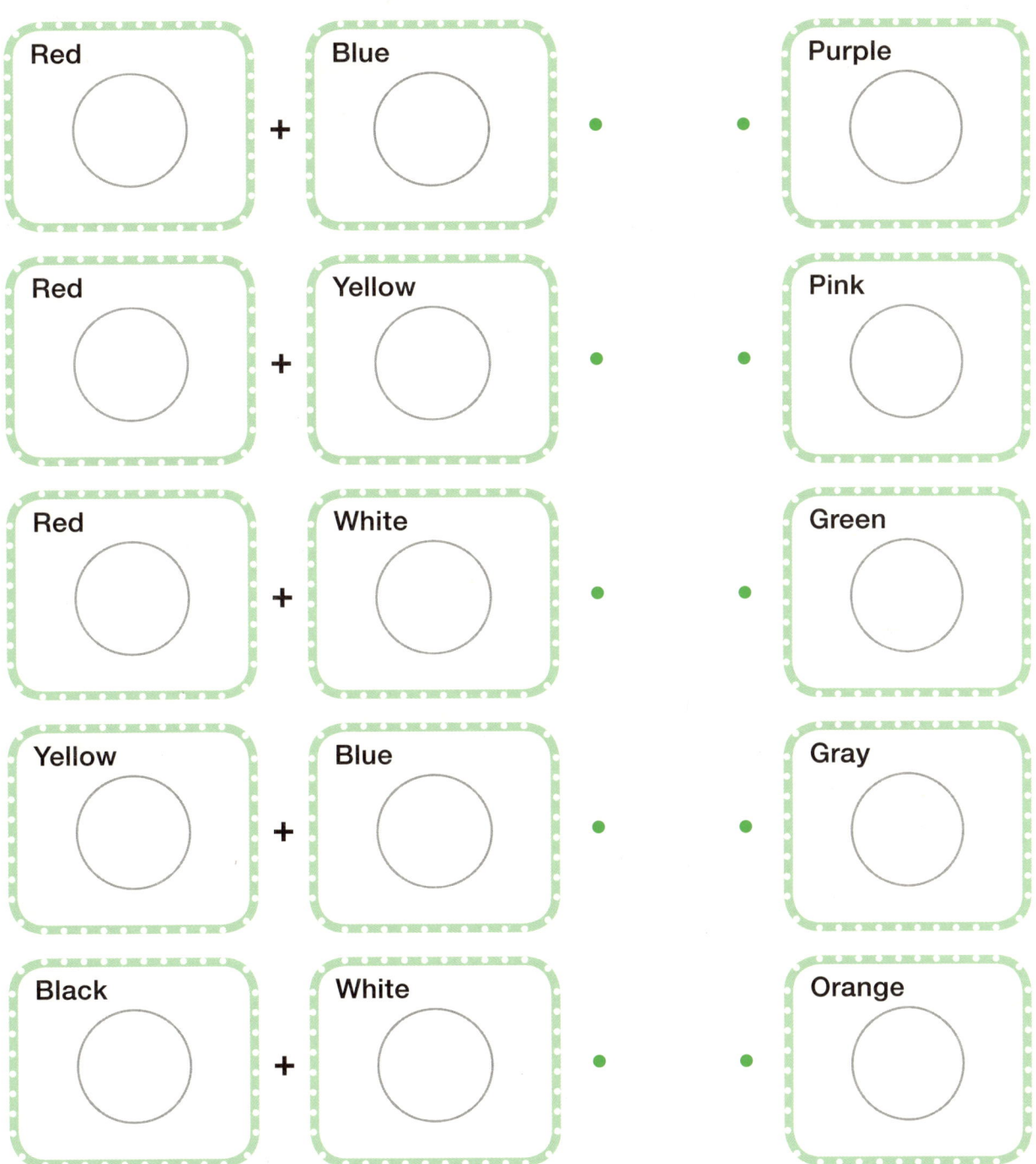

299

| Name | | Date | |

Colors

Write the things related with each color in each section.

Color	Things
Blue	
White	
Red	
Yellow	
Green	
Purple	

Countries

Read the sentences and find appropriate words from the word box.

| Mexico | Korea | England | Taiwan | Swiss |
| Spain | France | Iraq | Chile | Thailand |

1. Nichkhun is from _____. He is Thai.
2. Salvador is from _____. He is Chilean.
3. Mohammed is from _____. He is Iraqi.
4. Michelle is from _____. She is French.
5. Roberto is from _____. He is Spanish.
6. Sarah is from _____. She is Swiss.
7. Lang Fang is from _____. She is Taiwanese.
8. James is from _____. He is English.
9. Fernando is from _____. He is Mexican.
10. Sumi is from _____. She is Korean.

Name | Date |

Exercising frequency adverbs with survey

Please answer the questions about your lifestyle.

		always	usually	sometimes	never
1	Do you get up early?	☐	☐	☐	☐
2	Do you have breakfast?	☐	☐	☐	☐
3	Do you walk to school?	☐	☐	☐	☐
4	Do you prepare yourself for school?	☐	☐	☐	☐
5	Do you take a shower?	☐	☐	☐	☐
6	Do you play computer game?	☐	☐	☐	☐
7	Do you watch TV more than two hours a day?	☐	☐	☐	☐
8	Do you do your homework at home?	☐	☐	☐	☐
9	Do you help your mother with housework?	☐	☐	☐	☐
10	Do you go to bed late?	☐	☐	☐	☐

Name				Date		

Days

Look at Jiho's class schedule and complete the sentences.

Sun	Mon	Tue	Wed	Thu	Fri	Sat
	English	Korean	Social Studies	Math	History	Field Trip
	Math	Social Studies	Music	Korean	Korean	
	Art	P.E.	English	Science	Science	

1. Jiho has Korean on _____, _____ and Friday.

2. Jiho has Art class on _____.

3. Jiho goes on a field trip on _____.

4. Jiho has Science class on _____ and _____.

5. Jiho doesn't have any classes on _____.

6. Jiho has P.E. and social studies on _____.

7. Jiho has English class on _____ and _____.